"十三五"国家重点图书出版规划项目

新版《列国志》与《国际组织志》联合编辑委员会

主　　任	谢伏瞻					
副 主 任	李培林　蔡　昉					
秘 书 长	马　援　谢寿光					
委　　员	（按姓氏音序排列）					

陈东晓	陈　甦	陈志敏	陈众议	冯仲平	郝　平	黄　平
贾烈英	姜　锋	李安山	李晨阳	李东燕	李国强	李剑鸣
李绍先	李向阳	李永全	刘北成	刘德斌	刘新成	罗　林
彭　龙	钱乘旦	秦亚青	饶戈平	孙壮志	汪朝光	王　镭
王灵桂	王延中	王　正	吴白乙	邢广程	杨伯江	杨　光
于洪君	袁东振	张倩红	张宇燕	张蕴岭	赵忠秀	郑秉文
郑春荣	周　弘	庄国土	卓新平	邹治波		

列国志 新版

GUIDE TO THE WORLD NATIONS

秦善进 编著

JAMAICA

牙买加

社会科学文献出版社
SOCIAL SCIENCES ACADEMIC PRESS (CHINA)

牙买加行政区划图

牙买加国旗

牙买加国徽

蒙特哥贝

蒙特哥贝的里程碑

金斯敦中央银行

安东尼奥港

民居

湖泊

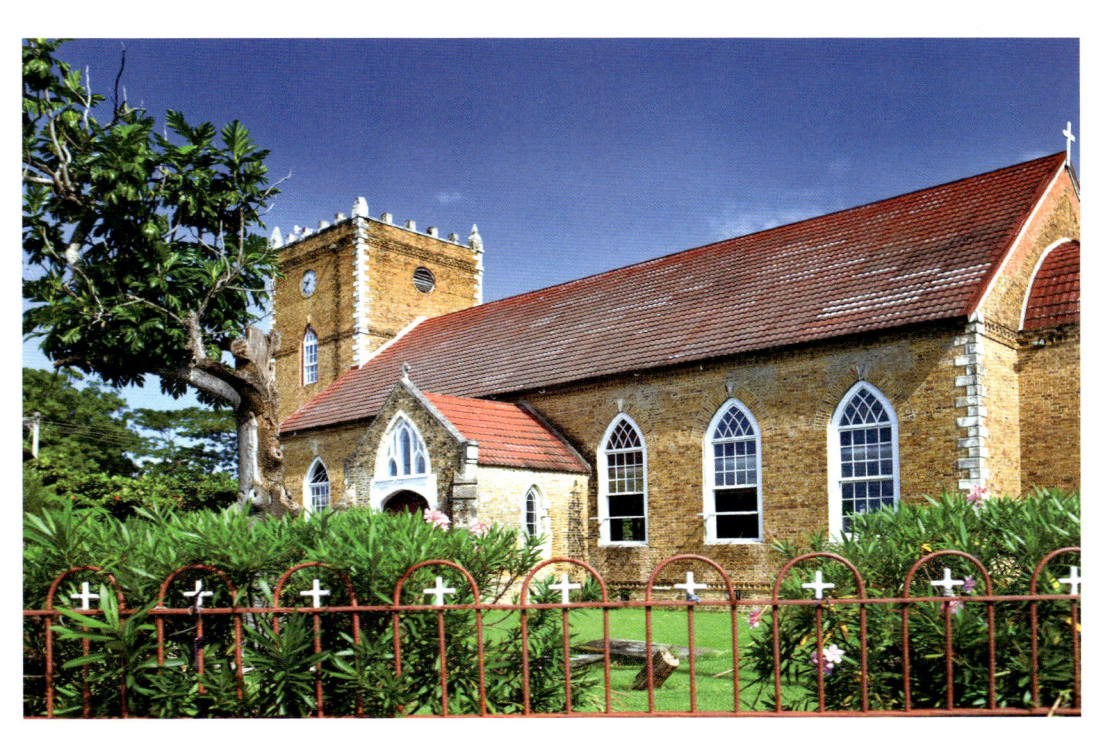

教堂

教堂

教堂

蒙特哥贝种植园遗迹

海滩度假村

但士河瀑布

高速公路

内格里尔灯塔

出版说明

《列国志》编撰出版工作自1999年正式启动,截至目前,已出版144卷,涵盖世界五大洲163个国家和国际组织,成为中国出版史上第一套百科全书式的大型国际知识参考书。该套丛书自出版以来,受到社会各界的广泛好评,被誉为"21世纪的《海国图志》",中国人了解外部世界的全景式"窗口"。

这项凝聚着近千学人、出版人心血与期盼的工程,前后历时十多年,作为此项工作的组织实施者,我们为这皇皇144卷《列国志》的出版深感欣慰。与此同时,我们也深刻认识到当今国际形势风云变幻,国家发展日新月异,人们了解世界各国最新动态的需要也更为迫切。鉴于此,为使《列国志》丛书能够不断补充最新资料,更好地服务于社会各界,我们决定启动新版《列国志》编撰出版工作。

与已出版的144卷《列国志》相比,新版《列国志》无论是形式还是内容都有新的调整。国际组织卷次将单独作为一个系列编撰出版,原来合并出版的国家将独立成书,而之前尚未出版的国家都将增补齐全。新版《列国志》的封面设计、版面设计更加新颖,力求带给读者更好的阅读享受。内容上的调整主要体现在数据的更新、最新情况的增补以及章节设置的变化等方面,目的在于进一步加强该套丛书将基础研究和应用对策研究相结合,将基础研究成果应用于实践的特色。例如,增加

了各国有关资源开发、环境治理的内容；特设"社会"一章，介绍各国的国民生活情况、社会管理经验以及存在的社会问题，等等；增设"大事纪年"，方便读者在短时间内熟悉各国的发展线索；增设"索引"，便于读者根据人名、地名、关键词查找所需相关信息。

顺应时代发展的要求，新版《列国志》将以纸质书为基础，全面整合国别国际问题研究资源，构建列国志数据库。这是《列国志》在新时期发展的一个重大突破，由此形成的国别国际问题研究与知识服务平台，必将更好地服务于中央和地方政府部门应对日益繁杂的国际事务的决策需要，促进国别国际问题研究领域的学术交流，拓宽中国民众的国际视野。

新版《列国志》的编撰出版工作得到了各方的支持：国家主管部门高度重视，将其列入"'十二五'国家重点图书出版规划项目"；中国社会科学院将其列为创新工程学术出版资助项目，王伟光院长亲自担任编辑委员会主任，指导相关工作的开展；国内各高校和研究机构鼎力相助，国别国际问题研究领域的知名学者相继加入编辑委员会，提供优质的学术指导。相信在各方的通力合作之下，新版《列国志》必将更上一层楼，以崭新的面貌呈现给读者，在中国改革开放的新征程中更好地发挥其作为"知识向导"、"资政参考"和"文化桥梁"的作用！

新版《列国志》编辑委员会
2013 年 9 月

前　言

自1840年前后中国被迫开关、步入世界以来，对外国舆地政情的了解即应时而起。还在第一次鸦片战争期间，受林则徐之托，1842年魏源编辑刊刻了近代中国首部介绍当时世界主要国家舆地政情的大型志书《海国图志》。林、魏之目的是为长期生活在闭关锁国之中、对外部世界知之甚少的国人"睁眼看世界"，提供一部基本的参考资料，尤其是让当时中国的各级统治者知道"天朝上国"之外的天地，学习西方的科学技术，"师夷之长技以制夷"。这部著作，在当时乃至其后相当长一段时间内，产生过巨大影响，对国人了解外部世界起到了积极的作用。

自那时起中国认识世界、融入世界的步伐就再也没有停止过。中华人民共和国成立以后，尤其是1978年改革开放以来，中国更以主动的自信自强的积极姿态，加速融入世界的步伐。与之相适应，不同时期先后出版过相当数量的不同层次的有关国际问题、列国政情、异域风俗等方面的著作，数量之多，可谓汗牛充栋。它们对时人了解外部世界起到了积极的作用。

当今世界，资本与现代科技正以前所未有的速度与广度在国际流动和传播，"全球化"浪潮席卷世界各地，极大地影响着世界历史进程，对中国的发展也产生极其深刻的影响。面临不同以往的"大变局"，中国已经并将继续以更开放的姿态、更快的步伐全面步入世界，迎接时代的挑战。不同的是，我们所面

临的已不是林则徐、魏源时代要不要"睁眼看世界"、要不要"开放"的问题，而是在新的历史条件下，在新的世界发展大势下，如何更好地步入世界，如何在融入世界的进程中更好地维护民族国家的主权与独立，积极参与国际事务，为维护世界和平，促进世界与人类共同发展做出贡献。这就要求我们对外部世界有比以往更深切、全面的了解，我们只有更全面、更深入地了解世界，才能在更高的层次上融入世界，也才能在融入世界的进程中不迷失方向，保持自我。

与此时代要求相比，已有的种种有关介绍、论述各国史地政情的著述，无论就规模还是内容来看，已远远不能适应我们了解外部世界的要求。人们期盼有更新、更系统、更权威的著作问世。

中国社会科学院作为国家哲学社会科学的最高研究机构和国际问题综合研究中心，有11个专门研究国际问题和外国问题的研究所，学科门类齐全，研究力量雄厚，有能力也有责任担当这一重任。早在20世纪90年代初，中国社会科学院的领导和中国社会科学出版社就提出编撰"简明国际百科全书"的设想。1993年3月11日，时任中国社会科学院院长的胡绳先生在科研局的一份报告上批示："我想，国际片各所可考虑出一套列国志，体例类似几年前出的《简明中国百科全书》，以一国（美、日、英、法等）或几个国家（北欧各国、印支各国）为一册，请考虑可行否。"

中国社会科学院科研局根据胡绳院长的批示，在调查研究的基础上，于1994年2月28日发出《关于编纂〈简明国际百科全书〉和〈列国志〉立项的通报》。《列国志》和《简明国际百科全书》一起被列为中国社会科学院重点项目。按照当时的计划，首先编写《简明国际百科全书》，待这一项目完成后，再着手编写《列国志》。

1998年，率先完成《简明国际百科全书》有关卷编写任务的研究所开始了《列国志》的编写工作。随后，其他研究所也陆续启动这一项目。为了保证《列国志》这套大型丛书的高质量，科研局和社会科学文献出版社于1999年1月27日召开国际学科片各研究所及世界历史研究所负责人会议，讨论了这套大型丛书的编写大纲及基本要求。根据会议精神，科研局随后印发了《关于〈列国志〉编写工作有关事项的通知》，陆续为启动项目拨付研究经费。

为了加强对《列国志》项目编撰出版工作的组织协调，根据时任中国社会科学院院长的李铁映同志的提议，2002年8月，成立了由分管国际学科片的陈佳贵副院长为主任的《列国志》编辑委员会。编委会成员包括国际片各研究所、科研局、研究生院及社会科学文献出版社等部门的主要领导及有关同志。科研局和社会科学文献出版社组成《列国志》项目工作组，社会科学文献出版社成立了《列国志》工作室。同年，《列国志》项目被批准为中国社会科学院重大课题，新闻出版总署将《列国志》项目列入国家重点图书出版计划。

在《列国志》编辑委员会的领导下，《列国志》各承担单位尤其是各位学者加快了编撰进度。作为一项大型研究项目和大型丛书，编委会对《列国志》提出的基本要求是：资料翔实、准确、最新，文笔流畅，学术性和可读性兼备。《列国志》之所以强调学术性，是因为这套丛书不是一般的"手册""概览"，而是在尽可能吸收前人成果的基础上，体现专家学者们的研究所得和个人见解。正因为如此，《列国志》在强调基本要求的同

时，本着文责自负的原则，没有对各卷的具体内容及学术观点强行统一。应当指出，参加这一浩繁工程的，除了中国社会科学院的专业科研人员以外，还有院外的一些在该领域颇有研究的专家学者。

现在凝聚着数百位专家学者心血，共计141卷，涵盖了当今世界151个国家和地区以及数十个主要国际组织的《列国志》丛书，将陆续出版与广大读者见面。我们希望这样一套大型丛书，能为各级干部了解、认识当代世界各国及主要国际组织的情况，了解世界发展趋势，把握时代发展脉络，提供有益的帮助；希望它能成为我国外交外事工作者、国际经贸企业及日渐增多的广大出国公民和旅游者走向世界的忠实"向导"，引领其步入更广阔的世界；希望它在帮助中国人民认识世界的同时，也能够架起世界各国人民认识中国的一座"桥梁"，一座中国走向世界、世界走向中国的"桥梁"。

《列国志》编辑委员会
2003年6月

CONTENTS
目 录

第一章 概　　览 / 1

　第一节 国土与人口 / 1
　　一 地理位置 / 1
　　二 国土面积 / 2
　　三 地形与气候 / 2
　　四 行政区划 / 8
　　五 人口、民族、语言 / 8
　　六 国旗、国徽、国歌 / 12

　第二节 宗教与民俗 / 13
　　一 宗教 / 13
　　二 节日 / 14
　　三 习俗 / 15

　第三节 特色资源 / 18
　　一 旅游胜地 / 18
　　二 主要城市 / 19

第二章 历　　史 / 21

　第一节 殖民前简史（约650~1494）/ 21
　第二节 近代殖民统治时期历史（1494~1938）/ 23
　　一 西班牙殖民统治时期（1494~1670）/ 23
　　二 英国的殖民统治（1670~1944）/ 30
　　三 自治政府的尝试 / 41
　第三节 直辖殖民地与迈向独立（1865~1962）/ 42

CONTENTS

目 录

　　一　直辖殖民地（1865～1938）/ 42
　　二　新宪法的颁布（1938～1944）/ 44
　　三　迈向独立（1944～1962）/ 48
　第四节　当代简史（1962年至今）/ 51
　　一　独立初期的两党轮流执政（1963～1972）/ 51
　　二　人民民族党"民主社会主义"的尝试（1972～1980）/ 53
　　三　两党轮流执政（1980年至今）/ 58
　第五节　著名历史人物 / 60

第三章　政　　治 / 63

　第一节　国体与政体 / 63
　第二节　宪法 / 64
　　一　《1944年新宪法》/ 64
　　二　《1962年宪法》/ 64
　第三节　选举制度 / 66
　第四节　政府机构 / 67
　　一　总督 / 67
　　二　行政机构 / 69
　第五节　立法机构 / 71
　第六节　司法机构 / 76
　第七节　主要政党与重要社团组织 / 77
　　一　政党制度 / 77
　　二　主要政党 / 78
　　三　重要社团组织 / 81

目录

第四章　经　济 / 83

第一节　概况 / 83
第二节　农业 / 89
　　一　种植业 / 89
　　二　畜牧业 / 101
　　三　渔业 / 102
　　四　林业 / 103

第三节　工业 / 104
　　一　加工制造业 / 104
　　二　矿业 / 109
　　三　建筑业 / 113
　　四　能源工业 / 115

第四节　商业与服务业 / 117
　　一　商业 / 117
　　二　服务业 / 120

第五节　旅游业 / 122

第六节　交通运输与邮电通信 / 126
　　一　交通运输 / 126
　　二　通信业 / 129

第七节　财政与金融 / 132
　　一　财政 / 132
　　二　金融 / 134
　　三　货币 / 137

CONTENTS

目　录

　　四　汇率 / 138

第八节　对外经济关系 / 139

　　一　贸易政策 / 139

　　二　对外贸易 / 141

　　三　外来投资 / 146

　　四　牙买加体系 / 153

第五章　军　　事 / 155

第一节　概述 / 155

第二节　军事制度 / 156

　　一　军队的职能 / 156

　　二　军事机构 / 157

第三节　武装力量 / 157

　　一　陆军 / 158

　　二　海岸警卫队 / 158

　　三　空军 / 159

　　四　工兵团 / 160

第四节　对外军事关系 / 160

第六章　社　　会 / 163

第一节　国民生活 / 163

　　一　收入与物价 / 163

　　二　就业 / 165

CONTENTS 目录

第二节　社会管理 / 167
　　一　社区建设 / 167
　　二　社会问题 / 169
第三节　医疗卫生 / 170
　　一　概况 / 170
　　二　医疗卫生发展情况 / 172
　　三　医疗卫生机构 / 173
第四节　环境保护 / 173
　　一　环境问题 / 173
　　二　环境保护措施 / 176

第七章　文　化 / 179

第一节　教育 / 179
　　一　教育简史 / 179
　　二　教育体系 / 183
第二节　文学艺术 / 185
　　一　文学 / 185
　　二　音乐 / 186
第三节　科学技术 / 188
第四节　体育 / 190
　　一　体育项目 / 191
　　二　体育设施 / 196
第五节　新闻出版 / 198

CONTENTS

目 录

第八章　外　　交 / 199

　第一节　外交简史 / 199

　第二节　与传统友好国家或地区的关系 / 201

　　一　与美国的关系 / 201

　　二　与英国的关系 / 205

　　三　与加拿大的关系 / 206

　　四　与俄罗斯的关系 / 207

　　五　与日本的关系 / 207

　　六　与欧盟的关系 / 208

　第三节　与拉美和加勒比国家的关系 / 209

　第四节　与其他发展中国家及国际组织的关系 / 211

　　一　与其他发展中国家的关系 / 211

　　二　与国际组织的关系 / 212

　第五节　与中国的关系 / 213

　　一　两国政治关系 / 214

　　二　经贸关系 / 219

　　三　文化交流与合作 / 224

大事纪年 / 229

参考文献 / 241

索　引 / 245

第一章
概　　览

牙买加这一名字源自阿拉瓦克语 Xaymaca，意为"水和树木之地"。牙买加是西印度群岛的第三大岛国，地处加勒比海地区的中心地带，生活在这个岛屿上的土著居民，是 650 年前后和 850~950 年迁移到此地的阿拉瓦克人（Arawak）。西班牙殖民者到达这片土地之后，开始了在牙买加的殖民统治。17 世纪中期，英国取代西班牙，开始了在牙买加的殖民统治。被奴役、压迫的牙买加人从来没有放弃过争取独立的努力，经过长期不懈的斗争，1944 年 11 月 20 日，英国殖民者不得不顺应牙买加民众的要求，颁布了《新宪法》，牙买加的历史翻开了新的一页。1962 年 8 月 5 日，牙买加正式结束了长达 300 多年的殖民统治，成为一个独立国家，但仍然保持着英联邦成员方身份。

第一节　国土与人口

一　地理位置

加勒比海域是连接太平洋与大西洋的关键海域，牙买加位于这一片海域的心脏地带，即加勒比海域的西北区。牙买加位于北纬 17°43′~18°32′、西经 76°11′~78°21′的地区。牙买加岛屿的最北端，距离古巴岛约 145 公里；最东端遥望海地，距离海地约 160 公里；岛屿的南部地区与南美大陆的哥伦比亚遥遥相望，距离哥伦比亚的卡塔赫纳岛大约 716 公里。牙买加时区属于西五区。

二 国土面积

从空中俯瞰，牙买加岛就像加勒比海域中一只静静漂浮的海龟。它是加勒比海域中面积第三大的岛屿，其国土总面积约为10991平方公里，仅次于古巴和海地，四周全部为海水所包围，海岸线总长约为1220公里。在英联邦西印度群岛中，牙买加岛的面积最大，其面积相当于特立尼达和多巴哥领土面积的两倍。牙买加岛的总体形状，像一个不规则的长方形，东西两端约235公里，南北两端，从最南部的西港角（West Harbour）到最北部的圣安斯贝（St Ann's Bay），约为80公里。除了主岛之外，还包括主岛南部海域的几个群岛，其中佩德罗群岛（Pedro Gays）和莫兰特群岛（Morant Gays）是较大的两个群岛。莫兰特群岛距离牙买加莫兰特角东南部约53公里，其形状像一个刚刚升起的弯月，这个群岛由4个小岛组成；佩德罗群岛距离波特兰角南部约64公里，也由4个小型岛屿组成。除了这两个稍微大一些的群岛之外，牙买加还有一个重要的岛屿，就是位于首都金斯敦（Kingston）港口之外的罗亚尔群岛。总体上看，牙买加由一个主岛与一些群岛组成，国家的行政中心和经济重心都位于主岛。

三 地形与气候

（一）地形

1. 地形：以山地为主

牙买加整个岛屿呈背斜构造，背斜轴正好呈东西走向，把牙买加分成两个地形特征各异的部分。就地质结构而言，牙买加的主岛领土部分属于不同的地质带，东部地质构造以变质岩和火成岩（又称岩浆岩）为主，其他地区的地质基本上都是石灰岩成分。从地貌上看，牙买加的整体地形以山峰为主，平坦的陆地仅占岛屿面积的少许部分。内陆的高地是牙买加岛屿的屋脊，沿海边缘地区的陆地较为平坦，是山地地区的有效补充，更是牙买加农作物的主要种植区域。

牙买加内陆的山脉地区占据了岛屿面积的绝大部分，这部分地区可以分成高原地区和山峰地带，其中，山峰地带的最高峰是位于岛屿东部地区

第一章 概 览

的蓝山山系（Blue Mountains）。蓝山山系不是一座孤立的高峰，而是由一系列的山脉组成，其中，每座山峰的海拔高度都超过了 900 米，站在山顶，足可以俯瞰加勒比海域的一些海景。这条山脉之所以有这样一个美丽的名字，据说与英国殖民者有关，一些英国士兵初次到达牙买加之后，看到蓝色的光芒笼罩着这条高大雄伟的山脉的山顶，就大声惊呼，"看啊，蓝色的山"，蓝山山脉的名称就由此而来。① 实际上，牙买加周边都被海水包围，蔚蓝色的海水在明媚的阳光的照射下，反射出蓝色的光，这层光芒就会缠绕着山顶，形成一层层神秘、缥缈的蓝色，增添一丝神秘。除了蓝山山脉，海拔较高的山峰是格兰德山脊（Grande），蓝山山峰与格兰德山脊紧紧相连，格兰德山脊的南北两侧都延伸到岛屿中的沿海平原地区，这个山脊是一个从南部地区一直延伸到北部地区的山峰。除了海拔最高的蓝山山系之外，牙买加岛屿上的其他一些山峰，基本上都位于300～600米和 600～900 米，这些海拔相对低一些的山麓，被称为岛屿上的高原地区。海拔在 600～900 米的山麓位于高原地区的内陆地带，这些地区分布着一系列连绵起伏的山峰，包括干港山（Dry Harbour）、圣克鲁斯山（St Cruz）、五月天山（May Day）等。海拔处于 300～600 米的低矮山地，这一地区的分布范围最为广泛，最主要的部分分布在平原地带与高原地区相交会的地带。

山麓和高原占据了大部分国土面积，平原地带仅占据一小部分，而且都分布在沿海地区一带。平原地区地势较低，其中，面积最为狭窄的平原地带位于岛屿的南部地区，也就是首都金斯敦到长湾一带的区域，从这个区域往内陆延伸的平原地带，形成了一个向内陆地区延展的扇形平地。面积最大的平原地区，位于牙买加主岛屿的东边和西边的沿海地区一带，米克尔河口（Milk River）一带土壤肥沃，是牙买加最重要的耕种区域。牙买加岛屿的北部、南部地区的滨海萨凡纳（Savanna-la-Mar），也是极为重要的平原地区，是适宜耕种的土地。

山麓和高原占据了牙买加的大部分国土，一条接一条的山脉，连绵起

---

① 《万国博览》编写组编《万国博览·美洲卷》，内蒙古人民出版社，2004，第 46 页。

牙买加

伏地分布在这个岛屿之上。牙买加的山麓地区由三个主要山系组成：西部山系，以海豚山（Dolphin）为中心；中部山系，包括从科克皮特区（Cockpit county）到石头山（Stone Hill）一带的山系，这一带的山系基本上由石灰岩构成，含有大量的矿物质；东部山系，由蓝山山脉和约翰克鲁山（John Crow）山脉组成，这一地带是牙买加海拔最高的地区。蓝山山脉是全国海拔最高的山峰，这条山脉的最高峰为海拔2256米，与南美大陆的安第斯山脉遥遥相望。蓝山山脉横跨牙买加的萨里郡和米德尔塞克斯郡的大部分地区，整个山脉由多条支脉山麓组成，最大的支脉山峰位于萨里郡的波特兰区（Portland），从波特兰区的圣马格利特湾（St. Margarets Bay）一直延伸到大海，这个山脉也把牙买加境内的两条河流——格兰特河（Rio Grande）和雨燕河（Swift county）分割开来，成为这两条河流的天然分割线；第二个山脉支脉发源于凯瑟琳山峰附近的斯利夫山（Sliver Hill），围绕着这条山脉，两麓是另外两条河流——巴弗贝河（Buff Bay River）与西班牙河（Spain River），这两条河流沿着两侧山麓向海边延伸；第三个支脉山区从位于圣玛丽区和波特兰区交界处的福克斯大峡谷（Fox's Gap）开始，向前一直延伸到巴弗贝和安诺托贝交汇处的海域一带。牙买加东部山系除了蓝山山脉之外，还有另外一个山脉——约翰克鲁山，这条山脉地处牙买加岛屿的最东部，从西北部地区一直延伸到波特兰区的东南部地区，是格兰特河谷与牙买加东海岸的分界线。石头山是牙买加中部山系的主要山脉，海拔415米，这个山系一直延伸到科克皮特地区。其中，中部山系又可以分成两支山系：一支向牙买加的西部地区延伸，穿越曼密山（Mammee Hill）和红山山脉（Red Hills），一直蔓延到沿海地区的沼泽地带；另一个分支山系位于圣玛丽和圣凯瑟琳区的交界地带，呈东北走向。西部山系地处威斯特摩兰和汉诺威地区，海拔为551米的白桦山是西部山系的最高峰。相对而言，中、西部山系的海拔要比东部山系低很多，呈现东高西低的特征。

高原地区占据了牙买加国土面积的绝大部分，除了上述三个主要山系之外，还有其他一些山脉。曼彻斯特区境内分布着唐·费格雷罗山（Don Figuerero）、卡朋特山（Carpenter）和五月天山，这三条山脉呈弧线形分布，形成了独特的风景线。圣凯瑟琳区的山脉位于西班牙镇的北部，是红山山脉的延续，包括圣约翰山、圣多萝西山（St. Dorothy）和盖伊山（Guy's Hill）等几座小山。除了这几条山脉之外，佩德罗山和干港山位于圣安娜区，莫科山（Mocho Range）和蓝山位于克拉伦登区（Clarendon），其中，这座蓝山不是东部山系的蓝山山脉，而是一个独立的山峰，位于牙买加岛屿的中心地带。

2. 河流

牙买加东部地区地势较高，有连绵起伏的山脉，高山的落差和降雨，就在东部山区周围形成了一条条河流。牙买加境内河流数量较多，但绝大多数分布在东部高原地区，中部和西部地区只有寥寥几条河流。东部山区的河流，绝大部分发源于蓝山山脉，这些河流从东部山区，呈枝叶状向周边地区流去，把潮湿的水域带到相应的地区。这些河流一年四季基本上不断流，一到雨季，持续的降水就会导致山洪暴发、河水猛涨，很容易形成相应的地质灾害。牙买加境内径流最长、流域面积最大的河流是布莱克河（Black River），这条河流的总长度约为70.8公里。除了这条著名河流之外，波特兰区境内有格兰德河（Grande River）、雨燕河、西班牙河（Spain River）和巴弗贝河（Buff River）；圣安德鲁和圣玛丽区境内有希望河（Hope River）；另外，米尔克河位于克拉伦登区境内，卡巴利塔河（Cabaritta River）位于威斯特摩兰区（Westmoreland）内，特里洛尼区境内还有一条著名的小河，叫马萨布拉厄河（Martha Brae River）。这些河流一年四季都不停地流淌，为周边的农作物种植区带来了水源，最后缓缓汇入大海。它们从东部的高原地区向下游流淌，由于地理落差较大，这些河流的河床很难得到开发利用，只有小部分流域可以通航，绝大部分流域都不适宜航行。其中，流域面积最大的河流——布莱克河，可供开发利用的范围仅仅是距离河口27公里一带的水域。

与有众多河流分布的东部地区相反，中部和西部地区只有为数不多的几条河流，这主要是因为这一地带的地质和土壤内含有大量渗水性较强的石灰岩，河水经过这一区域时，就会慢慢渗透到地下，造成河水断流。更为神奇的地域是圣安娜区（St. Ann），平时，这一区域内并没有河水；雨季

牙买加

到来的时候，由于降水突然增加，地表流水大大增加，地下水就会从地表下渗出来，形成奇特的湖泊；雨季结束后，降水大为减少，地下水位慢慢下降，地表水又慢慢渗透到地下，湖泊的面积就不断缩小，直到彻底消失。最为明显的例子就是1970年出现的蒙内格（Moneager）湖泊，位于蒙内格境内，这个湖泊在地面上存在一年之后，便消失了，成为当时的一大奇观。

3. 港口

牙买加是加勒比海域中的一个大岛屿，由于四周环海，加之位于黄金海道的巴拿马运河航道之上，独特的海域特征、扼于咽喉要地的位置，使牙买加拥有了众多可以利用的天然海港。牙买加总共拥有13个优良海港，其中最大的港口就是位于首都的金斯敦港，金斯敦港是世界第七大天然海港，位于牙买加的南部，也是加勒比航道上通往巴拿马运河的一个重要中转枢纽，很多船只都会停靠在这里，准备必要的供给。金斯敦港的货物吞吐量和船舶停靠数量，在加勒比和中美洲都处于领先地位。[①]

北部地区有两个重要的海港，分别是安东尼奥港（Antonio）和蒙特哥贝港（Montego），这两个港口的地理位置也很重要，被称为牙买加的"双子海港"。除了这三个主要港口之外，牙买加还有其他的天然港口，南部地区有凯泽港（Carlisel Bay）、埃斯基维尔港（Alligator Pond Bay）、莫兰特港（Port Morant）、布莱克里弗港（Black River Bay）和罗亚尔港（Lovers），北部地区有曼彻尼尔港（Manchioneal Harbour）、卢西港（Lucea Harbour）、桑迪贝港（Sandy Bay）、奥拉卡贝萨港（Oracabessa）、玛利亚港（Port Maria Harbour）等。这些港口每年都给牙买加带来大量的经济收益。

（二）气候

由于地处东北信风地带，牙买加属热带海洋性气候，常年受来自热带海洋的信风影响，终年盛行热带海洋气团，平均气温并不太高，约为27℃，气温起伏不大，常年都比较均衡，例如，处于冬季的1月，与处于夏季的7月，温差仅仅相差不到5℃。牙买加的内陆地区由于分布着海拔

[①] 《万国博览》编写组编《万国博览·美洲卷》，内蒙古人民出版社，2004，第46页。

较高的山峰，山体的高度不同，这就给部分地区带来了一定的气候差异。北部地区常年吹东北信风，气温一般会比内陆地区稍微低一些。总体上而言，牙买加常年的最高气温处于夏季的7月和8月，这两个月份的平均气温为26℃～32℃；气温最低的月份是1月和2月，平均气温为22℃～30℃。海风越过牙买加岛，受到内陆山麓的阻挡，改变了风向，这样牙买加岛上，白天都吹着海风，晚上大陆的山风又飘过内陆，常年都有温度适宜的微风吹过，有益于当地人的身体健康。

牙买加四周被海环绕，内陆又有大片连绵起伏的山脉，海洋冷湿气流与大陆暖湿气流在此地相遇，就给牙买加带来了大量降水。每年5月是牙买加的第一个雨季，10～11月是第二个雨季，处于秋季的第二个雨季降水量最大，两种不同的气流形成了对流，造成了大量降水。牙买加境内地势呈东部较高、中西部较低的态势，各个地区海拔不同，降水量也不同。东部蓝山山脉地带的降水量最大，年平均降水量约为5000毫米；北部地区和波特兰区的降水量也很大，年平均降水量超过3500毫米。相对而言，中部和西部地区降水量就少很多，安东尼奥港地处蓝山山脉的向风面，年平均降水量可以达到430毫米，但南部地区，尤其是首都金斯敦一带，地处蓝山山脉的背风面，气候比较干燥，常年降水稀少，年降水量仅约为180毫米。从月份来看，每年的2月是全年最为干燥的时期，平均降水量仅约为15毫米；10月，牙买加开始进入雨期，降水量大大增加，这一月份的平均降水量约为180毫米。

海洋洋流的转动，极易产生飓风，而且飓风推进速度极快，影响范围较大，破坏力也很强。牙买加地处加勒比海域之内，年年遭受飓风风暴的侵袭，每年的7～10月是飓风灾害最为严重的时期。这些飓风风暴一般发源于大西洋，越过加勒比海域，然后迅速向西推进，从牙买加岛屿的北部海岸登陆，一直往西部吹去，掠过岛屿。有时候飓风从6月一直持续到11月，给牙买加当地人民的农作物、房屋建筑都带来了极大的破坏，严重影响了当地人民的正常生活，对人民的交通和日常出行都造成了不利影响，每年这一时期，牙买加政府就会及时发布飓风预报，提醒当地居民早做预防，以减轻飓风的破坏程度。由于长期遭受飓风风暴的侵袭，牙买加

牙买加

政府已经形成了一整套比较成熟的预警机制,当地人民都已习以为常,知道该如何应对这种自然灾害。

四 行政区划

牙买加共有三个郡:东部的萨里郡(Surrey)、中部的米德尔塞克斯郡(Middlesex)和西部的康沃尔郡(Cornwall)。它们是一级行政区域,行使着当地的行政管辖权。郡下设区,全国一共设有14个行政管辖区,其中萨里郡下设4个管辖区:金斯敦区、圣安德鲁区(St. Andrew)、圣托马斯区(St. Thomas)和波特兰区。首都金斯敦就位于金斯敦区,是全国的行政管辖中心。中部的米德尔塞克斯郡下设5个行政管辖区,包括圣凯瑟琳区(St. Catherine)、圣玛丽区(St. Mary)、克拉伦登区、圣安娜区和曼彻斯特区(Manchester)。西部的康沃尔郡也下设5个行政区:圣伊丽莎白区(St. Elizabeth)、特里洛尼区、圣詹姆斯区(St. James)、汉诺威区(Hanover)和威斯特摩兰区。这14个区中,由于首都地理位置重要,也便于行政工作的顺利开展,因此金斯敦区和圣安德鲁区组成了一个联合区,下设一个行政首府;剩余的12个区,每个区内都设立一个行政首府,作为本行政区的政治中心。每个行政区首府的市长都由选举产生,经过区委会的正式选举,根据得票的数量来决定选举结果,经过选举产生的首府市长,同时也兼任区委员会的主席。区委员会相当于行政管理机构,负责本行政区的一些公共事务的管理,如基础设施建设、道路修建、公共文娱事业、市场管理等。牙买加法院是这12个区的最高管辖机构,但金斯敦区和圣安德鲁区组成的联合区,不接受最高法院的管辖,具有一定的独立性。

五 人口、民族、语言

(一)人口

西班牙殖民者到达印度群岛之前,牙买加岛上生活着几万名土著,他们过着原始的渔猎生活。西班牙殖民者占领牙买加岛屿之后,开始了对这一带的奴役统治,由于残酷的劳役、屠杀以及殖民者传入的病菌,在当地生活了近千年的阿拉瓦克人基本上死亡殆尽。为了解决当地劳动力供给不足的问题，西班牙殖民者和随后的英国殖民者，都从非洲贩买来大量的黑人奴隶，这些人慢慢构成了现代牙买加人的族裔。据统计，19世纪初期，牙买加的总人数约为30万，大多数人是黑人奴隶。黑人奴隶在难以想象的环境中劳作，劳动强度极大，一些奴隶很快死去，导致牙买加的人口数量难以增加，这种状况一直持续到奴隶制度的废除，黑人和其他混血人种获得自由之后，也就是从1834年开始，在随后的几十年内，牙买加的人口数量才慢慢增加。但这种状况并没有持续多久，19世纪末期和20世纪初期，由于一些获得自由的牙买加人纷纷到别的国家寻找更合适的机会，加之当时疾病的蔓延，牙买加的人口增长又恢复到以前极为缓慢的状态。据统计，这一段时间内，大约有15.6万牙买加人离开自己的祖国，去国外谋生，尤其是20世纪初期，由于中美洲的经济形势相对好一些，大批牙买加人纷纷涌入哥斯达黎加、古巴和巴拿马。这种人口外流的状况一直持续到20世纪30年代，随着世界经济危机的开始，经济萧条的情况也蔓延到美洲一带，一些国家的就业机会慢慢减少，大量工人失业，迁移到别的国家的牙买加人被迫重新返回自己的国家，这一时期牙买加的人口出现了显著增加。二战结束后，随着牙买加周边国家和地区局势相对稳定，一些牙买加人又选择移民到英国、美国、加拿大等国家。这种不断向外移民的态势持续了数十年，直到相关国家制定了极为严格的移民法，牙买加的移民人数才开始减少。

出生率的下降、移民人数的不断增多，导致牙买加的人口增长率持续偏低。20世纪末期，牙买加的人口增长率为0.91%，2003~2007年更是下降为0.5%。持续偏低的人口增长率，导致牙买加的人口数量增长缓慢，2000年人口约为258万，2005年约为264万，2010年约为269万。截止到2015年，牙买加人口总数为272.8万，人口自然增长率为0.2%。其中男性135.2万人，占49.5%；女性137.7万人，占50.5%。[1] 金斯敦

---

[1] 中华人民共和国商务部网站，http://jm.mofcom.gov.cn/article/ddgk/zwrenkou/201610/20161001417270.shtml。

牙买加

和圣安德鲁、圣凯瑟琳、克拉伦登3个教区人数居全岛前三位,分别为67万、52万、25万。①牙买加虽然人口总数不多,但人口结构比较合理。从年龄结构上说,与其他一些进入老龄化社会的国家相比,牙买加是一个青年人口占全国总人口比重较高的国家。据统计,2012年,牙买加14岁以下的人口占全国总人口的比例是29.5%,14~64岁的人口占总人口数的62.8%,65岁及以上老年人仅占全国总人口的7.7%;②从性别构成来看,牙买加国内男女比例基本均衡,没有出现比例失调的情况。从上述统计数字来看,牙买加适宜劳动力(15~59岁)的人口数量,达到了全国总人口的50%以上,意味着一半以上的人口都可以从事劳动,保证了经济发展过程中必要的劳动力供给。2000~2015年牙买加人口数量情况见表1-1。

表1-1 2000~2015年牙买加人口数量一览

单位:人

年份	人口数	年份	人口数
2000	2589389	2008	2671934
2001	2605556	2009	2681386
2002	2615253	2010	2690824
2003	2624695	2011	2699838
2004	2634145	2012	2707805
2005	2643601	2013	2714669
2006	2653042	2014	2720544
2007	2662481	2015	2725941

资料来源:世界银行网站,http://data.worldbank.org.cn/country/jamaica?view=chart。

由于牙买加山地面积较大,平原地带的面积相对较小,这就使平原一带聚集了大量人口,山区一带人口相对稀少。总体上来看,牙买加国内人

---

① 中华人民共和国商务部网站,http://jm.mofcom.gov.cn/article/ddgk/zwrenkou/201610/20161001417270.shtml。
② 环球万国网,http://country.huanqiu.com/jamaica/people。

口密度过大，1986年，牙买加的人口密度为209.62人/平方公里，平原地带的可耕种地区的人口密度，更是达到了1000人/平方公里，牙买加也是世界上人口密度较大的国家之一，2012年牙买加的人口密度为252人/平方公里。随着城市化进程的加速，大量的农村人口涌入城市，牙买加的人口分布和不同地区的人口增长，都出现了不均衡的态势。同其他拉美国家一样，牙买加的城市化也存在超前的问题，大量人口涌入城市，也加重了城市的荷载，尤其是金斯敦、圣安德鲁、圣詹姆斯和圣凯瑟琳四个行政区的城市人口，达到了全国总人口的48.3%，也就意味着有一半的人口都聚居在这四个区的城市内，带来了一定的城市问题。从人口分布的情况来看，全国超过一半的人口都居住在城市地区和城市的周边地区，山区、森林地区和边远农村居住着少数人口，这使得城市人口的增长数量远远高于农村地区，这种不均衡的态势仍然在持续。

（二）民族

牙买加是一个多民族混合杂居的国度，同其他拉美国家一样，牙买加的居民基本上是从别的国家迁入的。早期生活在这片土地上的土生土长的阿拉瓦克人，在西班牙殖民者到来之后惨遭灭绝。随后，西班牙和英国的殖民者从非洲运来大量黑人当作当地的劳动力，这些黑人便在这里生活，繁衍后代，成为当地的种族人口。随后，其他国家破产的有色人也到这里寻找机会，英国对牙买加实行殖民统治期间，为了加强对黑人奴隶的管理，一些英格兰人、移民到古巴的西班牙人的后裔、苏格兰人、爱尔兰人、威尔士人、法兰西人、葡萄牙人和德意志人等白色人种，或者作为契约佣工、劳动监管人员、庄园管理人员，或者是来牙买加充当种植园主，或者是经商，都定居在牙买加，时间久了之后，一些黑人便同这些有色人种通婚，形成了另外一个独特的种族——混血人种，这样，牙买加就形成了黑人种族、有色人种、混血人种共同生活的情况。奴隶制度废除之后，大部分黑人获得自由后，不愿意继续从事原来的高强度劳作，种植园主为了解决劳动力不足的问题，开始从亚洲购买大量契约劳动力，运送到牙买加。这样，大量印度人和中国人被运送到牙买加，随后一些犹太人也被当作契约劳工运送到这里，这样，牙买加就形成了多个种族、数十个民族共

同生活的局面。就社会地位而言，白色人种一直拥有较高的社会地位，其他人种的社会地位相对较低，有些印度人、华人和犹太人通过长期的辛勤劳动，积累了大量的财富，但通往上层社会的道路依然艰难。当前，在牙买加的人种比重中，黑人和混血人种占据了绝大多数，占全国总人口的比重超过了90%。

（三）语言

英语是牙买加当前通用的官方语言。早期殖民时期，刚刚来到牙买加的非洲黑人，仍然使用自己的民族语言进行交流，英国殖民者为了便于管理，同时也为了防止他们在劳作的过程中用自己的语言串联、商议逃跑和造反、反抗等，强迫所有的黑人奴隶必须把英语作为通用语言，故此，黑人、混血人种都开始讲英语，他们的后代也说英语，这样英语的使用范围越来越大，慢慢就演变为官方通用语言。除了英语之外，西班牙语也可以使用。印度人、犹太人和华人的后裔在用英语交流的同时，还会使用自己民族的语言，比如在牙买加居住的一代又一代的华人，还可以熟练地使用粤语，也就是广东话进行交流，这也使华人的语言、民族文化和风俗习惯在牙买加得以传承。

六 国旗、国徽、国歌

（一）国旗

牙买加的国旗形状为长方形，长与宽的比例为2:1，整体图案是这样的：两条对角线是宽度完全相等的黄色条段，这两条黄色条段从图形中交叉穿过，连接着长方形的四个顶点，这样就把国旗图形分成两两相等的四个三角形。上下两个三角形的颜色为绿色，左右两个三角形则是黑色，整个国旗的图形就包括黄、绿、黑三种颜色。牙买加的国旗有着深刻的寓意，跟牙买加的国情和现实情况联系紧密，黑色寓意最为严肃，代表着牙买加人民曾经克服和即将可能遇到的种种困难；绿色象征着希望和牙买加境内丰富的农业资源；黄色则是牙买加丰富的自然资源和明媚的阳光的象征。

（二）国徽

牙买加的国徽也具有鲜明的民族特色，国徽图案的中间是一个盾徽，盾徽的底色为白色，中间有一个红色宽边的大型十字，五个金色的菠萝按照纵横相间的排列方式，整齐雕刻在红十字上。盾徽的顶端是一个橙色的头盔，头盔的两旁装饰有黄白花冠的图案。头盔的顶上是一个木块，木块的上面则是一个张开巨型嘴巴的褐色鳄鱼，鳄鱼的头部朝西，尾巴朝东，四脚直立，尾巴上翘。盾徽的两侧站立着一男一女两个土著，右侧是手里拿着一张弓的精壮男子，左侧则是手提一筐菠萝的女子。盾徽的最下端是一个绶带，这一男一女正好站在绶带的两端，绶带上有一行醒目的英文句子"出类拔萃，一个民族"，象征着牙买加人民自强不息、勇往直前的奋斗精神，也体现了牙买加人民为祖国的繁荣强盛而奋斗的决心。

（三）国歌

1962年独立时，牙买加授权成立国歌委员会，这个委员会通过招标的方式，确定了牙买加的国歌，国歌的名称是《牙买加国歌》（也译作《牙买加，我们热爱的家园》）（*Jamaica National Anthem*），这个歌曲由词作家休·布雷厄姆·舍洛克（Hugh Braham Sherlock）作词，由作曲家罗伯特·查尔斯·莱特波恩（Robert Charles Lightbourne）谱曲。

歌词的大意为：

永恒天父保佑我国，用您那全能的双手，享有自由远离恶魔，永放光芒天长地久，请您把真正的智慧，赏赐给我们的领袖，正义真理永属于我。牙买加，亲爱的牙买加，牙买加啊，牙买加，牙买加，亲爱的牙买加。

此外，牙买加的国花为生命之木花，国树为生命之木树。

第二节 宗教与民俗

一 宗教

由于牙买加多个人种并存、数十个民族共同在这里生活，因此牙买加

人民的宗教信仰也不尽相同。早期的阿拉瓦克人，有着自己的民族图腾，因为当地土著的灭绝，这些原始的宗教信仰就慢慢消失了。随着黑人奴隶的迁入，黑人把他们的宗教信仰也带入了牙买加，早期进入牙买加的黑人就信奉源自非洲大陆的拜物教和神秘教，尤其是一种名为"欧庇"原始迷信宗教。为了加强对黑人奴隶的管理，西班牙殖民者开始在牙买加传播天主教，17世纪中期基督教又被传入牙买加，一些基督教牧师来到这片岛屿上传播基督教。慢慢地，基督教成为拥有信徒人数最多、占据主流地位的宗教。当前，基督教仍然是牙买加的主要宗教，全国信仰基督教的人口达到了总人口的61.3%。其中，基督教的英国国教会、浸信会、卫理会是牙买加国内拥有教徒比较多的分支。除基督教之外，天主教是第二大宗教，约有占全国总人口的4%的民众信仰天主教。除此之外，少数民众还信仰印度教和犹太教。

二 节日

每个国家都有比较重要的节日，一些节日的来历都有着相应的历史根源，也蕴含一定的历史与现实意义。牙买加也不例外，很多重要节日的设定，都与国家历史上的重大事件息息相关。当前，牙买加主要的法定节假日有新年、独立日、奴隶解放日、民族英雄日和牙买加劳动节等，还有一些与基督教相关的重要法定节日，如圣灰星期三、耶稣受难日、复活节、复活节星期一、圣诞节和节礼日等。其中，一些重要的节日，都有着一定的历史寓意。

独立日 1962年8月6日，这一天是牙买加宣布正式独立的日子，由于这一天是星期一，从此以后，每年8月的第一个星期一，就被定为牙买加的独立日，每年的这一天，牙买加举国上下就会欢庆自己的节日，举行各式各样的庆祝活动。

奴隶解放日 1834年8月1日，英属西印度群岛颁布了《奴隶解放法令》，这个法令的颁布，标志着奴隶制度正式得以废除，所有的奴隶，包括黑人和混血人种，都获得了自由，成为自由的人民，故此，每年的8月1日，就成为英属西印度群岛殖民地国家的共同节日。牙买加也把这一天作为奴隶解放日,让全体民众记住这个重要的历史事件。

劳动节 牙买加的劳动节定在 5 月 23 日,之所以定在这一天,是因为历史上牙买加的工会组织曾经在这一天组织过大型的庆祝仪式,以后这一天就成为牙买加的法定节日。在牙买加,劳动节也是公共服务日,人民通常用从事修路、植树、修剪灌木、绿化等公益活动来庆祝自己的节日。

圣诞节 同其他信仰基督教的国家一样,每年的 12 月 25 日是牙买加的圣诞节,这个节日十分隆重,牙买加人都会持续庆祝一个星期,直到新年这一天,人民会用到教堂做礼拜、拜访亲朋、举办晚会、互赠礼物等形式来庆祝节日。

民族英雄日 为纪念为了国家独立、民族解放、废除奴隶制度等做出巨大贡献的民族英雄,牙买加政府把每年 8 月的第三个星期的星期一作为民族英雄日。牙买加纪念的民族英雄包括诺曼·华盛顿·曼利(Norman Washington Manly)、保罗·博格(Paul Bogle)、马库斯·加维(Marcus Garvey)、乔治·威廉姆斯·戈登(George William Gordon)、亚历山大·巴斯塔曼特(Alexander Bustamante)、山姆·夏普(Sam Sharp)和马龙奶奶(Nanny of the Maroons)等。

除了这些重要的节日之外,牙买加还有一些法定节日,如每年 1 月 1 日要庆祝新年,2 月 21 日是圣灰礼仪,耶稣受难日是复活节的前一个星期五等。

三 习俗

由于最先居住在这个国家的土著民族已灭绝殆尽,牙买加原始土著民族遗留下来的习俗已经很少见了,随后大量黑人从非洲被贩卖到牙买加,非洲黑人在这里生活的同时,就把起源于非洲地区的一些民族习俗带到这里,一些西班牙殖民者和英国殖民者到这里定居之后,也带来了他们国家的人文习俗,这样,牙买加的民族习俗就出现了西欧人文文化与非洲风俗相并存的局面,这种习俗经过上百年的融合,就形成了独特的牙买加民族习俗,这些习俗就体现在牙买加人民的饮食、服装、生活、日常出行、婚姻、社交礼仪等方方面面。

牙买加

饮食 牙买加人民的主食与当地的农作物特产息息相关，日常主食是米饭与香蕉粉、果肉与大米混合做成的食物和玉米制成品。超市和大众商店里有大量的面包和面粉制品销售，但一般这些商品都是由外国进口而来，价格比较昂贵，这些食品一般都是牙买加人民偶尔购买和使用的食品。除了主食之外，牙买加人民也喜欢享用本地的甘薯、咸鱼和辣椒等副食品，肉类、牛奶和奶制品也深受牙买加人民的喜爱，酢浆草汁、牙买加焗鸡、熏烤鸡和一种甜玉米粥，以及牙买加山羊肉咖喱都深受牙买加人民的欢迎。牙买加人民还特别喜欢食用本地的特色美食，如拉伸肉片（Jerk Pork）和胡椒罐汤（Pepper Pot Soup），其中味道特殊的红色水果鳕鱼（ackee）是牙买加的国菜。番石榴干酪、芭蕉馅饼和肉饼之类的快餐深受工薪阶层和上班族的喜爱。饮料方面，牙买加的老年人喜欢喝茶、喝咖啡，年轻人则喜欢喝可乐与啤酒。

服饰 牙买加的服饰具有鲜明的欧式风格，参加公共活动或者是在公共场合，男士都是西装革履，系领带，女士也穿上正装。平时男士喜欢穿衬衫、长裤，炎热的季节则可以穿比较随意的短裤，女士喜欢穿色彩鲜明、用料轻薄的裙子。

住宅 牙买加的早期建筑风格，呈现非洲原始部落的特征，直到20世纪中期之后，随着现代建筑科技的发展以及综合国力的提升，牙买加的建筑风格开始学习欧美，具有欧式风格的建筑一栋接一栋地拔地而起。西班牙和英国的殖民者在牙买加进行殖民统治的时候，奴隶们的住房和宿舍都十分简陋，居住条件比较差。房屋一般都是用木棍支撑、木板当墙壁搭建而成的简易房屋，屋顶上铺的是棕榈叶子或椰树叶子，用这种树叶进行避雨；房屋内也没有像样的家具，用木板当作床铺，再搭配几个简单的木桌和小板凳就作为日常生活的家具。相对而言，庄园主的住宿条件相对好一点，但也仅仅是用青砖和石块建筑的房子而已，屋顶上铺的是泥瓦片。独立后的牙买加，居民的住房状况并没有太大的改善，乡村地区的住房仍然是小木屋，卫生状况较差，没有公共卫生间，也不结实，很容易遭受飓风、海啸等自然灾害的侵袭。上层社会的住房则优越得多，上层人士都修建了结实、耐用、宽敞的住房，拥有独立的厨房、卫生间和浴室。1951年的大飓风给牙买加人民带来了巨大损失之后，政府机构意识到修建混凝土结构的建筑的重要性，开始在全国范围内推广钢筋混凝土结构的住房和公共建筑，一些高层建筑慢慢成为市区的标志性建筑。

当前，牙买加的农村地区，每个村庄的中心都有一个中心广场，广场是这个村庄的中心地带，村政府、商店、医院和汽车站都围绕着中心广场而修建，方便居民日常购物、看病和出行。

婚俗 牙买加上层人士的婚礼比较正式、隆重。结婚前，男方必须购买一栋房屋或者是自行修建一栋房屋，还应具备养活不用出去工作的妻子的经济实力，之后举行隆重的婚礼仪式。正式成婚之后，丈夫出去工作，妻子在家料理家务，丈夫的收入足够维持一家的日常开销。中下层社会群体中，婚礼仪式就比较随意，牙买加的女子，几乎1/3的成年女性还没有举行婚礼就已经有了身孕。一旦一个女性有了身孕，她的母亲也就默认了这一事实，这时只要男方答应承担以后孩子出生和养家的一些生活费用，他就可以正式入住女方家，不一定举行正式的结婚仪式，孩子生下来之后，新的家庭就正式组成，新的生活正式开始。

称呼 牙买加人的姓名，一般都按照名字、第二名字、父姓和母姓的顺序来起名，女性成婚之后，则需要去掉母姓，加上夫姓。城镇居民的姓名，一般都起具有欧美色彩的名字。农村地区还保留着一些原始传统，尤其是非洲后裔的居民，孩子起名时一般都由出生日期来确定，星期一出生的男孩子都叫"卡德乔"，女孩子叫"珠芭"；星期三出生的男孩子叫"奎科"，女孩子叫"库芭"；星期日出生的男孩子叫"奎希"，女孩子叫"奎希芭"；等等。

礼仪 牙买加的礼仪与其他英联邦国家和拉美国家基本上一致，在称呼方面，比较常用的称呼就是"先生""女士""太太""夫人"等。在称呼之前加上官职和职称也是比较常用的方式，在参加宴会的时候，受邀请的人士，都会主动携带一定的礼物。牙买加同其他欧洲国家一样，也有一些礼仪禁忌，不能随意询问女性的收入、年龄和婚姻状况等，他们普遍

牙买加

认为"13"这个数字不太吉利,正式场合很少提及"13"这个数字,每月的"13日"都是不吉利的日子,正式活动绝不能选在这一天。[①]

第三节　特色资源

一　旅游胜地

1. 尼格瑞尔海滩（Negril）

尼格瑞尔景区位于牙买加的西海岸,是牙买加著名的景点,也是牙买加重要的旅游城市。在牙买加,尼格瑞尔是年平均降雨量最少的地区,气候温暖、不潮湿,阳光充足,每年有光照的天数平均能达到350天,特别是午后的阳光,照在人们的身上,特别惬意。[②] 尼格瑞尔风景宜人,特别适合情侣到此地进行旅游、度假,也是新婚夫妻欢度蜜月的理想之地,《Go to Negril》,这首名曲也传扬海外。

2. 蒙特哥贝海湾（也译作蒙特洛）（Montego Bay）

蒙特哥贝海湾温暖的海洋气候举世闻名,每年的12月到第二年的2月是全年最舒适的月份,由于来自东北区的信风吹过,蒙特哥贝海湾十分凉爽,这几个月的平均气温为22℃~28℃;10月是全年最湿润的月份,这个月的平均降水量为188毫米,冬季是全年最为干燥的季节。温暖的阳光、适宜的温度吸引着大量来自世界各地的游客。

3. 蓝山山脉景区

蓝山山脉景区位于蓝山山系群峰之中,这里被原始丛林覆盖,空气清新,是牙买加的天然氧吧。从加勒比海滨吹过来的信风,遇到雄伟山峰的阻挡,给附近的地区带来了降雨,也使蓝山山脉景区内空气湿润,但不潮湿,适宜度假与疗养。蓝山山脉景区内,海拔每升高300米,气温就会下

[①] 中华人民共和国商务部网站, http://www.mofcom.gov.cn/article/zt_shanglvfw/jm/201312/20131200418689.shtml。

[②] Richard Koss, *Jamaica 5th Edition*, 2008, p. 216.

降 1℃ ~2℃，海拔达到 1700 米之后，每天早上就可以看到山顶上有一层薄薄的冰层覆盖。① 在蓝山景区内生活，人们可以体会到初冬的温和、春意的料峭和秋天的温暖，体会不到异常的寒冷与炎热，一个山区之内就可以感受季节的变换。

4. 但士河瀑布（Dunn's River Fall）

奥乔里约市里有众多瀑布，但士河瀑布是其中最出名的一条。这条瀑布距离城区的西部约 3 公里，全长 180 米，形状类似一层接一层的蛋糕。人们可以手牵手爬到瀑布的顶端，顺着一个游泳池的地方可以漂流而下。但士河瀑布不仅仅是旅游景点，更是和平、安宁的人文景区，② 每年都有大量的游客到此参观、游玩。

除了上述著名景区之外，牙买加还有哥伦布公园、皇家港、圣詹姆斯教区大教堂等之类的景区或名胜古迹。

二　主要城市

1. 金斯敦（Kingston）

金斯敦是牙买加的首都，这个城市名字的寓意为"国王之城"③，是牙买加的政治、经济和文化中心。金斯敦也是牙买加重要的港口城市，北部依靠蓝山，南部面临加勒比海滩，海洋信风的常年吹拂，使这个城市的空气十分清新，城市内部也整洁、干净，马路两旁都种植着成排的棕榈树与马合树，给人一种美不胜收的感觉。金斯敦市区里著名的建筑有西班牙城镇广场，这个广场是西班牙殖民时代留下的遗迹的历史见证；国立画廊是艺术中心，牙买加国内最高水准的艺术精品，每年都会在这里展出。

2. 安东尼奥港（Port Antonio）

安东尼奥港是一个港口城市，也是牙买加旅游历史最为悠久的海滨城市之一，这个城市依海湾而建，按照海湾的岬角建成东部和西部两个相对

---

① Richard Koss, *Jamaica 5th Edition*, 2008, p. 111.
② Richard Koss, *Jamaica 5th Edition*, 2008, p. 152.
③ Don Philpott, *Land mark Visitors Guide: Jamaica*, Malta: 1993, p. 35.

的港湾，岬角上布满了住宅区，沿岸一带则是星罗棋布的商业区，这个港口城市拥有优美的海滨环境，集观光、旅游、度假于一体。这个港口除了具备旅游功能之外，还是重要的商品集散地，第二次世界大战前，这个港口以香蕉为主，当前则是蔗糖、香蕉、椰子、可可等特色产品的出口基地，每年大量的特色产品就通过这个港口输送到相应地区。

3. 奥乔里奥斯（Ocho Rios）

奥乔里奥斯是牙买加的北部港口城市，背靠加勒比海岸，由于地处热带海滩，这个城市风光媚丽，阳光充足，这里的海水常年都保持着比较适宜的温度，温暖的海水就吸引着大量游客，海滨一带的海水浴场常年都对游客开放。奥乔里奥斯的城西有但士河瀑布（Dunn's River Fall），落差180米，直泻入海，蔚为壮观；城区内种满了椰子树和甘蔗，绿树成荫，甘蔗成林，加之飘来阵阵清香的水果园林，美不胜收。

4. 曼德维尔（Mandeville）

曼德维尔是一个内陆城市，地处牙买加中西部的高原山地，东距首都金斯敦72公里，海拔628米。曼德维尔城依山而建，建筑具有英国山村风格，由于海拔较高，因此风景秀丽、空气清新，是牙买加境内著名的休养与疗养胜地。

5. 蒙特哥贝

蒙特哥贝是牙买加第二大城，地处西北部的蒙特哥贝湾畔。蒙特哥贝这个名称，源自西班牙Manteca（油脂之意），因为以前这里是牛油与猪油的装卸港口，留下了一些油脂痕迹。这里最早是当地土著生活的地方，曾经有大量的土著村庄，1494年哥伦布到达牙买加时，就曾在这里拜访过当地的阿拉瓦克的部落人群，后来这里成为西班牙殖民者统治的地区，遗留下大量的名胜古迹。牙买加获得独立后，因为独特的地理风光，蒙特哥贝就慢慢演变成著名的度假胜地。

第二章

历　史

第一节　殖民前简史（约 650~1494）

在著名探险人物哥伦布发现牙买加岛屿之前，这片土地上生活着大量的土著。据记载，生活在这片土地上的土著属于阿拉瓦克人（加勒比群岛土著的总称）的泰诺人，一些历史学家推测，这些土著应该是从拉丁美洲等别的地方迁移过来的。这群土著最先到达特立尼达岛屿，一部分群体继续向北迁移，一部分则迁徙到牙买加岛，开始在这片大地上定居生活。[①] 牙买加的泰诺人，他们生活的时间约在新石器时期，迄今为止，历史学界对这群土著的人口总数仍然没有统一的定论。西班牙著名的牧师拉斯·卡萨斯认为当时泰诺人数不胜数，但更多的历史学家认为这里的土著有 6 万~7.5 万人。[②]

生活在牙买加的阿拉瓦克人的文明程度，同玛雅、阿兹特克或者印加文明相比，要落后很多，由于没有形成正式的文字，考古学家只能从他们生活中的遗存痕迹来考证其原始生活状态。这个土著部落长期生活在洞穴中，在他们使用的简易陶器的表面上，有一些比较抽象的几何图形，有的历史学家认为他们以渔猎为生，因为从他们生活中的废墟中，考古学家发

---

① 塞缪尔·赫维茨（S. J. Hurwitz）、伊迪丝·赫维茨（E. F. Hurwitz）：《牙买加史》，南开大学历史系译，天津人民出版社，1979，第 6 页。
② 塞缪尔·赫维茨（S. J. Hurwitz）、伊迪丝·赫维茨（E. F. Hurwitz）：《牙买加史》，南开大学历史系译，天津人民出版社，1979，第 6 页。

牙买加

现了一些鱼骨和牡蛎壳之类的物品。另外的一些历史学家则认为阿拉瓦克人会从事一些简单的耕作，渔猎是辅助的生活方式。跟阿拉瓦克人同期在加勒比海区域生活的土著，还有一个部落特别凶残，叫加勒比人（Caribs），这个土著部落四处掠夺、侵袭，阿拉瓦克人时刻需要提防加勒比人的侵略和杀戮。

阿拉瓦克人在牙买加生活时期，把牙买加分成一些地区，每个地区有一个部落首领来管辖，部落首领叫卡西克（Cacique），也译作酋长。卡西克在一个地区内拥有非常高的威望和荣誉，他可以拥有多个妻子，委托地区内的长者或者是代理人同他一起统治这个区域。另外，卡西克可以充分享受本地区的食物，房屋也比较宽敞，屋里摆设象征神灵的神像。酋长下属的男性，只能有一个妻子。阿拉瓦克人对待死亡的方式也比较独特：卡西克身患重病或死神即将到来之时，部落人士会合力把他勒死；其他成员濒临死亡时，部落成员会把他遗弃在荒野中，再给他准备一些木薯和水，让他慢慢度过余生。

阿拉瓦克人的皮肤是棕色的，身材不高，但肌肉发达，体型匀称，他们的头发和毛发都是黑色的，毛发比较粗，而且不弯曲，脸型很宽，鼻子呈扁平状，也很宽。由于牙买加的气候比较温暖、凉爽、湿润，阿拉瓦克人的穿着都很少，赤身裸体的时候比较多，关键部位用树叶或者是野花遮掩着，有的成员喜欢用纤维带把染色后的短棉裙系在腰间。阿拉瓦克人有着独特的原始图腾，为了表达对神灵的敬仰，他们喜欢用鸟类的羽毛来装扮自己，浑身布满彩色的文身，头上佩戴珍珠状的项链。他们的孩子生下来之后，就需要按照传统的习俗，用木板将前额固定，使前额变得平坦，据说这样能抵御别的部落的袭击。阿拉瓦克人有着严明的部落纪律，他们认为盗窃是最大的犯罪，对待盗窃犯，就用尖尖的木棍慢慢捅刺罪犯，直到这个犯人慢慢死去。

据哥伦布的描述，同其他土著部落的人群相比，阿拉瓦克人明显友善很多。哥伦布率领的探险者到达牙买加岛屿时，当地的阿拉瓦克人曾热情招待他们，以至于后来大批西班牙殖民者到达后，对他们实施殖民统治之时，阿拉瓦克人基本上放弃了抵抗。为什么西印度群岛以及南美大陆的土著在面对西班牙殖民者时基本上不抵抗,在历史学界也是一个谜,据说这跟生活在这里的土著部落流传的一个神话传说有关:有一天,一些身穿衣服的陌生人会降临到他们身边,这些人会用天国的雷电武装自己。阿拉瓦克人也不例外,轻易就接受了西班牙殖民者的统治,从事繁重的庄园耕作和矿业劳役,面对这样的厄运,他们基本上都没有做出任何有效的抵抗。这种殖民统治一直持续了几百年,繁重劳役、屠杀、细菌的传播,使阿拉瓦克人死亡殆尽,殖民者开始引进非洲黑人作为劳动力,随后,黑人奴隶就成为主要的劳动力。

第二节 近代殖民统治时期历史(1494~1938)

一 西班牙殖民统治时期(1494~1670)

(一)哥伦布发现牙买加

哥伦布第一次到达西印度群岛,当舰队抵达古巴岛时,当地的土著告诉哥伦布,离这里不远有一个叫牙买加的地方遍地都是黄金,然而哥伦布那次并没有发现牙买加岛屿。其后,在当时的西班牙国王费迪南德(Ferdinand)和王后伊莎贝拉(Isabella)的大力资助下,1493年9月25日,哥伦布从西班牙出发,开始了第二次航行。舰队沿着大西洋一直向西航行,到达伊斯帕尼奥拉岛后,哥伦布在此地建立了一个居住地,然后继续向前航行。次年5月4日,哥伦布发现了牙买加岛,并顺利登陆。上岸之后,哥伦布及同行水手被牙买加极具魅力的自然风光所吸引。

他们的舰队最初到达的地方是牙买加北部的圣安利斯湾,这里的风景就如同天堂一般,哥伦布就将此地命名为"圣乐园"(Santa Gloria),面对无与伦比的自然风光,一个水手曾经感叹说:"这是曾经看到过的最美丽的海湾;山峦起伏、地接天边;面积之广,尤过于西西里,到处都是河谷、田野和平原。"当地的土著对这群陌生之客立即进行了抵抗,他们乘坐独木舟袭击哥伦布的舰队,当时哥伦布并没有上岸,而是沿着海岸继续向前航行,一直航行到现今的发现湾(Discovery Bay)一带,哥伦布把这

牙买加

个海湾命名为好港（Puerto Bueno），后来更名为干港（Dry Harbour）。

在岸边，哥伦布的舰队成员放出了一只比较凶猛的大狗，它驱散了岸边抵抗的土著，哥伦布及其随从第一次踏上了牙买加的土地，希望在此寻找到相应的给养。登陆之后，哥伦布就宣布这个岛屿属于西班牙国王和王后的私人财产。但让哥伦布及其随从大失所望的是，这次他们并没有寻找到渴望已久的黄金。之后，哥伦布率领舰队继续向西航行，这一年的5月9日，他们到达蒙特哥贝，随后由于家庭的原因，哥伦布的舰队离开了牙买加，回到了古巴。

为了寻找黄金，这年7月，哥伦布又开始了考察牙买加的第三次航行。由于航行过程中遇到突如其来的暴风雨，直到8月的第二个星期，他们的舰队才到达波特兰地区，当时，这里是阿拉瓦克人最主要的聚居地，哥伦布认为，这里的土著是牙买加文明程度最高、数量最多的居民，随后他们又顺利到达莫兰特地区，但仍然没有发现他们希望已久的黄金。

1503年9月，哥伦布舰队开始了针对牙买加的第四次航行，也是他人生中的最后一次航行。他没预料到的是，这次航行遇到种种困难，舰队内部也充满危机，最后部分成员发动了叛乱。这一次航行中，哥伦布对牙买加的阿拉瓦克人做了最为细致的考察。刚出发不久，舰队就遭到飓风的袭击，很多船只被毁，随后他们在发现湾登陆，后来又航行到圣安利斯湾，在这里，舰队成员受到当地阿拉瓦克人的热情接待，这群土著被哥伦布舰队所携带的一些商品所吸引，他们用新鲜的食品交换新奇的商品和舰队成员身上佩戴的小饰品。由于哥伦布感觉这里适宜居住，他们就在这里生活了一年的时间。在这期间，哥伦布舰队里的一些成员发动了叛乱。由于船只被飓风摧毁，为了顺利返回出发地，哥伦布派出最忠于自己的下属迭戈·门德斯（Diego Mendéz）和巴托罗梅·费斯奇（Bartolomé Fiescchi）返回伊斯帕尼奥拉岛寻找帮助。在随后长达一年的等待中，由于水土不服，加上缺乏必要的食品和药物，舰队成员都患上了疾病，哥伦布也没能幸免于难，长期的远洋航行使他患上了关节炎。由于看不到光明和未来，哥伦布的部分下属心中充满了怨恨，一些成员在弗兰西斯科（Francisco）

和迭戈·波拉斯（Diego Porras）的领导下，密谋发动叛乱。这些成员抢走了哥伦布从当地土著那里购买的独木舟和食品，按照迭戈·门德斯出发的路线航行，计划逃回伊斯帕尼奥拉岛。叛乱者完全违背了哥伦布当初的策略，所到之处大肆掠夺，抢走了阿拉瓦克人的食品和财产，并疯狂屠杀那些拒绝提供食物的土著，同时为了继续陷害哥伦布，叛乱者还教唆土著去哥伦布那里寻找补偿。

叛乱者的计划并没有成功，他们刚刚出海不久，就遇到了暴风雨，独木舟被毁，迫不得已，他们又返回岸边，上岸之后，他们又展开了新一轮的抢夺和屠杀。哥伦布的亲信迭戈·门德斯返回伊斯帕尼奥拉岛之后，他的求助被当时伊斯帕尼奥拉岛的总督所拒绝，但这名对哥伦布最为忠诚的下属还是想到了其他的办法，在他的帮助之下，哥伦布与剩余的约100名随从，于1504年6月29日离开了牙买加岛，顺利返回了伊斯帕尼奥拉岛，随后，哥伦布便返回了西班牙，再也没有回到牙买加。

哥伦布发现牙买加，打乱了生活在这里数百年的阿拉瓦克人的平静生活，随后，欧洲列强纷纷展开了对这片土地的争夺，牙买加也进入了被殖民者进行殖民统治的悲惨历史阶段。但哥伦布对牙买加的发现，使牙买加在客观上纳入了世界体系之中，从此牙买加不再孤立，与国际的联系越来越密切。

（二）西班牙的殖民征服与殖民统治

哥伦布发现牙买加岛屿之后，这片土地就成为欧洲列强互相争夺的目标，一些岛屿相继沦为列强的殖民地。哥伦布是一个伟大的探险家，但不具备政治经验与相应的统治能力，他对伊斯帕尼奥拉岛的治理出现混乱局面之后，西班牙统治者对他的治理能力产生了怀疑，不久，哥伦布逝世，借这个机会，1508年，西班牙统治者任命哥伦布之子迭戈·哥伦布为伊斯帕尼奥拉岛的总督。迭戈·哥伦布上任之后，就委任作战勇猛的胡安·德·埃斯基维尔（Juan de Esquivil）为牙买加的第一任总督，就这样，1509年牙买加正式沦为西班牙的殖民地，从此，西班牙殖民者开始了对牙买加长达146年的殖民统治。牙买加也是除了伊斯帕尼奥拉岛和波多黎各之外，西班牙殖民者在西印度群岛建立的第三个永久居住地。

牙买加

　　1510年，埃斯基维尔上任后，为了便于对牙买加进行统治，他决定开始在这里修建城市，作为行政管理的中心。刚开始，埃斯基维尔在哥伦布当初的登陆地点建立了塞维利亚城，后来又陆续修建了卡瓜亚（Caguaya）、埃斯基维尔（Esquivil）、奥利斯坦（Oristan）、拉斯乔雷拉斯（Las Chorreras）、安东港（Puerto Antón，后改为圣安东尼奥港）等城市，随后又在牙买加的南部地区修建西班牙城。1525年，西班牙国王命令居民从塞维利亚迁移到西班牙城，开始在这里定居。

　　西班牙殖民者对牙买加的统治过程，并没有想象中的那么美好，由于没有找到他们想要得到的黄金，这片土地并没有给这些殖民者带来任何收益，从1521年开始，一些殖民者陆陆续续撤离牙买加，前往古巴寻找机会。渐渐地，西班牙殖民者对这里的统治失去了耐心，大部分人都离开了这里，其中就包括时任总督加拉伊，只有一些无家可归的流浪者和追求别的机会的冒险家还坚持在这里。后来，西班牙王室宣布牙买加为哥伦布孙子唐·路易斯（Don Luis）的私人财产，但唐·路易斯及其后代根本没有踏上这片土地。

　　在西班牙殖民者的眼里，牙买加的作用并不大，仅仅是他们在对别的岛屿实施殖民统治过程中的一个枢纽。在西班牙殖民者对西印度群岛进行殖民统治的早期，牙买加发挥着提供兵源、食物和武器的作用，是他们殖民扩张的基地。在西班牙殖民者的殖民征服已经结束、西印度群岛所有的岛屿都臣服之后，牙买加这个中转基地就没有太大的存在意义了，其重要性迅速下降。由于牙买加的经济作物有限，为了保证殖民者的食物供给，西班牙统治者从别的地方引进了香蕉、大蕉、柑橘等水果，开始尝试在这里种植，后来又开始尝试种植甘蔗和葡萄，这些尝试都获得了成功，这些水果后来就成为牙买加重要的农作物。除了农作物之外，西班牙统治者为了缓解牙买加经济落后的局面，又开始种植棉花、可可、烟草等经济作物，这些经济作物品种以后也慢慢成为牙买加重要的经济支柱。这种尝试需要一个漫长的过程，短期内难以取得明显的收益，西班牙国内的人士几乎都不愿意到牙买加来定居，早期就生活在这里的西班牙人也想尽办法离开这里，去别的地区寻找机会。

西班牙殖民者在牙买加的政治统治机构并不完善,这个岛屿基本上处于一种自治状态,殖民者委任总督对牙买加实施政治治理,总督再任命一些殖民官员,与当地的教士委员会共同行使行政职能,这两种行政机构很难和平相处,总督与教士委员会一直处于相互争夺政治领导权的斗争之中。由于教会的势力范围很大,有几任总督死于权力斗争之中,还有几位总督被教会流放,随后,西班牙最高统治者也失去了对总督的控制。这种不完善的政治体系,影响了西班牙对牙买加的殖民统治,这样,西班牙在牙买加的殖民统治日趋衰弱,1580年西班牙吞并葡萄牙之后,一些葡萄牙人为寻求政治避难,来到牙买加定居,这些后来的移民就与最早到这里定居的移民爆发了冲突,斗争的结果是两败俱伤,部分西班牙人离开了牙买加,回到了古巴岛,同时一部分葡萄牙人也被赶出了牙买加。这种矛盾与冲突,又进一步降低了西班牙对牙买加的殖民统治效果,预示着西班牙对牙买加的殖民统治即将结束。

尽管西班牙对牙买加的殖民统治并不十分成功,但他们的殖民统治十分残酷,一些失意的西班牙人经常大肆屠杀这些性格温驯的阿拉瓦克人,加之他们强迫这些土著从事高强度的劳作,大量阿拉瓦克人在屠杀与繁重的劳作中死去。此外,西班牙殖民者带来的传染病毒,也成为阿拉瓦克人的致命细菌,他们缺乏对这种病毒的免疫防御能力,成批的阿拉瓦克人在疾病中死去,据记载,1520年的大瘟疫,造成无数的阿拉瓦克人死亡。为了躲避繁重的劳动,大量阿拉瓦克人选择自杀,一些母亲为了不让自己的孩子长大后遭受非人的折磨而亲手勒死自己的孩子。在上述因素的综合作用之下,生活在这里长达数百年的土著濒临灭绝。到了英国殖民者取代西班牙对牙买加进行殖民统治的时候,或者是更早的时候,生活在牙买加的阿拉瓦克人已经完全灭绝了。

(三) 西班牙殖民统治的终结

西班牙对牙买加的殖民统治,从一开始就充满了危机,对当地土著过于残暴的统治,也使西班牙殖民者过早失去了统治基础;在国际范围内,随着海上霸主地位的消失、国力的不断衰弱,作为宗主国,西班牙也难以对殖民地提供太多的帮助与支持,这些因素都给西班牙在西印度群岛的统

牙买加

治带来了一些现实的困难，牙买加也不例外，西班牙殖民者在这里的殖民统治，持续了 100 多年后，便步履维艰、难以为继了。

其实，西班牙对新大陆的征服刚刚开始的时候，其他欧洲列强就已经开始觊觎这种殖民征服活动。1506 年，法国殖民者就派出小规模的舰队来攻击西班牙在加勒比地区的一些居住地；1542 年，荷兰殖民者开始在加勒比海域一带开展海上贸易。相对于那些仅仅从事走私与掠夺的冒险家、海盗，欧洲列强开展的殖民活动，其目的就在于侵略、占领和定居，从殖民地尽可能获取最大的经济利益，以满足宗主国对金银财富的渴望与追求，其中英国就是这种国家的典型代表。

1585 年，英国冒险家弗朗西斯·德雷克爵士率领舰队，开始了对西属西印度群岛的掠夺，这种掠夺活动同以前小规模的袭击不同，它是有组织、有预谋的海上掠夺，自然，它获得巨大成功，同时也给英国王室与政府带来了大量的收益。在英国政府的鼓励下，更多英国冒险家到西印度群岛开展海上掠夺和征服活动。1597 年，冒险家安东尼·雪利占领了牙买加的比里亚德拉贝加城（即西班牙城），他的舰队在这里停留了一个多月，将当地的财富搜刮抢夺一空之后，又返回英国本土。1603 年，一直活动在加勒比海域一带的英法联合舰队，其中由 500 多人组成的一支队伍，在 1 月 24 日登上了牙买加岛，在获得了相应的食物给养之后，他们又离开了这里。

英国冒险家和掠夺者在尝到了掠夺、走私和非法贸易所得到的甜头之后，他们不再仅仅满足于低级的掠夺活动，而是迫切希望进行殖民征服，在西印度群岛建立永久的居住地。这一时期，英国国内的政治局势也发生了很大变化，资产阶级革命已经爆发，新兴资产阶级开始掌权，克伦威尔就任护国主。为了满足资产阶级的海外扩张需求，新成立的资产阶级政府就以政府的名义，授权将军们对西印度群岛展开明目张胆的殖民征服活动。在西印度群岛取得了一些初步的据点之后，罗伯特·维纳布尔斯（Robot Venables）将军和阿德米纳·佩恩（Admiral Penn）海军上将，在英国资产阶级政府的授权下，率领 2500 人的军队，对西印度群岛展开了大规模的军事活动，在占领了巴巴多斯与背风群岛之后，这支队伍随后就

28

第二章 历 史

向牙买加进攻。为了确保这次征服活动能取得成功，彻底击败西班牙，夺取对牙买加的殖民统治权，英国政府一再增兵，1655 年，参与这次军事活动的队伍已经达到 8000 人，他们向金斯敦港口进发。当时居住在牙买加岛屿的西班牙人，总共加起来还不及 2000 人，具备作战能力的军队人数不到 500 人，在强大的英国军队面前，西班牙军队没做抵抗就交出了西班牙城。英国占领了城市之后，就要求西班牙军队来签署投降协议。也许是维纳布尔斯将军太高估了英国军队的实力，认为西班牙军队根本不堪一击，所以不仅没有乘胜追击已经撤退的西班牙军队，而且等待着西班牙人来主动在投降协议上签字。西班牙则利用这一难得的时机，做好了撤退准备，他们把自己的财产暗地转移到牙买加的北部沿海一带，然后悄悄地运送到古巴。等这一切工作都顺利结束之后，西班牙人才跟英国军队签署协议。英国军队在接收和管理这座城市之后，才发现上了当，这里早就人去楼空，一无所有，英国军队愤怒至极，开始破坏这座城市，把教堂的大钟也熔化了，做成了子弹，供军队使用。

到达古巴的西班牙人并不甘心失败，总是幻想着能再次夺回对牙买加的统治权，为此，西班牙人不断在沿海地区骚扰英国军队。为了增强军事实力，西班牙人还承诺赋予黑人以自由权利，让获得解放的黑人加入军队之中，展开了收复牙买加的军事行动，历史学家就把这些加入西班牙军队的黑人奴隶叫作"马龙人"（Maroons）。这期间，最著名的一次军事行动，就是时任牙买加总督、西班牙人萨西（Ysassi）率领约 750 名精锐士兵和一些从墨西哥招募来的军队，发起了针对英国人的反攻行动。萨西的这次反攻一度攻势猛烈，并取得了一定的进展，当时在牙买加的英国人以爱德华·多伊利（Edward D'Oyley）为首领，他为了避免无谓的伤亡，就决定向萨西率领的西班牙人投降。但萨西过于自信，他相信自己一定能彻底击败英国人，便拒绝了多伊利的投降请求。遭到拒绝后，英国人多伊利恼羞成怒，决定动员英国人，对西班牙的进攻给予坚决的还击。随后他率领英国人攻击了西班牙人占领的城堡，并切断了西班牙人的给养线路，形势开始逆转，朝着不利于西班牙人的方向发展。在坚持了两年多后，由于得不到其他西班牙人的支援，也得不到食品和武器弹药供给，萨西宣布向英国

29

人无条件投降。萨西的投降标志着西班牙收复牙买加的愿望彻底落空。

萨西的收复计划失败之后,针对牙买加的所有权与管辖权,西班牙政府和英国政府展开了正式的谈判。1670年,双方签订了和平协议《马德里条约》,西班牙政府正式承认英国政府对牙买加的所有权。这个条约的签订,意味着西班牙对牙买加的殖民统治正式宣告结束,英国对牙买加的殖民统治时代正式拉开序幕。

二　英国的殖民统治（1670～1944）

（一）黑人奴隶的引入及移民计划

同西班牙一样,英国对牙买加实施殖民统治的初期,也遇到了同西班牙一样的困境。由于没有找到想要的黄金,英国人大失所望,加之远离祖国本土,周边又没有其他基地可以为在牙买加岛屿上居住的英国人提供后勤保障,这里的英国人很快就遇到食物危机,粮食匮乏,他们继续在这里生活下去的信心就严重不足。为了解决温饱问题,英国人屠杀了当地大量的家禽和牲畜,并破坏西班牙人以前耕作的农作物,妄想着没有食物之后他们能顺利返回英国本土。

还没等到让他们撤退的命令,大饥荒就随之而来了,大量英国军人被饿死,缺乏必要的服装,药品也消耗殆尽,传染病随即开始在军队中传播,但这些困难并没有动摇英国新兴资产阶级统治者对牙买加的殖民统治计划,英国政府立即采取了相应的措施,来缓解驻扎在牙买加的英国军队面临的困难。英国政府随即加大对牙买加岛屿的食物供给力度,以缓解英国军队的燃眉之急,英国王室也积极响应政府的号召,动用国库收入来招募军队并派往牙买加,以增强牙买加的驻军力量。政府推行授地制度,以鼓励驻守在牙买加的军队长期定居在那里。为了缓解劳动力和人口不足的困境,英国政府开始从非洲购买黑人,运往牙买加,同时政府推行移民计划,黑人到达牙买加之后,就成为奴隶,在种植园中从事繁重的劳作。

取代了西班牙、成为牙买加新的统治者之后,由于原先生活在这里的土著已经死亡殆尽,英国殖民者发现牙买加几乎没有可以利用的劳动力。

第二章 历　　史

按照当初英国政府制定的殖民扩张计划，牙买加应作为支撑英国在西印度群岛进行殖民征服、同西班牙军队进行决战的基地，但牙买加的现实情况给了英国人当头一棒，牙买加可用耕地很少，劳动力也极度缺乏，英国人觉得应该采取一些别的措施来解决这个现实难题。为了控制成本，在最短的时间内获取最大的经济收益，根据牙买加的气候特点，英国殖民者开始在牙买加种植产量很高、极易成活、不需要太多成本投入的甘蔗。为了缓解劳动力的不足，英国殖民者决定开展奴隶贸易，从非洲购买黑人，运送到牙买加，除了奴隶贸易之外，英国政府还推行移民活动，向牙买加移民，并鼓励这些人长期在这里定居。

非洲黑人就是在这个时候被引入牙买加的，英国殖民者把引入这里的黑人作为奴隶，将其变成了服从管理、劳动能力较强、获取微薄报酬的劳动大军，在种植园里从事繁重的体力劳动。据统计，当时牙买加是世界上最大的奴隶贸易市场，英国殖民者当初主要通过非洲皇家公司购买黑人，这家公司一共向牙买加输送了34480名黑人。除此之外，英国还从私商那里购买黑人，1690～1713年，私商就为牙买加输送了42000名黑人。[1] 尽管这些黑人在从非洲运送到牙买加的途中大量死去，但牙买加的黑人还是越来越多。1658年，牙买加的黑人是1400人，到了1722年便猛增至8万人，1800年更是达到惊人的30万人。这些黑人常年在种植园内从事难以想象的耕作，黑人奴隶成为牙买加开展经济活动以及种植园和农场内最主要的劳动力。

除了奴隶贸易之外，英国政府还制订了针对牙买加的移民计划，以增加在牙买加生活的常住人口。在对牙买加殖民征服的初期，为了鼓励军人在这里定居，就给予他们比较优厚的政策，允许居住在这里的英国人享有自由捕鱼、开采矿业、打猎等特权；英国人在牙买加开展的经营活动，三年内免税，这些军人的后代也享有同样的权利。此外，英国政府还通过多种途径来推进针对牙买加的移民活动。英国国

---

[1] 塞缪尔·赫维茨（S. J. Hurwitz）、伊迪丝·赫维茨（E. F. Hurwitz）：《牙买加史》，南开大学历史系译，天津人民出版社，1979，第45页。

牙买加

内的囚犯被送到牙买加，1655年10月，英国王室下令，将爱尔兰境内14岁以下的少男、少女各1000人运送到牙买加，这些男孩儿作为驻扎在那里的英国军人的仆人，女孩儿成年后则嫁给这些军人；1656年，另外的1200名来自爱尔兰和苏格兰的男子，也被运送到牙买加。除了从英国本土输送人口之外，克伦威尔政府还从北美洲征集人口，运送到牙买加，1655年年底，300名来自北美新英格兰的人被运送到牙买加，随后一些百慕大和巴巴多斯的人，为了躲避债务、逃避法律的惩处或者是寻找更好的发展机会，也来到了牙买加。但是，这些移民对新环境的适应能力和存活能力，远不如黑人奴隶，从本土迁移的居民无法忍受牙买加的高温，难以从事繁重的体力劳动，所以黑人奴隶一直是牙买加的最主要的劳动力。

（二）英国殖民统治的政治机构

占领了牙买加之后，为了加强对这里的管理，英国殖民者便建立了权力相对集中的军政府制度，军事总督是最高行政首脑。为了完善这种治理结构，英国国王查理二世委任时任牙买加军事总督多伊利上校，在牙买加开始设立议会机构。这种制度一直持续到1661年。为了鼓励更多的人到牙买加定居，稳定牙买加的政治秩序，英国国王授权接替多伊利担任军事总督的温泽勋爵（Lord Windsor）适度给予生活在牙买加的居民以更大的权益。按照国王的要求，温泽勋爵于1661年12月14日发布英王的公告：凡我英国出生之臣民在牙买加养育之儿童，在各自出生之日起即被视为且应为英国之自由公民，在任何方面均与在我英国出生之臣民享有同样的权利。

1661年2月13日，英国殖民者宣布军政府制度终结，为了建立更为完善的政治治理机构，定居在这里的英国人，仿造英国本土的政治机构体制，建立了民法政府的政治机构。这种民法政府体制不断得以完善，17世纪末期，英国人在牙买加建立了与英国下议院高度类似的代议制议会，设一名总督，代表英国国王来实施政治统治；又组建了类似宗主国英国上议院的政务委员会，简称政务会，作为立法机构。这样，英国殖民者就在牙买加建立起了比较完善的政治治理结构。

为了解决定居在这里的来自不同地区的移民之间发生的纠纷，也为了对从事繁重体力劳动的黑人奴隶进行有效管理，英国殖民者按照实用性原则建立了司法制度，用法律的途径来解决各种民事纠纷、刑事案件，也力图通过严刑酷法来有效遏制黑人奴隶的反抗。牙买加设立了最高法庭，作为全国最高的审判机关，对民事和刑事案件负总责。各个教区都相应设有两个法庭：地方民事法庭负责处理较小的司法案件；地方法庭则每个季度开庭一次，负责处理行为较轻的刑事案件。这两个法庭都由最高法院的首席法官主持，总督亲自主持大法官法庭和推事法庭，还直辖了海事法庭。为了完善法制体系，总督、最高法庭的首席法官和立法委员会又共同组成上诉法庭。

总督是英国殖民者在牙买加实施殖民统治的行政首脑，不具备独立的行政执行权，需按照国王的指示来行使行政权。总督的权限涉及行政、立法和司法领域。在行政领域，总督有权召开、休止和解散议会；在立法领域，总督享有决定权，所有法律的制定都必须经过他同意；在司法领域，总督有权设置法庭、委任法官、颁布命令、核准免刑与减刑。相对而言，总督的主要权限集中在行政领域，总督享有一系列的行政管辖权：在殖民地境内任命官吏、审批财政开支、赠送土地、征集民军、宣布戒严法、撤销行为不轨的地方政务委员会成员和其他官吏的职务等。为了防止总督的权力过大、过于集中，英国政府又通过颁布英王的训令和在牙买加组建地方政务会来制约总督。牙买加所有法律的制定都必须经过英国国王和枢密院的批准才能正式生效。地方政务委员会是牙买加立法机关的重要组成部分，负责批准法律的通过，虽然地方政务委员会的组成人员由总督任命，但在很多事务上，地方政务委员会都会保持一定的自主性。由于地方政务委员会享有一定的行政管理权限与司法权，在一些重大的政治活动或者是关键法律的制定之时，一旦与总督的意见不相符，地方政务委员会就享有最后的决定权。在这种政治博弈斗争中，地方政务委员会都会通过一些与总督和英国枢密院意见不相符的法律。

总督不仅是最高行政首脑，还是民军总司令。在民军管理体系中，总督享有最高权力，不接受英国国王和议会的指挥，总督可以直接任命各级

民军军官。历任总督在牙买加实行统治的时候，一般都会通过直接任命民军军官的方式，牢牢控制着在牙买加的安全管理与社会治安权力，同时在民军组织中培育自己的亲信，扩大自己在牙买加的权限，提升自己的政治影响力，以获取相应的经济利益。

议会是英国殖民者在牙买加最重要的立法机关。在英国殖民统治时期，议员的名额分配到各个行政区，每区两个名额，但金斯敦和西班牙城各享有三个名额，这样，牙买加的议员一共有43名。牙买加境内的议员，只有年收入达到或超过300英镑的白人基督教徒才具有选举资格,[①]故此，殖民统治时期的牙买加，议员基本上都来自由种植园主和大商人组成的利益集团。

虽然牙买加接受英国的管理，但牙买加议会也会保持一定的独立性，来维护定居在牙买加的英国人的利益，尤其是在控制财政与税收的问题上，牙买加议会同英国国王之间始终有分歧，很难达成统一意见。1677年，牙买加议会就拒绝通过一项永久性的税收法案，宣布一切拨出的款项应该用于牙买加本岛，否决了每年从总收入拿出一部分钱供英国国王使用的提议。

（三）种植园劳作、黑人奴隶的反抗与废奴运动

1. 种植园劳作与黑人奴隶的反抗

英国从西班牙那里获取到牙买加的殖民统治权后，就想把这个岛屿变成一个中转枢纽与后勤给养基地，便于英国在西印度群岛开拓新的殖民地。在当时那个阶段，重商主义盛行，英国本土也想从牙买加这里获取最大的经济利益，以满足宗主国的经济发展需求，尤其是查理二世复位后，他的顾问就建议可以在牙买加适度尝试种植农作物，这个建议很快被批准。刚开始，定居在牙买加的英国人，仿造背风群岛和巴巴多斯群岛的移民的做法，尝试在这里种植烟草，但牙买加生产的烟草质量一般，缺乏国际竞争力。随着一些英国殖民者从荷兰人那里学到了甘蔗的种植方法和炼

---

① 塞缪尔·赫维茨（S. J. Hurwitz）、伊迪丝·赫维茨（E. F. Hurwitz）：《牙买加史》，南开大学历史系译，天津人民出版社，1979，第286页。

第二章 历 史

糖技术,这种"农业上的金子"① 开始在牙买加广泛种植,而且英国殖民者发现,相对于其他农作物,甘蔗的亩产量是最高的,因此,以甘蔗为主的种植园经济很快就得以盛行。

甘蔗的生产,需要大量的人工在种植园内辛勤地耕作。种植园主发现,从爱尔兰、苏格兰迁移过来的移民,适应不了牙买加这里相对炎热的气候,难以从事这种高强度的劳动,于是,黑人奴隶就成为甘蔗种植园内最主要的劳动力。为了获得最大的经济利益,节约生产成本,种植园主往往强迫奴隶从事非人性的劳作,通过残酷压榨黑人奴隶来提升劳动率,种植园主聘请的监工,也可以随意折磨黑人。黑人奴隶没有任何权益,需要常年在庄园里耕作,根本没有周末和法定节假日之类的休息时间。种植园主给黑人奴隶提供的食品是甘薯、马铃薯和玉米,搭建简单的木棚给黑人居住。

黑人奴隶常年在种植园里劳作,他们的孩子也未能幸免,也要从事繁重的体力劳动。在圣詹姆斯的玫瑰园种植园区,黑人孩子们从四岁起就要开始干活,这已经是当地的惯例,他们会从事拔草之类的劳动。再大点,男孩子六岁后就会干一些更累的活,有的去放牧,有的在监工家里当差,有的直接去种植园里干体力活;黑人女孩子会在熏肉房里,从六岁干到九岁,然后去种植园里看牲口、在监工家里干家务,甚至是直接当仆人。他们生下来后,就会接受从事辛苦劳动的安排。种植园黑人的生活,一代接一代的没有什么变化。②

哪里有压迫,哪里就有反抗。在牙买加的黑人奴隶,不甘心接受这样的折磨,也不愿意看着自己的孩子仍然作为奴隶供种植园主驱使,他们就展开了声势浩大的反抗运动。北美殖民地独立战争的胜利,美利坚合众国的建立,法国大革命的革命风暴几乎席卷整个欧洲大陆,这些革命运动深深地鼓舞了牙买加的黑人奴隶,他们掀起了一次又一次的反抗运动,但这

---

① 塞缪尔·赫维茨(S. J. Hurwitz)、伊迪丝·赫维茨(E. F. Hurwitz):《牙买加史》,南开大学历史系译,天津人民出版社,1979,第42页。
② 塞缪尔·赫维茨(S. J. Hurwitz)、伊迪丝·赫维茨(E. F. Hurwitz):《牙买加史》,南开大学历史系译,天津人民出版社,1979,第116页。

牙买加

些运动都遭到了英国殖民者的残酷镇压。

1673年，300名黑人奴隶发起了暴动，他们杀死了管理自己的种植园主人和13名白人监工。1760年，克罗门蒂地区的1000多名奴隶因不甘心做奴隶而发动了大规模起义，起义失败后，一些奴隶不愿意再回到种植园，选择了自杀，1766年这个地区的奴隶又发起了暴动。在这些反抗运动中，1831年圣诞节爆发的反抗运动是规模最大的一次。在著名黑人运动领袖、"父亲"森姆·夏普（Sam Sharpe）的率领下，约2万名黑人奴隶参加了这次运动，他们冲向种植园，捣毁庄稼，杀死了一些种植园主。在声势浩大的反抗运动面前，英国殖民者和种植园主集团吓坏了，为了安抚反抗者的情绪，他们假装答应反抗者"废除奴隶制"的要求。这些黑人奴隶轻易就相信了殖民者的说辞，放弃了反抗，随后英国殖民者就展开了疯狂的报复，约400名奴隶被绞死，上千名奴隶遭到严刑拷打。

2. 废奴运动

一次又一次的反抗暴动，给英国殖民者针对如何管理黑人奴隶带来了反思。早在黑人奴隶自发暴动的时候，大规模的流血和牺牲，也让一些黑人领袖意识到一味地武装暴动，不仅难以触动这里的殖民统治，反而会带来无谓的牺牲，于是，他们开始谋求通过和平的方式来为黑人奴隶争取相应的权益。传教士集团也对在牙买加的黑人惨遭非人的待遇表示了同情，他们认为这种做法有悖于基督教伦理，托马斯·克拉克森就是其中的代表人士。随着国际形势的变化，英国和定居在牙买加的英国殖民者，由于一些经济利益问题，也开始产生纠纷。就如何管理黑人奴隶，定居在牙买加的英国人迫切想获得更大的管理权限，他们认为，与其看到奴隶自下而上地反抗，不如通过自上而下的方式实施缓慢的改革，让奴隶逐步获得自由，以维持殖民者在牙买加的统治，于是，在综合因素的共同作用下，废奴运动应运而生。

由于黑人奴隶的艰苦劳动给殖民地和宗主国带来了巨大的经济利益，废奴主义者认为要想彻底废除奴隶制，给广大奴隶以人身自由，存在巨大的困难，不是一朝一夕就能完成的，需要付出长期的奋斗。他们认为，奴隶制度的基础在于奴隶贸易，只有斩断这个贸易的链条，才能在源头上杜绝奴隶制，故此，废奴主义者的首要目标是希望通过种种努力来取消奴隶贸易。他们发动了广泛的宣传，发放传单和小册子，在社会上发表言论，抨击奴隶制度的危害性，并大造社会舆论，还在一些地区建立废奴运动地方协会。凭借舆论的压力，他们向英国国会请愿，递交请愿书，希望国会因为舆论的压力而认真考虑奴隶制度的"合法性"基础，进而修改认为奴隶贸易合法化的法律条款。废奴主义者坚持不懈的请愿行为得到了英国议员威廉·威尔伯福斯的认可，他决定支持废奴运动，在以后的议会辩论中，他积极呼吁英国议会采取有效行动来改变黑人奴隶的生存状况。根据英国国王的授权，威尔伯福斯在1788年2月11日成立了调查奴隶贸易的常务委员会，但由于他势单力薄，他的努力在议会中没有得到太多的支持，威尔伯福斯提出的反对奴隶贸易的提议并没有得以通过，在下院的辩论中遭到否决。

虽然这一次努力并没有成功，但是废奴主义者并没有停止运动，而是继续努力。为了扩大废奴运动的行动基础，他们征集了来自英格兰和苏格兰等进步人士递交的请愿书，其中来自英格兰的有312封，来自苏格兰的有180封，于1792年再次向国会施压。由于这次舆论的压力过于强大，一些国会议员被迫开始让步，他们提议限制、反对奴隶制度和奴隶贸易，适度改善黑人奴隶的生活状况。威尔伯福斯议员坚持认为改善黑人奴隶生活现状的前提是彻底取消奴隶贸易，他认为只有从源头上遏制奴隶贸易，才能减少奴隶的暴力反抗运动。经过双方激烈的辩论，最终下院达成一致，通过了"逐渐废除奴隶贸易"的决议，但是这一决议在送到议会上院进行表决时，由于涉及利益集团的利益，没能获得通过。

随后发生的一些事件，使社会形势朝着不利于废奴运动的方向发展。法国大革命爆发后，法国一些附属殖民地也发生了废奴运动，有些运动过于激进，对原先的制度破坏过于严重，新的政治秩序一时没能建立起来，这些殖民地都出现了不同程度的政治混乱。另外，法属殖民地圣多明各岛屿爆发了大规模的奴隶暴动，在这次暴动中，上万人丧命，很多种植园也被毁坏。这些事件的双重因素，也给英国议会带来了忧虑，有些议员认为

牙买加

仓促进行废奴运动，很可能会给牙买加带来政治混乱。与此同时，牙买加的议会也于1787年12月3日公开发表意见，不支持废除奴隶运动，这样，废奴运动就陷入了困境。

随后，废奴运动又出现了转机。英国殖民运动的范围不断扩大，法国和荷兰在加勒比地区的一些岛屿纷纷被英国夺取。英国为了开发这些新兴殖民地，需要大量的黑人奴隶作为劳动力。大量黑人奴隶被运到其他的殖民地，牙买加的奴隶供给就受到影响，一些种植园就被迫停工了。同时，国际经济也发生了变化，大量新兴殖民地也广泛种植甘蔗，甘蔗的供给远大于需求，国际糖价出现大幅度下跌，这也给牙买加的甘蔗种植园主带来了损失。1807年11月13日，牙买加议会针对这种情况，给英国国会提交了一份关于牙买加岛经济发展情况的报告，认为当前牙买加之所以出现比较糟糕的局面，原因就在于"英属殖民地岛屿以及新征服的一些小岛的蔗糖总产量大大超过了不列颠和爱尔兰蔗糖的消费量，这挤压了牙买加的市场份额"[①]。

在这种形势下，英国政府开始了中断奴隶贸易的尝试，通过减少奴隶劳动力的供给来限制格林纳达、小格林纳达、多米尼加、圣文森特和多巴哥等新兴殖民地的经济发展，取消黑人奴隶贸易的活动已经出现了有利的迹象。英国的废奴主义者果断抓住这一有利时机，提出了在整个大英帝国内部统一废除奴隶贸易的提议。英国国会中来自爱尔兰的议会支持废奴运动的提议，在1804~1807年的议会讨论中，国会下院连续两次通过了废除奴隶贸易的提案，但是这个提案在送到上院后，上院却迟迟不进行表决，这一提案又被搁置了。时任英国首相庇特先生倾向于支持废奴主义者的运动，但他的内阁成员大部分反对废除奴隶贸易，1806年1月，庇特首相去世了，这时，英国国会中支持废除奴隶贸易的议员人数，已经在新的内阁成员中占据了大多数，国内反对奴隶贸易的舆论的呼声越来越高；在国际范围，拿破仑帝国开始了征服欧洲的军事行

[①] 塞缪尔·赫维茨（S. J. Hurwitz）、伊迪丝·赫维茨（E. F. Hurwitz）：《牙买加史》，南开大学历史系译，天津人民出版社，1979，第143页。

动，英国也面临着被法国进攻的危险。民众舆论的压力、国际不利局势的加重，迫使国会上院开始认真考虑下院已经通过的废除奴隶贸易的议案。1806年，英国国会通过了一项"禁止英国船只和商人向外国领地贩运奴隶"的法律，在综合因素的共同促进下，废奴主义者提出的废除奴隶贸易的提案最终在国会上院得以顺利通过。1807年3月25日，废除奴隶贸易的提议正式成为一项英国法律，这项法律明确指出，"奴隶贸易应予彻底废除、禁止，并宣布为非法"。根据该项法律的规定，从1807年5月1日起，英国国内各港口一概不允许贩运奴隶的船只出港；1808年3月1日之后，英属殖民地一概不允许奴隶上岸。废奴运动取得了初步成效。

废奴运动所取得的成果虽然被英国国会以法律的形式所承认，法律已经禁止英国本土和各殖民地再进行奴隶贸易，但是，在牙买加，法律的条文从字面上到具体实施，仍然经历了一个漫长的过程。刚刚开始时，种植园主阶层为了维护既得利益，坚决抵制废除奴隶贸易。当时，为了确保奴隶贸易能继续进行，一位牙买加议员竟然提出了"停止向英国派驻该岛的3000士兵的供给"。这种逆流已经阻挡不了废奴运动的行动浪潮，加之拉丁美洲一些殖民地的土生白人发动了同宗主国争夺领导权的独立运动，一些殖民地纷纷脱离宗主国的殖民统治，宣告独立。1815年9月6日，拉丁美洲独立战争著名领袖、委内瑞拉杰出民族英雄玻利瓦尔到牙买加避难，在这里写下了一封长信，即《牙买加来信》，这封长信是声讨殖民统治的战斗檄文。[1] 玻利瓦尔的到来、《牙买加来信》的发表，极大地鼓舞了牙买加废奴主义者的战斗意志。这种客观形势使英国政府意识到，如果仍然继续抵制禁止奴隶贸易法律的话，英国在牙买加的殖民统治秩序就会受到威胁，于是，1831年，时任英国外交大臣戈德里奇勋爵向西印度群岛的各个英属殖民地的总督发出了紧急咨文，措辞严厉地告诫各殖民地的总督必须认清当前的形势，对废奴运动做出一些让步，否则英属殖民地的政治命运就会受到影响。

---

[1] 徐世澄：《评玻利瓦尔的〈牙买加来信〉》，《拉丁美洲丛刊》1983年第3期。

牙买加

为了确保各个英属殖民地能顺利废除奴隶贸易，解放黑人奴隶，赋予黑人奴隶以自由，1832年5月，英国国会下院通过了成立一个特别委员会的提议，这个特别委员会负责起草"保证殖民地各阶级和谐共存，尽早实现全英自治领消除奴隶制度"的行动纲领。同年6月9日，戈德里奇勋爵正式通知西印度群岛各个英属殖民地的总督，强迫劳动将会无条件停止，各地应推行自由劳动，各殖民地还应在确保"没有任何冲突和动乱的情况下"来推行这个行动纲领。针对英国政府的施压、外交大臣的告诫，牙买加总督感到了一定的压力，他委婉地转告了牙买加议会的意见：逐步赞成而不是立即解放所有奴隶。这意味着在牙买加，禁止废除奴隶贸易的意见已经出现了松动，广大黑人奴隶获得解放已经是时间问题了。为了加大奴隶解放运动的力度，同时也为了巩固一些殖民地已经取得的解放奴隶行动的成果，1833年5月14日，英国特别委员会向国会下院提出了一项关于"立即采取有效的措施，在全部殖民地内完全废除奴隶制度"的议案，这一天，接替戈德里奇勋爵担任英国外交大臣的爱德华·斯坦利也向国会下院提出了解放黑人奴隶的计划，明确指出一年之内必须解放黑奴。根据斯坦利提出的计划，黑人奴隶自解放后的12年的期限是学徒期，在此期间，黑人奴隶的工资必须上交给殖民当局，这笔钱用于偿还政府给予每个奴隶1500英镑的补偿贷款。不足6岁的奴隶儿童立即予以释放。

根据斯坦利提出的方案，加之废奴主义者持续不断的奋斗，牙买加议会最终达成了一个妥协方案，法院也通过了解放黑人奴隶的法律。根据这项法律，一年内释放掉所有的黑人奴隶；奴隶设立一定的学徒期限，农业奴隶的学徒期限为6年，其他奴隶的学徒期限为4年；黑人奴隶解放后，需付给种植园主2000英镑的补偿金作为完全赠款。为了确保法律的顺利执行，由英王指派和资助的100名特别官员前往各殖民地来负责监督这项工作，确保奴隶能获得公平的待遇。最终，在英国政府施压下，1834年8月1日，牙买加的奴隶制度正式得以废除，在牙买加的黑人奴隶总算获得了自由，成为可以自由谋生的劳动人群。

三 自治政府的尝试

牙买加的黑人奴隶虽然在法律意义上获得了自由,但他们的生存状况并没有得到明显改善,社会阶层结构也没有变化,黑人还是处于社会的最底层,"在牙买加,实际上也在全世界,由于经济技能而向上流动的人们,要得到社会的承认,就会遇到很大的阻力"[1]。随着大量的黑人纷纷离开曾经工作过的种植园,牙买加的种植园经济就出现了劳动力短缺的情况,蔗糖的种植和制糖业都受到了严重影响,使牙买加的种植园经济出现了衰退。牙买加的统治集团就把这种情况归结于奴隶制度的废除。牙买加的立法机关也对奴隶制度的废除产生了质疑,以至于与英国政府之间开始出现冲突。在这种形势下,英国政府决定加强总督的权力,削弱议会的权限。但牙买加议会拒绝了英国政府的做法,执行委员会也没能发挥出应有的作用,议会和总督的冲突仍在继续。

牙买加的社会阶层状况也没能发生太大的改变,种族差别与种族意识仍然存在于社会的角角落落。以白色人种为主的种植园主集团牢牢控制着统治权力,一些土生白人、犹太人以及少数的黑人,依靠自己的奋斗,获取了一定的社会财富,开始通过选举的途径来为自己争取一些政治权益。处于社会最底层的广大黑人对这种现状深为不满,但也无能为力。一些社会有识之士对黑人的处境表示十分同情,其中的代表人士就是威廉·尼布,尼布认为要改善黑人的处境,就必须让黑人在经济上获得独立。为了实现自己的目的,他进行了建立"自治村"的尝试,让那些获得自由的黑人来居住,1837~1847年,这样的自治村已经达到了200个。

尼布"自治村"的努力,并没有从根本上改变黑人的社会处境。黑人和处于社会最底层的广大民众终于忍无可忍,1865年8月,一些拓荒者和小农在莫兰特湾举行露天聚会,在他们的诉求被拒绝后,暴动不可避免地发生了。10月10日,暴动者放火焚烧了建筑物,另外一些人也加入暴动队伍中来。尽

---

[1] 迈克尔·曼利:《变革的政治——牙买加的经书》,沈连昭译,辽宁人民出版社,1975,第45~50页。

管暴动随后被镇压,但这次暴动也给统治阶层带来了重大损失,15 名白人官员死亡,31 人重伤或轻伤,3 名不得人心的种植园主被杀死。

这次暴动给牙买加的统治者带来了极大的震撼,利益集团认识到,议会和总督的冲突不利于一些政策的实施,也不利于政治稳定。牙买加的寡头统治集团很快达成了一致,决定废除代议制政府,议会自愿放弃权力,无条件地扩大总督权限,成立一个强有力的政府来指挥这一切。寡头统治集团决定成立一个采取直辖殖民地形式的政府,总督权限被扩大,政府委员会成员也由总督任命。1865 年 12 月 22 日,牙买加议会通过了废除代议制政府的法案。1866 年 6 月 11 日,牙买加收到了英国女王通过枢密院发出的建立新政府的正式命令。这样,牙买加坚持了 200 多年的以议会为行政主导的代议制自治政府的尝试宣告失败,牙买加就变成了带有一定专制色彩的直辖殖民地。

第三节 直辖殖民地与迈向独立 (1865~1962)

一 直辖殖民地 (1865~1938)

直辖殖民地政府建立后,牙买加的政治体系发生了相应的变化,总督的权力大为增加,集行政和立法于一身,这样以前的代议制政府就演化为权力比较集中的首脑体制。[①] 立法委员会的成员、英国官员和总督的一些私人顾问组成了枢密院,来协助总督开展日常行政工作。总督对英国政府负责,效忠于英国女王,而不是对牙买加民众负责。直辖殖民地分为两个阶段:1866~1884 年是第一阶段,这一阶段内,直辖殖民地政府侧重于服务事业领域的改革;1884~1938 年为第二个阶段,在此阶段,直辖殖民地政府侧重于选举领域的改革,这一阶段为新宪法的颁布做好了铺垫。

---

① 塞缪尔·赫维茨(S. J. Hurwitz)、伊迪丝·赫维茨(E. F. Hurwitz):《牙买加史》,南开大学历史系译,天津人民出版社,1979,第 264 页。

第二章 历史

1866年，约翰·彼得·格兰特爵士就任牙买加直辖殖民地制度下的第一任总督，格兰特爵士就任后，就致力于公共服务领域的改革。他大力削减行政开支，把办公经费向公共事业领域倾斜。为了发展种植业与工商业，格兰特爵士修建了科布雷河灌溉工程，建立了商业学校，培养专业的工商业人才；建立了完善的教育体系；大力发展医疗卫生事业，将医生派到牙买加的各个行政区，为牙买加民众提供医疗服务；推广供水工程；等等。在行政管理领域，格兰特爵士也推行了一些改革，1870年制定了一项地方法律，设置殖民署，署长是牙买加的首席行政长官，地位仅次于总督；殖民署设立相应的科室，负责日常工作。继任总督亨利·诺尔曼爵士也继续进行改革。他俩的努力取得了一定的效果，为牙买加的后续发展奠定了基础。但是，总督权力的过分集中以及重要的行政岗位都被英国人占据，渐渐地，牙买加本土的利益集团就对这种行政体系产生了不满，他们迫切需要谋求一定的行政岗位来获取相应的利益。这些利益集团认为牙买加总督过于服从英国政府的号令，在利益领域，总督也过于向英国倾斜，这种结果就是剥夺了本地种植园阶层的经济利益。1882年发生了"佛罗伦萨号"事件，牙买加本土利益阶层对总督的做法的不满情绪达到了极点。佛罗伦萨号商船途经牙买加时，时任牙买加总督安东尼·马斯格雷夫下令扣押了这艘商船，并取走了船上的枪支和弹药。随后船主控诉马斯格雷夫的非法行为，牙买加法院判决总督向船主支付一笔不小的赔偿费用。直辖殖民地政府认为，马斯格雷夫总督的这件事是任职期间发生的，应视为公职行为，故此赔偿金应由牙买加政府和英国政府各出一半。牙买加人则不同意政府的说辞，认为马斯格雷夫总督所代表的是英国政府，这笔赔偿金应该由英国政府单独支付。总督和立法委员会的成员就赔偿金的支付问题发生了争执，僵持的结果是立法委员会的成员集体辞职，由总督单独来收拾残局。英国政府和总督对这事件的处理意见，基本上得罪了全体牙买加人民，要求改革、扩大选举以限制总督权力的呼声再次高涨。

"佛罗伦萨号"事件在牙买加拉开了宪政改革的序幕，这也对牙买加新宪法的颁布起到了推动作用。为了缓和牙买加总督与立法委员会之间的矛盾，英国枢密院于1884年5月19日颁布敕令，决定在牙买加实施宪政

改革，在保持总督权力不变的情况下，增加立法委员会的名额，试图吸引牙买加本土上层阶层加入其中，至此，牙买加的直辖殖民地政府进入了第二个阶段。牙买加虽然实施了缓慢的宪政改革，具有选举资格的人群逐步扩大，但广大妇女阶层直到1919年才获得了选举权。由于对选举资格设置了一定的财产标准，广大小农集团、种植园工人和家庭仆人自然就没有选举权，其中就包括绝大多数黑人。

获得选举资格的选民，他们动用手里的选举权利，直接或间接地影响牙买加政府对政策的制定与实施。其间，牙买加也出现了一些杰出的人士，开始为中下层人群和广大黑人谋求相应的权利，黑人校长阿力克斯·迪克逊、罗伯特·洛夫博士和马库斯·加维就是其中的代表，其中，马库斯·加维一直坚定地为广大黑人谋取权益而奋斗。这些杰出人士申请社会改革的努力虽然遇到了很大的阻力，但他们的努力没有白费，牙买加人民追求自治的呼声已经在社会上响起了，任何势力都阻挡不了牙买加民众对社会改革与政治改革的诉求。

二 新宪法的颁布（1938~1944）

（一）工人运动与人民民族党的诞生

20世纪初期爆发的全球性经济危机，严重影响了牙买加的国民经济。在国际经济形势的影响下，牙买加遭遇了严重的经济困境，经济发展几乎停滞，失业人数剧增，产业工人的工资连续下跌，这种经济衰退持续的时间达到了史无前例的十年，生活在中下层的产业工人丝毫看不到经济好转的迹象，于是用一系列的罢工行动来向当局宣示不满。1938年5月，隶属于西印度糖业公司的弗罗姆种植园的产业工人率先开始罢工，随后大量的产业工人陆续掀起了罢工和暴动的高潮，正是这一系列的罢工运动催发了牙买加工会的诞生与现代政党的成立，对牙买加以后的社会政治生活产生了深远影响，基本上指引着牙买加未来政治民主秩序的发展方向。

牙买加工人运动刚刚兴起之时，殖民总部就对这种反抗运动保持着高度警惕，严厉控制工人阶级进行结社或成立劳工组织之类的活动。在殖民当局的严厉管控下，牙买加的工人阶级并没有形成团结的战斗集体，劳工组织也处于萌芽状态，也有为数不多的几个小型的职业工会，这类工人组织由于参与人数不多，缺乏统一的领导，很难形成有效的集体战斗力。随着参加罢工和暴动的产业工人越来越多，迫于形势的压力，英国殖民者开始放宽对牙买加工会组织的管理，对1919年颁发的《工会法》进行了修改，免除了工会组织承担破坏契约合同的责任；1938年修改了《店员法》，对店铺的工作时间和员工人数都进行了明确的界定；这一年，英国殖民当局又颁布了《最低工资法》，允许成立咨询评议会，明确规定了一些特定的工业部门的最低工资数额；针对劳资争端，英国殖民者还颁布了与之有关的仲裁和协商条例。一些法律的修改与制定，使牙买加的工人运动得到了法律的许可与保证，工人运动迅速壮大。

广大的产业工人在持续不断的运动中得到了锻炼与成长，他们渐渐意识到，工人运动缺乏有效的领导，难以形成有效的战斗集体，广大工人阶级迫切需要有一个坚定的领袖来负责组织他们的罢工运动，时势造英雄，牙买加产业工人运动的领导人应运而生，他就是亚历山大·巴斯塔曼特（Alexander Bustamante，1884~1977）。巴斯塔曼特是一位杰出的工人阶级运动领袖，他于1884年出生在一个种植园主家庭中，父亲是爱尔兰人，他的母亲有一半土著血统。15岁的时候，巴斯塔曼特被家里送到了西班牙，在那里接受了正规教育，后来曾在西班牙的军队中服役，在美国、加拿大、英国以及南美一些国家都有工作经历。巴斯塔曼特具有完善的知识体系，加之丰富的工作经历，回到牙买加后，他就迅速成为一位著名的放债主。根据牙买加工人阶级的实际情况，他提出了"改善人民生活"的口号，来获取广大民众的支持。1938年弗罗姆大罢工爆发后不久，为了支持这次伟大的工人阶级运动，巴斯塔曼特在当时牙买加发行量最大的报纸《探索者日报》上发表了文章，认为牙买加各个阶层的工人不能再像过去那样遭受践踏，他甚至认为自己要知道工会的政策，因为在牙买加，少数人独裁的时间太长了。巴斯塔曼特的文章与言论引起了殖民当局的不满，这次罢工运动失败后不久，牙买加总督便捏造出"煽动闹事"和"非法集会"的罪名，抓住了巴斯塔曼特，并把他关进监狱。

牙买加

巴斯塔曼特的入狱，激起了民众对当局的不满，也在客观上加大了牙买加民众对巴斯塔曼特的拥护与认可力度，渐渐地，广大牙买加人民都把巴斯塔曼特视为本阶级的领袖。相关人士也开展了积极的营救活动，牙买加著名律师诺曼·曼利（Norman Manly），也是巴斯塔曼特的表兄弟，根据相关的司法条款，同牙买加殖民当局展开了激烈的交涉，迫于压力，殖民当局很快就释放了巴斯塔曼特。出狱后，巴斯塔曼特和曼利开始游走于牙买加各地，主动为一些举行罢工的工人出面同雇主谈判，为一些工人争取相应的权利。他们主持的一些谈判获得了成功，为了扩大战果，他俩决定组建一个代表工人阶级的政党，替工人阶级争取权利，维护产业工人和基层民众的合法利益。在巴斯塔曼特和曼利的组织、号召与努力下，1938年9月，牙买加第一个正式的现代政党——人民民族党（简称PNP）正式成立，这个政党有着明确的政治纲领，其首要政治主张就是在牙买加境内实施普选。

除了组建政党之外，巴斯塔曼特还发挥出超强的组织能力，把以前分散的工作组织合并起来，将当时五个比较大的产业工会集中起来，组成统一的巴斯塔曼特产业工会，为全体产业工人争取合法权益。1939年1月，这个产业工会的人数一度达到6000名，其中包括2000名码头工人和4000名产业农民。巴斯塔曼特产业工会的不断壮大，使牙买加殖民当局看到了这个工会组织可能存在的巨大威胁，时任牙买加总督阿瑟·理查德就找了个借口，于1940年9月又把巴斯塔曼特关进了监狱。巴斯塔曼特一关就是17个月，在这期间，他的表兄弟曼利就担负起产业工会的组织领导工作。曼利也具备超强的组织领导能力，在他出色的领导下，巴斯塔曼特产业工会的人数呈现爆发式增加，短短的一年，加入产业工会的工人就从8000人增加到2万人。产业工会积极与牙买加的工业协会展开谈判，与劳资方寻求合作，力求签订一些对工人有利的劳动协议。1941年3月，产业工会与牙买加制糖商协会制定了第一个全国范围内的制糖协议，规定工人的工资随着消费指数的变化而变化。这是巴斯塔曼特产业工会工作所取得的伟大胜利，为其他行业的工人同劳资方和商业协会签订劳动协议以及进行工作协定都提供了蓝本。

（二）新宪法的颁布

牙买加国内持续不断的工人运动、人民民族党的成立、统一的产业工会的出现，引起了英国政府的担忧，一些有识之士认为如果不进行一些适度的改革，牙买加随后出现的局面，很可能就会难以控制，直接影响英国的利益。为了认真研究牙买加以及其他殖民地所出现的政治状况，英国政府成立了由莫恩勋爵担任组长的委员会，对殖民地的社会福利与政治改革进行重点调研。在完成了对牙买加的调查之后，莫恩勋爵写出了调查报告，提议在牙买加实施"有限的政治改革"。牙买加国内的人民民族党对莫恩勋爵的这一提议十分不满，认为这种做法无助于牙买加民主政治的进展。针对这份建议，人民民族党直接提出了"充分自治"的要求，并建议在1948年将牙买加从直辖殖民地身份转变为"自治领"。人民民族党的政治诉求遭到了莫恩勋爵的反对，他公开地说，如果他们委员会提出的"有限的政治改革"的提议被拒绝的话，那么其他的诸如普选权、地方政府改革、普查和别的与牙买加民众生活相关的改革都相应会被延迟。

随着二战的阴云笼罩在欧洲大地的上空，英国政府的主要精力都集中在同德国法西斯政府的谈判和国内备战上，国会一直在讨论是否该介入欧洲大陆的战争，无暇顾及牙买加及其他殖民地的情况。牙买加民众对英国政府推迟改革的做法十分不满，原先与英国殖民者比较亲近的阶层也表达了不满，他们都意识到，只有进行系统的政治改革，才能获取相应的权利，才能推动民主政治生活的进展。随着欧洲局势的日益严峻，美国国内也开始出现战争随时就会开始的担忧，为了确保美洲地区的安全和稳定，美国向英国政府施压，对牙买加的自治要求表达了支持，明确指出英国政府应在加勒比海地区积极实施民主改革。美国当局的施压，使英国政府不再拖延殖民地的民主改革，1943年2月23日，时任英国殖民事务大臣斯坦利上校发表正式声明：英国政府已经准备在牙买加实施立宪改革。

经过了一年多的准备，1944年11月20日，英国政府在牙买加颁布了《新宪法》。《新宪法》规定，牙买加的立法机关（Legislature）实行两

院制：众议院和立法委员会（the Legislature Council）。其中众议院由普选产生的32位议员组成，立法委员会由政府官员和非官方成员组成，享有立法审议权和搁置权。按照《新宪法》的要求，牙买加成立了执行委员会（the Executive Council），牙买加总督担任委员会主席，除总督外，执行委员会内还有3名政府官员、2名非政府官员和5名经过参议院选举而产生的部长。除此之外，牙买加还成立了枢密院，也叫总督顾问团，专门负责就惩罚问题向总督提供咨询。关于选举权，《新宪法》也有明确的规定，所有年满21周岁的牙买加人都享有平等的选举权。《新宪法》的颁布，使牙买加的历史掀开了新的一页，虽然这部宪法还存在一些不完善的环节，与牙买加民众追求独立与自治的诉求尚有一定的距离，但仍然是一种历史进步，为牙买加推动政治民主化进程、追求独立的诉求打下了坚实的基础。

三　迈向独立（1944～1962）

《新宪法》的颁布，是牙买加民主政治生活的一个进步，但是，《新宪法》的体系存在一些不太完善的环节，有一定的殖民主义色彩的烙印。《新宪法》的实施，并不意味着牙买加就获得了独立，牙买加民众追求独立与自治的奋斗并没有停止。

《新宪法》中首次提出了普选条款，这给所有具备选举资格的选民带来了莫大的鼓舞，民众都通过支持跟自己的主张相近的政党来反映自己的政治诉求，这就无疑扩大了政党在牙买加政治体系的影响力。1942年，人民民族党的创始人巴斯塔曼特出狱后，回到了人民民族党内部，随后他发现，自己的一些政治主张与该党的现任领导人，也曾经是自己亲密战友的曼利产生了重大分歧，不久巴斯塔曼特就宣布退出人民民族党，1943年他创建了另外一个政党——牙买加工党。由于工党的一些政治主张深受牙买加工人阶层的欢迎，牙买加工党的政治影响力也越来越大，很快就成为与人民民族党不相上下的政治党派。

1944年11月20日，《新宪法》正式生效。按照《新宪法》的要求，牙买加于当年的12月14日实行了第一次全国普选，所有年满21岁的牙买加人民都具有选举权和被选举权,这是牙买加民主政治发展进程的一件大事,牙买加的政党制度也更为成熟与完善。根据《新宪法》的规定,每个选区只能选出一名代表,这样,规模较小、党员人数不多的政党就得不到民众的足够支持,那些规模较小的政党就会慢慢衰落,选民就会支持规模较大的两个政党,故此,《新宪法》在客观上促使牙买加形成了两党并存的两党制制度,牙买加两党制慢慢成为比较成熟、稳定的政党体制,这也有助于牙买加民主政治生活的稳定。

第一次大选中,工党出人意料地获得了胜利,众议院32个议席中,工党获得了25席。人民民族党在大选中惨遭失利,这引起了人民民族党领导人曼利的反思,他认识到,必须进行必要的政治改革,扩大人民民族党在牙买加民众中的影响力。他还采取有效措施,加强工会组织建设,以达到团结工人阶层的目的。在人民民族党骨干成员理查德·哈特、阿瑟·亨利、弗兰克·希尔和肯·希尔(因为这四人名字的首个字母都是H,故被称为"四H")的协助下,人民民族党组建了一个新的劳工联盟——工会代表大会,把牙买加一些受过良好教育的员工如机关职员和技术工人吸收到这个联盟之中,达到团结高级职员的目的。随后,工会代表大会出现了分裂,其成员托希·凯利和韦林顿·麦克森斯自行组织了另外一个工会组织——全国劳工代表大会,正式同人民民族党的工会代表大会分庭抗礼,这个工会组织支持共产主义,攻击"四H"和人民民族党。为了防止本党的分裂状况出现扩大化态势,曼利组织了一个审判委员会,开始调查"四H"的叛党行为。1952年4月,曼利下达了处分决定,剥夺了"四H"的党籍,随后也对工会组织进行了改组,成立了新的组织——全国工人工会。党内重组结束之后,曼利也对人民民族党的党纲进行了适度修改,不再坚持社会主义路线,以唤起部分企业家阶层的支持。在曼利对人民民族党进行改组的同时,巴斯塔曼特对牙买加工党也进行了一定的改革,工党的政治纲领略显保守,虽然迎合企业家阶层的利益诉求,但开始脱离广大工人阶级阶层。执政十年之后,工党内部也开始出现分歧,要求实施政治改革,这种分裂的局面就降低了工党在牙买加民众中的影响力。

1955年,牙买加举行了新一轮的大选,在这次选举中,人民民族党

牙买加

终于获得了胜利，其得票率超过了50%，在众议院的议席也达到了18席，工党则占据了剩余的14个席位。随着人民民族党在大选中获胜，曼利就取代了巴斯塔曼特，开始执政。

这一时期，二战胜利后，全球范围内掀起了民族自立与民族自决的浪潮，一些殖民地国家纷纷摆脱宗主国的统治，成为独立的民族国家。国际范围内这种追求民族独立的呼声，也大大鼓舞了牙买加人民，追求独立与自治的诉求再次掀起了高潮。曼利决定利用这一大好时机，争取实现牙买加的民族独立。执政后，曼利设立了一个名叫"部长会议"的机构，这个机构超越了宪法的范围，所有的部长都来自众议院，还需经过总督的任命，担任地方政府与社区发展，财政与公共服务，工业商业农业与渔业，教育、青年与信息等部门的部长，这实际就成立了以部长会议为中心的行政机构，缩小了总督的行政权限，扩大了政府机构的权力。部长会议就慢慢朝着成为牙买加的行政机关的方向发展。1957年，由于总督退出执行委员会，执行委员会的主席就由部长会议的首席部长担任，执行委员会的绝大部分委员则由经过部长会议的首席部长任命的众议院议员来担任，这样，部长会议就出现了与执行委员会相互融合的结果，执行委员会的权限就得以扩大。曼利由于在1955年的选举中获胜，随后他就成为执行委员会的首席部长，1959年，得到了部长会议支持的执行委员会就成为实际上的责任内阁，首席部长就成为政府总理，曼利就相应地担任牙买加首任总理。牙买加总督的权力又被缩小，只有在出现涉及英国国王特权、国际关系和任何不符合宪法精神的法律等特殊情况的时候，牙买加总督才可以行使否决权。经过曼利的努力，除了一些对外事务之外，牙买加已经实现了民族自治。

1958年，牙买加加入西印度联邦，西印度联邦主要是英国政府在1958年设立的一种体制，其目的是减少其统治加勒比属地的开支，以及为这些分散的群岛创造生存条件，[①] 当时西印度联邦得到了英属西印度群

[①] 塞缪尔·赫维茨（S. J. Hurwitz）、伊迪丝·赫维茨（E. F. Hurwitz）：《牙买加史》，南开大学历史系译，天津人民出版社，1979，第318页。

岛统治机关的支持。根据西印度联邦的运行情况，牙买加政府向英国政府提出改组西印度联邦、在联邦众议院中分配给牙买加半数议席等要求。英国政府拒绝了牙买加的这些要求，由于这些要求没有得到满足，1959年9月，牙买加立法机构决定，牙买加退出西印度联邦，并举行全民公投，就是否脱离联邦进行全民表决。1961年9月，公投正式举行，表决的结果是，同意脱离联邦的人数稍微超过同意留在联邦的人数，这样，牙买加脱离联邦、获得正式的民族独立就是时间问题了。1962年3月21日，牙买加政府正式宣布退出西印度联邦，独立庆典的日子定在这年的8月5日。该天的午夜，牙买加人民纷纷兴高采烈地走上街头，庆祝自己的国家获得了新生，牙买加各区首府都举行了隆重的庆祝典礼，大英帝国的米字旗被降下，牙买加的三色国旗缓慢升起，这意味着牙买加长达300多年的殖民统治正式结束，牙买加从一个直辖殖民地国家正式成为一个独立国家，牙买加人民追求国家独立的愿望总算得以实现，但独立后的牙买加仍然保持着英联邦成员方的身份。8月7日，作为英国女王的全权代表，玛格丽特公主殿下来到牙买加，主持召开了第一届众议院全会，在这次全会上，玛格丽特公主殿下宣读了《英国女王告牙买加人民书》，并将《独立制宪文件》呈交给牙买加总理。从此，牙买加的历史掀开了新的一页，牙买加以真正独立国家的身份走上世界舞台。

第四节　当代简史（1962年至今）

一　独立初期的两党轮流执政（1963~1972）

牙买加的民主政治生活制度在独立后得以传承与延续，人民民族党和工党成为国内影响力最大的两个政党，两党轮流执政就成为一大特色。牙买加独立后不久，两党就国内财富的分配问题展开了激烈的辩论。国际上，共产主义运动出现了一个高潮时期，一些西欧国家开始了不同程度的国有化运动，给牙买加人民民主党带来了一定的启示，人民民族党就在牙买加境内首次提出了"国有化"口号，主张将港口、通

牙买加

信、水泥和纺织等领域以及一些公共事业部门都收归国有,实施国有化运动,工党则保持原来的政治立场。1967年,牙买加迎来了独立后的第一次大选,由于是执政党,工党就利用执政党的便利条件,重新调整了选区,并私自决定提前开始选举。工党的这一举动使人民民主党措手不及,仓促准备应对这次选举,这次选举的结果是,人民民族党的得票率为49.08%,工党得票率为50.65%,工党以微弱的优势获得了大选的胜利;在众议院议席的名额分配上,调整选区的做法使工党获益匪浅,工党顺利取得了33个议席,人民民族党则获得了20个议席,在议席名额的竞争中,工党获得了比较明显的胜利,这样,工党得以继续执政,其领袖巴斯塔曼特就正式就任牙买加独立后的首任总理。20世纪60年代,随着马歇尔计划实施后欧洲经济的迅速复兴,国际经济形势大大好转,也就给牙买加的经济发展提供了有利时机。工党执政下的牙买加,其国民经济迎来了二战后最快的增长时期,除了传统的农业之外,牙买加的采矿业、旅游业、制造业和建筑业等行业也得以快速发展,一些工业领域已经初具规模。

虽然在大选中失败,但人民民族党提出的国有化口号已经在牙买加民众中产生了极大的影响,一些民众纷纷支持人民民族党。1969年3月18日,牙买加实施地方选举,在这次地方选举中,人民民族党获得了金斯敦—圣安德鲁联合区和东南部的圣安恩选区的议会控制权。在全国范围内,人民民族党获得了5个地方的参议院控制权,工党则获得了7个选区的参议院控制权,两党的势力范围开始出现基本平衡的态势。

1970年7月,迈克尔·曼利(Michael Manly,诺曼·曼利的儿子,也叫作"小曼利")成为人民民族党的领袖,他对该党的政治纲领进行了调整。针对国有化口号,小曼利提出了"公共所有权"的概念,作为对国有化的补充与修正。在一次议会辩论中,小曼利公开表述了自己的观点,他认为牙买加的制铝工业应归政府、工人和私人股东共同所有,他的这种观点就意味着人民民族党开始调整"公共所有权"的纲领,向着"公私合营"的概念转变,这对人民民族党政治纲领的调整产生了重要影响,人民民族党的一些主张也得到了资本家阶层和广大民众的支持。

二 人民民族党"民主社会主义"的尝试(1972~1980)

1972年2月5日,牙买加的议会被解散,29日举行了大选。在这次选举中,人民民族党以压倒性的优势获得了胜利,众议院60个议席中,人民民族党获得了37个席位,而工党仅仅获得了6个席位,迈克尔·曼利就顺利当选为总理。两年后,地方选举也如期进行,在这次地方选举中,人民民族党再次取得了胜利,控制的选区达到了11个,工党仅仅取得了一个选区的控制权。人民民族党在大选中获胜,就意味着工党的执政地位被取代,人民民族党开始执政,开始实施这个政党的政治纲领。

大选胜利后,迈克尔·曼利就着手对人民民族党进行大刀阔斧的改革。在当时的国内环境中,牙买加的意识形态已经出现了多重状态,人民民族党的政治纲领需要进一步改革,同各种意识形态展开斗争,占领意识形态领域的制高点。1974年年初,迈克尔·曼利组建了一个特别委员会,就改革人民民族党的政治纲领进行认真研究,在党纲的定性问题上,迈克尔·曼利同特别委员会的成员进行了数次深入的讨论与分析。当时,牙买加左派运动已经兴起,处于半公开状态,打着"科学社会主义"的口号来进行舆论宣传。针对这种复杂的情况,迈克尔·曼利认为"共产主义"不适合牙买加的现实国情,因为非洲一些标榜实行共产主义的国家都实行的是一党执政,有悖于牙买加两党执政的政治传统;而"基督教社会主义"也带有"政治游戏"色彩,不利于牙买加政治生活的稳定。经过综合考虑,迈克尔·曼利的人民民族党举起了"民主社会主义"的旗帜,并宣称人民民族党会带领牙买加人民走上一条不同于古巴社会主义模式,也有别于波多黎各新殖民主义模式的"非资本主义"的发展道路,这条道路在"民主社会主义"的指引下,对牙买加民族经济的发展必定发挥巨大的促进作用,有助于牙买加的繁荣稳定。

为了使"民主社会主义"口号写入人民民族党执政纲领文件中,1974年10月,特别委员会拿出了有关"民主社会主义"的书面报告,

牙买加

迈克尔·曼利将这份报告呈递给牙买加议会，然后，迈克尔·曼利还对"民主社会主义"纲领的相关内容进行了仔细解释和详细说明。人民民族党也对"民主社会主义"纲领进行了数次讨论、分析和修改，1978年9月，人民民族党召开了第38届年会，在这次年会上，特别委员会递交的"民主社会主义"的书面报告，被认定为人民民族党的纲领性文件。

根据迈克尔·曼利提交的报告，"民主社会主义"纲领涵盖政治、经济、文化等方面的内容，具体包括：①"民主社会主义"是一种政治、经济理论，在这种理论体系中，人们控制着生产、分配和交换的手段；②"民主社会主义"是一种制度，在这种制度中，政治权力必须保证消灭剥削，社会中的每一个人都必须获得平等的机会；社会团体的财富应平均分配给每一个成员；③"民主社会主义"不是一个教条，而是一个进程，这个发展进程必须适合牙买加的实际情况。除此之外，迈克尔·曼利提出的"民主社会主义"轻视竞争、强调合作，个人、团体和社会的行为应以"为他人服务"为基本动力。"民主社会主义"的最终目标是建立一个没有阶级的社会，从而取消构成阶级基础的最终目标的经济特权。实现"民主社会主义"的手段是阶级联合，而不是科学社会主义提倡的经济斗争。

针对"民主社会主义"的宏伟目标，迈克尔·曼利结合牙买加的实际情况，提出了相应的发展战略，这些战略的主要内容有以下几个方面。①阶级联合和民族联合。牙买加的"民主社会主义"是工人阶级的社会，在这个社会体系中，家庭保姆、农民、律师、医生、教师、护士、职员、管理人员和企业家等人群都属于工人阶级，这些人都应参与到民主社会主义社会之中，在强调民族利益的前提下实现阶级合作。②重视教育。除了新闻媒介之外，公共教育是培育新兴价值观的工具和有效手段。③重视干部和群众的培养。人民民族党必须为政府服务，党的作用体现为"为政府确定政策、并监督政府的工作，使其与民主社会主义原则保持一致"，每位党员都应无条件地遵守人民民族党的纪律、纲领、政策与意识形态。④鼓励工人阶级参与民主制度建设。牙买加民主社会主义的实现需要广大工人阶级的参与，故此，必须扩大地方政府、社会委员会和工人组织，确保工人阶级能有效参与民主制度建设。①

迈克尔·曼利提出的"民主社会主义"，是一项宏伟的社会发展目标，给牙买加人民带来了一定的鼓舞，但现实情况并不令人乐观，人民民族党执政后不久，牙买加就遇到严重的经济危机。在国际市场上，马歇尔计划的实施，欧洲主要国家的经济复兴持续到一定时间，到了20世纪70年代，国际范围内的经济危机又开始爆发了，世界经济危机的爆发给经济结构比较单一、外部依存度比较高的牙买加带来了沉重的打击，国际铝材市场的不景气重创了牙买加的铝材产业；外资大规模的撤离，对牙买加的经济而言，更是雪上加霜。在内外因素的综合冲击下，牙买加的国民经济遭遇极其严峻的形势，通货膨胀率一度达到了惊人的50%，货币极度贬值，失业率大幅度提高，社会贫富分化现象严重。这种社会现状对"民主社会主义"的发展目标提出了挑战。为了应对这种经济危机，让牙买加人民重振建设"民主社会主义"自信心，迈克尔·曼利推行了一系列的改革措施，推动经济和社会改革，力图使牙买加尽早渡过经济难关，这些措施包括以下几个方面。①重视发展农业，认为"农业是牙买加进步的关键"，扩大粮食种植面积，增加粮食供给。为了促进农业发展，迈克尔·曼利执政后不久就宣布推行"栽种进财"计划，包括建设农场、政府回购私人闲置的土地再转租出去和农民组织合作社自助三项内容。②改革经济体制，降低国有企业的比重，推行"混合经济"的方针，对那些影响国计民生的私人企业和工业，政府实行有差别的管理，对一些企业，政府机构"实行直接或全部的占有"，对有的领域，国有企业通过参股的途径来实施管理；鼓励私人企业的发展，允许私人资本参与到牙买加的经济生活。③吸引外资，鼓励外国资本通过与牙买加当地私人企业或与政府合作的方式进入牙买加的经济领域，对一些外资企业，如果实施国有化运动，就实行有偿征购的政策；同时，迈克尔·曼利还追求外资来源的

---

① 向文华：《牙买加人民民族党的民主社会主义道路及其启示》，《当代世界社会主义问题》2009年第4期。

牙买加

多元化，为了摆脱对美、英资本的过度依赖，牙买加欢迎西欧、日本的资金参与本国的经济建设，同时同委内瑞拉、墨西哥等国家开展经济合作，扩大外国资本的来源途径。④建立社会福利体系。迈克尔·曼利政府宣布，从1975年开始，牙买加实行最低工资制，每周最低工资为20牙买加元；全国中小学实行免费教育，给40万小学生免费提供校服；政府对孕妇实行免费营养补助，为3岁以前的新生儿童提供免费食物供应，为4~6岁的儿童提供一定的营养补贴；等等。

从表面上看，上述政策的实施，与人民民族党提出的"民主社会主义"目标并不完全一致，但一些政策是一种暂时行为，在很大程度上是一种政策改良。这种改良措施的推行，短期内取得了一定的经济效果，促进了牙买加国民经济的发展，但并没能从根本上解决牙买加经济发展进程中存在的内在问题，牙买加的经济结构也没能得到有效调整，国际经济形势也没有好转，经济危机仍在持续。随后不久，牙买加的经济发展又陷入了停滞状态，经济状况再次出现了恶化态势。迈克尔·曼利政府并没有意识到客观形势的严重性，没能继续深入改革和采取积极的应对措施，反而加大了社会福利体系建设力度，这就扩大了政府开支。据统计，牙买加1975~1976年度的政府财政预算支出比上一年度增加了一倍多，为了弥补庞大的财政赤字，迈克尔·曼利政府不惜大举外债，这种火上浇油的举措更是加重了牙买加的经济危机。

在对外关系上，独立后的牙买加一直都重视与英、美、加三个国家的外交关系，与这三个国家保持稳定的外交关系是牙买加外交政策的基石。迈克尔·曼利执政后，他对这种传统的外交政策进行了调整，除了发展同这三个国家的关系之外，迈克尔·曼利表示需要与其他国家增加交往和接触。根据这种外交政策的指导，牙买加同一些社会主义国家建立了外交关系，还与第三世界的其他国家开展合作。迈克尔·曼利加大同非洲国家的交往力度，1972年6月，牙买加政府派出了一个代表团，访问赞比亚、坦桑尼亚、肯尼亚、埃塞俄比亚、尼日利亚、加纳和塞内加尔7个国家。值得一提的是，1972年11月21日，牙买加同中华人民共和国正式建交；12月，牙买加又同古巴建交。这种多边外交政策的努力与实施，扩大了牙买加在国际社会的影响力，提升了牙买加的国际形象。

迈克尔·曼利政府推行的"民主社会主义"引起了美国政府的担忧，为了了解牙买加政府的政策路线，时任美国国务卿基辛格博士率领了一个代表团，以度假的名义来到牙买加。其间，基辛格博士与迈克尔·曼利开展了没有记录的会谈，基辛格博士暗示如果牙买加适当调整外交路线、中断与古巴的外交往来，美国将给牙买加提供一定的经济援助，帮助牙买加解决当前的经济危机。对于美国政府的引诱政策，迈克尔·曼利不为所动。

随着国内经济形势的不断恶化，人民民族党内部也出现了分化，部分激进人士提出了一些过激的口号，这使一些资本家纷纷把资金从牙买加撤出。美国政府对牙买加的经济引诱政策失败后，也中断了对牙买加的投资与贷款。牙买加的经济形势变得更为糟糕，社会秩序开始动荡不安，牙买加民众对人民民族党的支持率也开始下降，牙买加工党就利用这一时机，展开了反击，同时工党还得到美国政府与牙买加私营企业阶层的支持。虽然遇到了前所未有的危机，但人民民族党凭借以前推行的福利主义政策，还是赢得了广大中下层民众的支持，在1976年的大选中，人民民族党最终还是赢得了胜利，迈克尔·曼利继续担任总理。

人民民族党虽然获得了这次大选的胜利，但迈克尔·曼利政府的"民主社会主义"政策并没有进行调整，牙买加的经济状况继续恶化，渐渐失去了自主发展的能力。1980年大选到来之时，牙买加经历了历史上最为惨痛的一次选举，在这次选举过程中，牙买加爆发了大规模的社会冲突，大约700人在冲突中丧生。这次选举的结果是在野党工党获得了胜利，工党领袖爱德华·西加（Edward Seaga）当选为总理。爱德华·西加执政后，大幅度调整前任政府的外交政策和经济发展策略。在外交领域，牙买加开始谋求与美国建立友好关系，接受美国的经济援助；在经济发展政策方面，爱德华·西加推行私有化策略，改革经济发展模式，鼓励推行进口替代，实施出口导向，建立经济贸易自由区等。经过一段时间的努力，牙买加的国民经济渐渐摆脱困境，走出了低谷，呈现复苏的态势。

牙买加

三　两党轮流执政（1980年至今）

牙买加在随后的发展进程中，人民民族党和工党出现了轮流执政的政治局面，这两个主要政党在执政过程中，对内和对外政策都有所不同，牙买加的国民经济也在经济政策的不断调整中缓慢发展。大选失败后的迈克尔·曼利对人民民族党的纲领进行了适度调整，开始执行"调和的中间路线"政策，为了备战下次大选，迈克尔·曼利已经放弃了国有化主张与激进化路线，在社会与经济领域都采取了相应的对策。工党执政后，西加政府虽然暂时帮助牙买加摆脱了经济危机，但牙买加这段时间过于依赖国际货币基金组织和世界银行等国际金融机构，为了偿还巨额外债，西加政府迫不得已削减社会公共开支，这就严重影响了占绝大多数人口的中下层民众的生活与就业情况，引起了他们的不满。人民民族党果断利用这一时机，提出了"以人民为先"的口号进行大选宣传，在1989年2月9日的大选中，人民民族党获得了胜利，在众议院中赢得了45个议席，工党只获得了15个议席，人民民族党得以执政，迈克尔·曼利再次当选为牙买加总理，他也成为牙买加历史上第一个三次当选为总理的政治家。迈克尔·曼利再次执政后，对牙买加的内政与外交政策都进行了大刀阔斧的改革。在内政方面，迈克尔·曼利通过实施减少国家对经济的干预、改善国内投资环境鼓励外资、放松外汇管制、改善与国际金融机构的关系以获取国际货币基金组织的资金支持等策略，促进牙买加的经济发展；在外交方面，迈克尔·曼利放弃了以前的激进立场，努力同美国建立友好关系，谨慎处理古巴问题，为牙买加的经济发展谋求更为宽松的国际环境。

经过迈克尔·曼利的政策调整，牙买加的国民经济得以迅速发展，经济结构得以优化，但经济增长与社会发展并没能保持同步，牙买加经济得以增长的同时，一些社会问题也不断出现，通货膨胀率与失业率均大幅度上升，中下层民众的生活水平并没得以改善，这就考验了人民民族党的执政能力。1992年3月15日，迈克尔·曼利因为个人健康状况不佳的原因，接连辞去了总理和人民民族党主席的职位；3月28日，牙买加前任财政与公共服务部部长、副总理珀西瓦尔·帕特森（P. J. Patterson）在人民民族党代表大会上当选为本党的主席，3月30日就任牙买加总理。帕特森继续延续迈克尔·曼利的政策，重视与美国政府的外交关系，在1993年、1997年、2002年的大选中，连续击败了牙买加工党，确保了人民民族党的执政地位。

人民民族党执政期间，虽然牙买加的国民经济取得了一定的发展，但这种势头并没有持续太长时间，随后牙买加的经济便缺乏有效的发展引擎，经济结构开始僵化，企业竞争力也开始下降。经济增长受影响之后，社会问题便显得十分严重，牙买加民众就对人民民族党的执政产生不满情绪。面对这种复杂的局势，帕特森表示要在任期内辞去人民民族党领袖的职位，2006年2月25日，在人民民族党内部领导人的选举中，波西娅·辛普森-米勒（Portia Simpson-Miller）当选为本党的主席，3月30日，帕特森宣布辞去牙买加总理职务，这样米勒就自动成为牙买加总理，她也是牙买加历史上首位女总理。

连续大选失败后，作为在野党的牙买加工党，内部就出现了分裂，这也影响了工党的团结与战斗力。工党内，西加的领导地位受到了质疑，一些主要成员也不满西加的专制作风。1995年10月，工党原主席布鲁斯·戈尔丁（Bruce Golding）率领一部分党员自行脱离工党，成立了新的政党组织——全国民族运动（National Democratic Movement，简称NDM），随后，为了备战2002年大选，布鲁斯·戈尔丁在大选前又返回工党组织之中。牙买加工党内部出现的分裂与纷争，迫使西加辞去了工党主席职位，布鲁斯·戈尔丁成为工党新任党主席，虽然在牙买加有着一定的民意支持率，但他的私自脱党行为影响了他在工党中的威望，这也在客观上为工党在2002年大选中的失败埋下了伏笔。在2007年9月3日的议会大选中，连续失败后的工党卷土重来，这一次，工党以微弱优势赢得了大选的胜利，获得了众议院中的32个议席，执政党人民民族党获得了28个议席。大选的胜利使工党长达18年的在野党经历总算成为过去，再次成为执政党。2007年9月11日，布鲁斯·戈尔丁在位于首都金斯敦的牙买加总督府举行了盛大的就职典礼，宣誓就任新一届政府总理，布鲁斯·戈尔丁也是牙买加独立后的第八任总理。

牙买加

2011年年底，牙买加大选正式开始，此次选举，牙买加全国共有160万选民登记参加选举，12月29日的大选从早7点开始，下午5点结束。原先预计当天晚上11点左右公布大选结果，但选举结束后两个多小时，当地媒体就公布了大选结果，牙买加人民民族党在12月29日举行的全国大选中取胜，在63个众议员席位中，人民民族党赢得了41个席位，执政党工党赢得了22个席位。即将就任牙买加总理的人民民族党领袖辛普森-米勒夫人很快组阁，她也是再次担任牙买加总理的杰出女政治家。

2016年，牙买加举行新一轮大选，由于经济长期低迷，失业率一直居高不下，因此经济政策是这次选举的重要议题，两党均在竞选纲领中提出提振经济增长的政策主张。工党在其"繁荣伙伴"竞选纲领中提出经济社会改革的"十点计划"，包括大力推进税制改革、金融创新、国企改革、水利建设、住房政策改革、数字牙买加和老城复兴等。牙买加全国有87万人参加投票，占选民人数的52.76%，投票率为牙买加历次大选最低。大选结果于当地时间2月25日22时揭晓，反对党——牙买加工党以微弱优势获胜。在63个众议员席位中，工党赢得了33个席位，执政党——人民民族党赢得了30个席位。[1] 3月3日，工党领袖安德鲁·迈克尔·霍尔尼斯（Andrew Michael Holness）就任新一届政府总理。霍尔尼斯在庆祝胜选时表示，新政府将致力于提振经济、改善民生，着力解决住房、教育、医疗等方面的问题，带领牙买加"从贫困走向繁荣"。[2]

第五节　著名历史人物

森姆·夏普（Sam Sharpe，1780~1832）　森姆·夏普是牙买加黑人奴隶解放运动的著名领袖，被广大黑人奴隶亲切地称为"父亲"。

---

[1] 中华人民共和国驻牙买加大使馆经济商务参赞处网站，http://www.mofcom.gov.cn/article/i/jyjl/l/201602/20160201263424.shtml。
[2] 贾旭阳：《外国政党动态（2月21日至3月30日）》，《当代世界》2016年第4期。

牙买加的黑人奴隶为了争取解放、获得自由，进行了一次又一次的反抗，其中，1831年圣诞节，森姆·夏普领导反抗运动，是规模最大的一次。这次运动给牙买加的上层统治机构带来了极大的震撼，为后续的黑人奴隶的解放打下了基础。森姆·夏普由于出色的组织领导才能以及为广大黑人奴隶争取解放而付出的努力，被称为牙买加的民族英雄。

马库斯·加维（Marcus Garvey，1887~1940） 马库斯·加维是为解放后的黑人奴隶争取民主权利的领袖，他于1914年组织了"黑人联合争取改善和保护协会和非洲人社会同盟"，组建了人民党，为黑人获取相应的民主权利而积极奔走。1935年，加维离开了牙买加前往英国，1940年死于英国。在当时，他的努力并没有获得成功，但他仍是牙买加第一个公开拥护社会改革的政治领袖，是牙买加即将诞生的民族主义人士的代表，为牙买加实现民族自治做出了巨大的贡献。

亚历山大·巴斯塔曼特（Alexander Bustamante，1884~1977） 亚历山大·巴斯塔曼特是牙买加著名工人运动领袖，人民民族党的创始人。他在西班牙接受了正规教育，回到牙买加后，巴斯塔曼特组织了国内的工人运动，组建了人民民族党，把实施普选作为党的纲领。由于同诺曼·曼利出现了分歧，巴斯塔曼特于1943年组建了牙买加工党。在1967年牙买加独立后的首次选举中，工党获胜，巴斯塔曼特担任牙买加独立后的首任总理。

诺曼·华盛顿·曼利（Norman Washington Manly，1883~1969） 诺曼·华盛顿·曼利是牙买加的著名律师，巴斯塔曼特的表兄弟。在加入人民民族党后，曼利组织领导了牙买加产业工会，在巴斯塔曼特组建了工党之后，曼利改组了人民民族党，放弃了社会主义路线，组建了全国工人工会。在1967年独立后的首次选举中，曼利领导的人民民族党以微弱的劣势败北，但这个政党提出的国有化主张已经在牙买加产生了较大的影响。

诺曼·迈克尔·曼利（Norman Michael Manly） 诺曼·迈克尔·曼利是人民民族党著名领袖诺曼·华盛顿·曼利的儿子，也叫"小曼利"，

牙买加

1924年12月10日出生，毕业于英国伦敦政治经济学院，1969年担任人民民族党领袖，提出了"民主社会主义"的主张。迈克尔·曼利曾当选过参议员与众议员，多次当选牙买加总理，还在牙买加政府机构担任过一些重要职位。他在任期间提出的一系列政治、经济主张，对牙买加的社会经济生活产生了重大影响。

第三章

政　治

第一节　国体与政体

牙买加的国体是资产阶级专政的国家，政体是君主立宪代议制，以英国女王为国家元首，总督代表英国女王行使外交礼仪之类的职权，牙买加总督由总理向英国女王建议提名后由英国女王任命，议会在国家政治生活中发挥着重要作用。[1] 1962年8月6日，牙买加的现行宪法正式生效，这部宪法对牙买加现行的行政、立法、司法和公共服务等方面法律的体系内容都做了详细的规定，根据这部宪法的相关条款，由总督任命众议院多数党领袖为政府总理，并根据总理提名任命内阁部长。牙买加议会是由经过任命和选举产生的参、众两院组成的。议会议员由任命与选举产生，其中参议院议员由总督任命，总理和反对党领袖均拥有提名权；众议院议员由选举产生，选举时遵循少数服从多数的原则。参、众议员的任期都是五年，但可以无限期连选连任。选举是牙买加一项重要的政治制度，从1944年开始，牙买加就推行普选制。牙买加政党制度是两党制，同其他成熟的两党制国家相比，牙买加的政党制度有着相应的特色，政党政治呈现一定的家族色彩。牙买加工党和人民民族党长期交替执政，国内还有几个规模不大的政党，当前牙买加的政局基本稳定。目前的执政党是牙买加工党，工党领袖安德鲁·霍尔尼斯担任现任政府总理。

---

[1]　《中美洲和加勒比国家的国体和政体》，《拉丁美洲研究》2007年第4期。

第二节 宪法

一 《1944年新宪法》

《1944年新宪法》规定,总督"对英王陛下负责并代表英王至高无上的权威",这就通过宪法条文的方式提升了总督的神圣地位,并且把总督和英王紧密联系在一起,实际上就是把牙买加同英国联系在一起。《1944年新宪法》还规定,总督享有一系列的至上权,包括否决权、保留权以及批准权等,在必要的时期,总督就可以行使这些权力来确保"公共秩序、公众信心或有效管理";总督认为重要的法案,在不经过牙买加议会同意的情况下,他就可以批准这项法律。新宪法没有完全扩大议会的权限,代表着英国国王的总督还掌握着一定的权力。

二 《1962年宪法》

《1962年宪法》是牙买加的现行宪法,于1962年8月6日正式生效,这部宪法的颁布也意味着牙买加长达3个多世纪的殖民统治正式结束,正式成为独立的民族国家。《1962年宪法》包括10章138个条款的内容,规定了牙买加现行的行政、立法、司法和公共服务等方面法律的体系内容。

根据《1962年宪法》,所有在牙买加出生的人,就自动获得牙买加国籍,一旦这个公民获得了其他国籍,他的牙买加国籍就会自动取消。牙买加居民的配偶和孩子,即使在国外出生与生活的,也可以申请牙买加国籍。宪法第三章的内容涉及民众的权利,所有居住在牙买加的人都依法享有相应的基本权利和自由,基本权利涵盖生命、人身安全、财产所有权等方面的内容,自由则包括言论自由、出版自由、集会和结社自由、行动自由、居住自由、赴外旅行自由、移民自由和回国自由等方面。除此之外,《1962年宪法》禁止任何非人道主义的种族歧视、性别歧视、宗教信仰歧视和政治歧视，赋予妇女阶层以相应的权利，规定妇女享有同男性一样的各项权利。根据宪法的原则，1975年牙买加议会颁布了《就业法令》，通过法律的形式来保障妇女阶层在工作中享有的平等权利，这条法律的颁布，提升了广大妇女阶层的社会地位。一些有社会影响力的妇女代表就进入了政府管理机构或者是当选为公务员，为牙买加的社会、经济事务做贡献。

关于国家体制，《1962年宪法》规定，牙买加的国家元首仍为英国女王，女王拥有名义上的最高行政权，女王任命的总督则享有实际行政权，总督履行国家元首利益上的权力，依法享有批准法律、召集和推迟议会选举之类的权限。牙买加的行政权力集中在内阁，内阁的最高职位是总理，总督按总理的建议行使权力，还需要听取反对派首领的建议，或者是接受枢密院的帮助。关于枢密院，《1962年宪法》规定，枢密院的主要功能是建议总督履行王室特权，但牙买加枢密院的决定须上报总部位于伦敦的英国枢密院，由英国枢密院做出最终裁决；牙买加总督与总理协商后，任命6名枢密院成员，这其中的2名成员必须在政府机关担任公职。

关于修宪，《1962年宪法》也做出了严格规定。这部宪法的一些重要内容不能轻易变更与修改，如果的确需要进行修改，需满足以下条件：①宪法的修订必须分别得到参、众议院两院2/3的议员的支持；②法律只有生效3个月后，议会才能对修订方案进行辩论；③辩论结束后必须经过3个月才能在众议院通过修订方案；④如果参议院连续两次否决众议院的提案，这种情况下将举行全民公决，在获得3/5的选民赞同的情况下，宪法修正案将直接送交总督批准；⑤宪法中的一些特殊的条款需要进行修改时，参、众两院通过后，还需要在全民公决中获得大多数选民的支持，然后才可以呈交总督批准。

为了对《1962年宪法》的法律效应以及实施情况进行评估，1991年牙买加成立了一个专门的"宪法委员会"，收集牙买加境内不同利益集团和广大民众对宪法的看法，委员会在议会上对这些不同意见进行陈述，开始对宪法进行系统的评估，最终确定出相应的修订方案。

第三节 选举制度

自1944年以来，牙买加就推行普选制，选民登记时年满18周岁的牙买加公民，或选民登记时年满18周岁且在牙买加居住超过12个月的其他英联邦国家的公民均有选举投票权，但服刑人员和精神病患者等不得参加投票。具备下列条件的牙买加人具备候选人资格：被任命或提名时年满18周岁且在牙买加居住超过12个月的英联邦国家公民，行为和认知上不得效忠、顺服或遵从于外国力量，不得为牙买加国防军现役成员，不得担任最高法院或上诉法院法官及其他政府公职，不得因在此前选举中存在不当行为而被剥夺候选人资格，不得为服刑人员或精神病患者等。通常情况下，牙买加各政党在候选人登记日前通过党内选举决定本党参选人；政党及独立参选人在候选人登记日向所在选区的选举办公室登记，经选举办公室审核后即确认其候选人资格。

选举是牙买加最为重要的民主生活之一，也是重要的民主制度。为了保证年度选举工作的顺利开展，保证人民民主权利的顺利行使，自1944年牙买加新宪法颁布之时起，牙买加全国就设立了32个选区。随后，由于人口的增加、选民人数的增多，牙买加的选区又被重新划分，1959年设立了45个选区，1967年又增加了9个选区，这样牙买加就设立了54个选区。牙买加选区数量的设立，并不是固定的，可以根据实际情况进行调整，例如为了确保每个区众议院选举工作的顺利开展，总督可以根据宪法的相关条文，即每个选区的人数不得超过最高限额，随时把全国的选举区调整为45~60个；此外，关于议员人数的分配问题，宪法规定，每个选区向众议院推荐的议员人数不得超过一人，这样确保选举的公平，也保证众议院的议员能来自所有的选区。

参议院由21名参议员组成，总督任命。其中总理提名13名，反对党领袖提名8名，以确保执政党参议员人数不超过总数的三分之二；众议院的选举采取简单多数原则，即在各选区获得有效选票最多的候选人当选众议员；参、众议员均可无限期连选连任。牙买加选举办公室（Electoral Office of

Jamaica）是牙买加选举工作的负责机构，具体负责大选的组织筹备、候选人登记及资格认定、投票点选定及管理、选票清点和选举结果公布等事务性工作。

第四节 政府机构

一 总督

牙买加虽然获得了民族独立，但仍然保持着英联邦成员方身份，自独立以来一直奉英国女王为国家元首。独立后，牙买加仍然保持着英联邦国家的政治传统，保留总督的政治职位，英国女王任命总督作为自己在牙买加的代表，女王根据牙买加政府的提名，行使任免权。牙买加总督依法享有任免权、对外交往、礼仪上的权限，总督可以任免总理，根据总理的推荐，还可以任命各部部长和最高法院法官。根据宪法，牙买加总督职位出现空缺或者担任总督的人因其他原因而不能履行总督职责时，英国女王就可以任命其他人选来行使总督权限；如果牙买加没有得到这类的任命或没有能够行使总督权限的人选，则由牙买加的首席法官行使。牙买加现任总督为帕特里克·林顿·艾伦（Patrick Linton Allen），他于2009年2月26日就任，是牙买加独立以来的第六任总督。牙买加历任总督见表3-1。

表3-1 牙买加历任总督

时期	姓名	任职时间
西班牙殖民时期	胡安·德·埃斯基维尔（西班牙殖民时期首任总督）	—
	弗朗西斯科·德加拉伊	—
	费尔南多·梅尔加雷霍	—
	萨西	—
英国殖民时期	莫迪福特	—
	卡莱尔伯爵	—
	尼古拉斯·劳斯	—
	罗伯特·亨特	—
	坎贝尔（代总督）	—

续表

时期	姓名	任职时间
英国殖民时期	W. H. 利特尔顿	—
	亨利莫尔	—
	巴尔卡雷斯伯爵	—
	曼彻斯特公爵	—
	马尔格雷夫伯爵	—
	查尔斯·梅特卡夫爵士	—
	梅尔本	—
	亨利·巴基爵士	—
	莱昂内尔·史密斯	—
	爱德华·约翰·艾尔	—
	约翰·彼得·格兰特爵士（直辖殖民地第一任总督）	—
	亨利·诺尔曼爵士	1883~1889年
	亨利·布莱克爵士	—
	奥古斯塔斯·W. L. 亨明	1898~1904年
	悉尼·奥利佛	1904年
	休·克拉伦斯·伯恩	1904年
	詹姆斯·亚历山大·斯韦藤汉	1904~1907年
	休·克拉伦斯·伯恩	1907年
	亨利·奥利佛	1907~1913年
	菲利普·克拉克·科克	1913年
	威廉·亨利·曼宁	1913~1918年
	莱斯利·普洛宾	1918~1924年
	赫伯特·布莱恩	1924年
	塞缪尔·威尔森	1924~1925年
	阿瑟·赛尔伯恩·杰夫	1925~1926年
	雷金纳德·爱德华·斯塔布斯	1926~1932年
	兰斯福特·斯莱特	1932~1934年
	爱德华·德纳姆	1934~1938年
	C. C. 伍利	1938年
	阿瑟·理查德	1938~1943年
	约翰·哈金斯	1943~1951年
	休·富特	1951~1957年
	肯尼斯·布莱克本	1957~1960年

续表

时期	姓名	任职时间
独立后	肯尼斯·布莱克本	1962 年
	克利福德·坎贝尔	1962~1972 年
	弗罗里泽尔·格拉斯波尔	1972~1991 年
	霍华德·库克	1991~2006 年
	肯尼斯·霍尔	2009~2009 年
	帕特里克·林顿·艾伦	2009 年 2 月至今

资料来源：根据塞缪尔·赫维茨（S. J. Hurwitz）与伊迪丝·赫维茨（E. F. Hurwitz）合著的《牙买加史》的内容整理而成；http：//www.mct.gov.jm/general_info.htm#。

二 行政机构

内阁是牙买加的行政机构，负责各项主要政策的制定与实施，内阁对议会负责。内阁中最重要的职位就是总理，总理由众议院中占多数议席的政党的领导人也就是多数党的领袖来担任。总理的就任还必须经过总督的任命，每 4 年为一届总理的任期周期，任期结束后是否连任可以根据实际情况而定。总理享有内政和外交的最高权限，负责领导与管理内阁中的各项事务，同时负责各项外交事务，是牙买加政府在国际、国内事务中最主要的代表人。经总理推荐、总督宣布任命的各部部长组成了内阁，内阁成员不少于 11 人，通常为 13~15 人。各部部长的人选来自两院议员，也必须经过总理的推荐，然后经过总督的任命。根据牙买加宪法，参议院议员必须担任至少两位、最多不超过四位的部长职务，总理和各个部长在就职之前应该向总督进行忠诚宣誓。按照职责规定，总理在原则上尽可能地参加并主持内阁的所有会议，如果因故不能与会，总理就应指定其他的部长来负责本次内阁会议；总理应随时向总督报告与牙买加政府有关的一些事务，尽可能满足总督的要求，如遇到特殊情况，总理也应在第一时间向总督汇报。牙买加政府中，有些机构的部长可以由总理兼任，一旦失去了议员资格，其部长职位也相应失去；当某位部长不再被总理信任时，他也会被迫辞职。个人能力仅仅是行政机构部长获取相应的声望和权力的一个条

件，更为重要的是他在所属政党的身份与他对所属政党的忠诚程度。

牙买加政府的行政机构由安全防卫部（总理兼任），经济增长与创造就业部（总理兼任），财政与公共服务部，外交与对外贸易部，国家安全部，工业商业农业与渔业部，司法部，教育、青年与信息部，能源、科技部，地方政府与社区发展部，交通运输与矿业部，卫生部，旅游部，劳动与社会保障部，文化、性别、娱乐与运动部等部门组成。这些部门中，财政与公共服务部、国家安全部、外交与对外贸易部等机构的地位相对更重要一些。独立以来牙买加历届政府总理见表3-2，牙买加现任内阁成员名单见表3-3。

表3-2 独立以来牙买加历届政府总理

姓名	任职时间
诺曼·华盛顿·曼利（Norman Washington Manly）	1960~1962年
威廉·亚历山大·巴斯塔曼特（William Alexander Bustamante）	1962~1967年
唐纳德·B. 桑切斯（Donald B. Sangster）	1967年
休·劳森·希勒（Hugh Lawson Shearer）	1967~1972年
迈克尔·诺曼·曼利（Michael Norman Manly）	1972~1980年
爱德华·西加	1980~1989年
迈克尔·诺曼·曼利	1989~1992年
珀西瓦尔·J. 帕特森（Percival J. Patterson）	1992~2006年
波西娅·辛普森-米勒	2006~2007年
布鲁斯·戈尔丁	2007~2011年
波西娅·辛普森-米勒	2011~2016年
安德鲁·霍尔尼斯	2016年至今

资料来源：http：//www.mct.gov.jm/general_ info.htm#。

表3-3 牙买加内阁成员名单（2016年就职）

姓名	职务
安德鲁·霍尔尼斯	总理,兼任安全防卫部部长、经济增长与创造就业部部长
德里克·史密斯（Derrick Smith）	总理办公室不管部长
霍勒斯·昌博士（Horace Chang）	经济增长与创造就业部不管部长
达里亚·巴斯（Daryl Vaz）	经济增长与创造就业部不管部长

续表

姓名	职务
奥德利·肖（Audley Shaw）	财政与公共服务部部长
卡米娜·约翰逊·史密斯（Kamina Johnson Smith）	外交与对外贸易部部长
卡尔·萨穆瓦（Karl Samuda）	工业商业农业与渔业部部长
J. C. 哈奇森（J. C. Hutchinson）	工业商业农业与渔业部不管部长
罗伯特·蒙塔格（Robert Montague）	国家安全部部长
德尔罗伊·丘克（Delroy Chuck）	司法部部长
鲁埃尔·雷德（Ruel Reid）	教育、青年与信息部部长
安德鲁·惠特利（Andrew Wheatley）	能源、科技部部长
德斯蒙德·麦肯齐（Desmond Mckenzie）	地方政府与社区发展部部长
莱斯特·迈克尔·亨利（Lester Michael Henry）	交通运输与矿业部部长
埃德蒙·巴特利特（Edmund Bartlett）	旅游部部长
克里斯特弗·塔夫顿（Christopher Tufton）	卫生部部长
沙欣·罗宾逊（Shahine Robinson）	劳动与社会保障部部长
奥利维娅·乔治（Olivia Grange）	文化、性别、娱乐与运动部部长

资料来源：牙买加政府信息网，http://jis.gov.jm/government/ministries/。

第五节 立法机构

议会是牙买加最高立法机构，由参、众两院组成，其中参议院议员是通过任命的形式产生的，众议院议员由普选产生。根据宪法，牙买加议会每届议员的任期为五年，一般不延长任期，只有在发生战争的特殊时期，议会才可以延长任期，但每次延长的期限不得超过一年即12个月，每届议会的延长次数不得超过两次。

牙买加议会中，参议院议员共计21名，都由任命产生，其中，总理推荐13名议员，反对党推荐8名议员，这些人员需得到牙买加总督

的任命。众议院共计60名议员,需通过简单多数制的选举产生。每届议会解散3个月后,根据总理的建议,牙买加总督就指定下一届议会的选举日期,开始新一届的选举工作。在牙买加,众议院议员候选人的资格必须得到10名以上选民的联名,并且需在议会选举日期的前16~23天得到提名。除此之外,众议院议员候选人还需要缴纳100牙买加元作为选举押金,候选人只有获得1/8以上的选举人投票,前期缴纳的选举押金才可以退还。议会选举结束后的首次会议就应产生新一任议长。

目前,牙买加全国共有60个选区,每个选区推选1名议员,60名议员就由此而产生。众议院的选举与产生,均严格按照牙买加的选举制度而来,所有具备选举资格的牙买加公民都具有被任命为参议院议员和选举为众议院议员的权利。牙买加议会的选举工作由众议院常务委员会负责,众议院常务委员会由众议院议长、总理指派的3名议员和反对党领袖指派的3名议员组成,众议院常务委员会还负责牙买加选区个数和各个选区地界的审查工作,确保选举工作的公平与公开,因此,根据实际情况或者在特殊时期,该委员会可以增加或维持选区的数量,以维护选民的利益。

牙买加议会享有最高立法权,为牙买加国家的和平、安全、社会秩序、政体的确立而制定相关法律,参、众两院可以通过法律的形式来修改宪法和其他相关法律;除了立法权之外,议会还享有其他权限,如审核国家财政预算和监督政府的行政工作。根据牙买加宪法的规定,牙买加总督可以根据实际情况,在任何时候都享有宣布议会闭会或解散议会的权力。

牙买加本届议会参议院的任命工作业已结束,众议院已经选举产生,参议长是托马斯·乔治·刘易斯·塔瓦雷斯-芬松,众议长是皮尔内尔·帕特罗·查尔斯。牙买加执政党现任参议院议员名单见表3-4,牙买加反对党现任参议院议员名单见表3-5;牙买加执政党现任众议院议员名单见表3-6,牙买加反对党现任众议院议员名单见表3-7。

表3-4　牙买加执政党参议院议员名单（2016年就职）

姓名	职位
托马斯·乔治·刘易斯·塔瓦雷斯-芬松（Thomas George Lewis Tavares-Finson）	参议院议长
奥宾·罗切斯特·希尔（Aubyn Rochester Hill）	参议院代理议长
卡米娜·伊丽莎白·约翰逊·史密斯（Kamina Elizabeth Johnson Smith）	兼工业商业农业与渔业部部长
吕埃尔·班克罗夫特·里德（Ruel Bancroft Reid）	参议员
皮尔内尔·帕特罗·查尔斯（Pearnel Patroe Charles）	众议院议长
兰斯福德·布雷厄姆（Ransford Braham）	参议员
卡万·安东尼·盖伦（Kavan Anthony Gayle）	参议员
萨普海尔·因德雷·郎莫尔博士（Sapphire Inderea Longmore）	参议员
克伦西亚·阿莉西亚·莫里松（Kerensia Alicia Morrison）	参议员
马修·彼得·萨穆瓦（Matthew Peter Samuda）	参议员
查尔斯·安东尼·辛克莱（Charles Anthony Sinclair）	参议员
唐纳德·乔治·韦拜（Donald George Wehby）	参议员
德尔罗伊·休·威廉（Delroy Hugh Williams）	参议员

资料来源：牙买加议会网站，http://www.japarliament.gov.jm/index.php/members/senators/government-senators。

表3-5　牙买加反对党参议院议员名单（2016年就职）

姓名	职位
马克·杰斐逊·戈丁（Mark Jefferson Golding）	兼工业商业农业与渔业部反对党领袖
基恩·德斯蒙德·St.奥宾·奈特（Keith Desmond St. Aubyn Knigh）	参议院代理议长
弗洛伊德·埃默森·莫里斯（Floyd Emerson Morris）	兼工业商业农业与渔业部部长
安杰拉·罗斯玛丽·布朗-伯克博士（Angela Rosemarie Brown-Burke）	参议员
温斯沃思·基帕特里克·斯凯费里（Wensworth Kirkpatrick Skeffery）	参议员
索菲亚·利莱特·弗雷泽-宾斯（Sophia Lilleth Fraser-Binns）	参议员
兰伯特·亚历山大·布朗（Lambert Alexander Brown）	参议员
诺埃尔·班克罗夫特·斯洛利（Noel Bancroft Sloley）	参议员

资料来源：牙买加议会网站，http://www.japarliament.gov.jm/index.php/members/senators/opposition-senators。

牙买加

表 3-6　牙买加执政党众议院议员名单（2016 年就职）

姓名	选区
安德鲁·迈克尔·霍尔尼斯	圣安德鲁中西部选区
埃德蒙·柯蒂斯·巴特利特（Edmund Curtis Barlett）	圣詹姆斯中东部选区
戴夫·休姆·布朗（Dave Hume Brown）	汉诺威东部选区
莱斯利·罗伊·坎贝尔（Leslie Roy Campell）	圣凯瑟琳东北部选区
霍勒斯·安东尼·昌（Horace Anthony Chang）	圣詹姆斯西北部选区
皮尔内尔·帕特罗·查尔斯（Pearnel Patroe Charles）	克拉伦登中北部选区
德尔罗伊·哈明·查克（Delroy Hawmin Chuck）	圣安德鲁东北部选区
埃罗伊·安东尼·克拉克（Heroy Anthony Clarke）	圣詹姆斯中部选区
朱丽叶·萨曼莎·卡恩波特·弗林（Juliet Samantha Cuthbert Flynn）	圣安德鲁西部乡村选区
马里萨·科琳·达尔林普尔-菲利贝尔（Marisa Colleen Dalrymple-Philibert）	特里诺尼南部选区
奥利维娅·阿塔维亚·乔治（Olivia Atavia Grange）	圣凯瑟琳中部选区
弗洛伊德·O'布雷恩（Floyd O'Brain Green）	圣伊丽莎白西南部选区
莱斯特·迈克尔·亨利（Lester Michael Henry）	克拉伦登中部选区
朱丽叶·安·玛丽·霍尔尼斯（Juliet Ann Marie Honless）	圣安德鲁东部乡村选区
威廉·詹姆斯·查尔斯·哈奇森（William James Charles Hutchinson）	圣伊丽莎白西北部选区
马莱内·帕特里夏·马拉霍伏尔泰（Marlene Patricia Malahoo Forte）	圣詹姆斯中西部选区
扎维亚·泰兹·梅恩（Zavia Taze Mayne）	圣安娜西南部选区
德斯蒙德·安东尼·奥古斯塔斯·麦肯齐（Desmond Anthony Augustus Mckenzie）	金斯敦西部选区
罗伯特·St. 奥宾·蒙塔格（Robert St. Aubyn Montague）	圣玛丽西部选区
詹姆斯·鲁道夫·爱德华·罗伯逊（James Rudolph Edward Robertson）	圣托马斯西部选区
沙欣·伊丽莎白·罗宾逊（Shahine Robinson Shahine Elizabeth Robinson）	圣安娜东北部选区
卡尔·乔治·萨穆瓦（Karl George Samuda）	圣安德鲁中北部选区
奥德利·菲茨·艾伯特·肖（Audley Fitz Albert Shaw）	曼彻斯特西北部选区
德里克·康拉德·史密斯（Derrick Conrad Smith）	圣安德鲁西北部选区
拉迪亚德·康拉德·斯潘塞（Rudyard Conrad Spencer）	克拉伦登东南部选区
阿兰多·纳撒尼尔·采特朗格（Alando Nathaniel Terrelonge）	圣凯瑟琳中东部选区
克里斯特弗·查尔斯·塔夫顿（Christopher Charles Tufton）	圣凯瑟琳中西部选区
达里奥·韦斯利·菲利普·巴斯（Daryl Wesley Phillip Vaz）	波特兰西部选区
克利福德·埃弗拉德·埃罗尔·沃明顿（Clifford Everald Errol Warmington）	圣凯瑟琳西南部选区
安德鲁·O'布赖因·惠特利博士（Andrew O'Brein Wheatley）	圣凯瑟琳中南部选区
法伊瓦尔·雪利·威廉斯（Fayval Shirley Williams）	圣安德鲁东部选区
富兰克林·罗伯特·威特（Franklin Robert Witter）	圣伊丽莎白东南部选区

资料来源：牙买加政府信息网，http：//jis.gov.jm/media/GOVERNMENT-MEMBERS-JLP.pdf.

表 3-7　牙买加反对党众议院议员名单（2016 年就职）

姓名	选区
波西娅·柳克丽霞·辛普森-米勒（Portia Lucretia Simpson Miller）	圣安德鲁西南部选区
诺埃尔·乔治·德拉诺·阿斯科特（Noel George Delano Arscott）	克拉伦登西南部选区
理查德·爱德华·阿赞（Richard Edward Azan）	克拉伦登西北部选区
林韦尔·乔治·布卢姆菲尔德（Lynvale George Bloomfield）	波特兰东部选区
卢瑟·巴特利·蒙蒂恩·布坎南（Luther Bartley Monteith Buchanan）	威斯特摩兰东部选区
彼得·默科特·蒙廷（Peter Murcott Munting）	曼彻斯特中部选区
戴顿·理查多·坎贝尔（Dayton Ricardo Campell）	圣安娜西北部选区
霍伊赛·丹尼丝·戴利（Joyce Denise Daley）	圣凯瑟琳东部选区
霍勒斯·华盛顿·戴利（Horace Washington Daley）	克拉伦登北部选区
奥马尔·劳埃德·戴维斯（Omar Lloyd Davies）	圣安德鲁南部选区
康林·亚历山大·艾尔弗雷德·费根（Conlin Alexander Alfred Fagan）	圣凯瑟琳东南部选区
芬顿·拉迪亚德·伊格内修斯·弗格森博士（Fenton Rudyard Ignatius Ferguson）	圣托马斯东部选区
温斯顿·劳埃德·格林（Winston Lloyd Green）	圣玛丽东南部选区
莫雷斯·瓦伦丁·盖伊（Morais Valentine Guy）	圣玛丽中部选区
莉萨·勒内·尚蒂·阿纳（Lisa Rene Shanti Hanna）	圣安娜东南部选区
伊恩·戴夫·海勒斯（Ian Dave Hayles）	汉诺威西部选区
乔治·安东尼·希尔顿（George Anthony Hylton）	圣安德鲁西部选区
菲茨·阿瑟·杰克逊（Fitz Arthur Jackson）	圣凯瑟琳南部选区
德里克·弗拉维娅斯·凯利埃尔（Derrick Flavius Kellier）	圣詹姆斯南部选区
肯尼斯·维克姆·麦克尼尔（Kenneth Wykeham Mcneil）博士	威斯特摩兰西部选区
纳塔莉·盖伊·内塔（Natalie Gaye Neita）	圣凯瑟琳中北部选区
菲利普·费尼·保罗韦尔（Phillip Feanny Paulwell）	金斯敦西部与皇家港口选区
迈克尔·阿舍·菲利普斯（Mikael Asher Phillips）	曼彻斯特西北部选区
彼得·戴维·菲利普斯（Peter David Phillips）	圣安德鲁中东部选区
罗伯特·狄克逊·皮克斯吉尔（Robert Dixon Pickersgill）	圣凯瑟琳西北部选区
埃翁·卡尔·雷德曼（Evon Carl Redman）	圣伊丽莎白东北部选区
朱利安·杰伊·罗宾逊（Julian Jay Robinson）	圣安德鲁东南部选区
迈克尔·安东尼·斯图尔特（Michael Anthony Stewart）	曼彻斯特南部选区
列夫·罗纳德·乔治·斯韦茨（Rev. Ronald George Thwaites）	金斯敦中部选区
德维恩·弗朗斯西科·St. 迈克尔·巴斯（Dwayne Francois St. Michael Vaz）	威斯特摩兰中部选区
维克多·道格拉斯·赖特（Victor Douglas Wright）	特里洛尼北部选区

资料来源：牙买加政府信息网站，http://jis.gov.jm/media/OPPOSITION-MEMBERS.pdf。

牙买加

第六节　司法机构

在牙买加，最高法院、上诉法院、初审法院和专门法庭组成司法机构，这些不同级别的法院或法庭的法院院长需在总理提名且征得反对党的同意后，经总督任命方可正式就职，各级法院院长的任期不限。牙买加还设有司法事务委员会，也是司法机构的重要组成部分。

在牙买加的司法机构中，最高法院是级别最高的法院，最高法院的大法官包括首席法官、一名高级法官和一些下级法官，这些下级法官人选的产生必须符合议会的规定。根据司法委员会的建议，牙买加总督可以任命下级法官。牙买加宪法规定，各级法官可以随时辞职，法官的年龄一般不能超过65岁，年满65岁后，只有工作中有卓越贡献、具备深厚法律知识底蕴、才华横溢的法官，经过总督的特批后，才可以在法院中继续工作，一直干到67岁。最高法院院长是布赖恩·赛克斯（Bryan Sykes），2018年就职。

牙买加的上诉法院由一名院长、一名首席法官、三名其他法官和一些由议会规定的其他法官组成，根据总理的建议，牙买加总督任命一名最优秀的法官担任上诉法院院长，具体负责上诉法院的日常工作和召开相关会议。除院长外，总督根据司法事务委员会的建议来任命其他法官。在裁决任何案件时，上诉法院参与案件审理与裁决的法官人数必须是单数，并且法官的总数不得少于3人。上诉法院院长是丹尼斯·莫里森（Dennis Morrison），2016年就职。

牙买加司法事务委员会由最高法院法官、上诉法院院长、公众事务委员会主席和按照相关规定指定的3名成员组成，该委员会的主席由最高法院院长担任。

除了上述司法机构之外，牙买加还设立了一些辅助性的司法机构，如地方法院（Resident Magistrates' Court）、税务法院（Revenue Court）、家庭法院（Family Court）和交通法院（Traffic Court）等，这些司法机构共同组成了牙买加的司法体系，确保司法工作的顺利开展，为牙买加国家和社会营造良好的社会秩序。

第三章 政　治

长时间以来，英国枢密院是牙买加的终审司法机构。2015年4月16日，由加勒比共同体国家共同组建的加勒比法院（CCJ）正式宣告成立，这个法院的总部位于特立尼达和多巴哥的首都西班牙港，加勒比法院就取代了英国枢密院，成为加勒比共同体国家的最终上诉法院。

第七节　主要政党与重要社团组织

一　政党制度

政党是牙买加政治生活的重要组织形式，牙买加不同的利益集团都支持跟自身利益相近的政党，这就使牙买加存在政治纲领不尽相同的政党。目前，牙买加国内存在十多个政党，规模较大的是两个政党——牙买加人民民族党和牙买加工党，故此，牙买加仍然是两党制国家。在成立之初，这两个政党的政治纲领有一定的相似之处，后来分歧较大，渐渐都代表了不同的利益集团，通过竞选来谋取执政党地位。人民民族党和牙买加工党走的都是联盟路线，故此，这两个政党的党派立场有时会发生一定的变化，政治纲领有时会有所调整。

同比较成熟的两党制国家相比，尤其是英国和美国，牙买加的两党制有着相应的政治特色，政党组织主要通过家族来展开，呈现极强的家族特色。这两个政党都与特定的家族有着密切联系，担任国家领导的政党领袖或政党精英，都出自一定的家族或某个家族，牙买加早期的五位总理基本上都存在血缘关系。由于政党成员内部都存在一定的关系或千丝万缕的联系，这两个政党的成员，都对各自支持的党派绝对忠诚，类似于家族管理，通过对自己家族的忠诚来实现对组织的忠诚。由于所代表的利益集团不同，两党之间往往存在激烈的冲突，大选临近前或进行大选时，有时就会爆发激烈的政治对抗，如1980年的大选就爆发了最为严重的冲突，这次冲突中大约有700人失去了生命。

牙买加

二 主要政党

人民民族党 人民民族党由牙买加著名的工人运动领袖巴斯塔曼特创建，成立于1938年9月，成立时提出的口号是实现普选，随后，牙买加著名律师诺曼·曼利加入人民民族党，渐渐地，他就成为该党派的实际领袖。当前，人民民族党拥有的党员人数约为12.5万，代表牙买加中产阶级的利益，中产阶级包括民族资产阶级、城市工人和知识分子等，人民民族党的政治纲领得到了小资产阶级、城市工人、矿工等中下阶层人民的支持与拥护。

人民民族党的政治纲领发生了多次改变。刚刚成立不久，诺曼·曼利在取得了该党的领导地位之后，便宣布本党的纲领是实施普选、修改宪法和支持工会组织。1940年，人民民族党宣布主张"社会主义"纲领，把"一个符合当地需要和可能的温和的社会主义纲领"作为本党的执政纲领，来呼吁牙买加民众的支持。20世纪70年代，迈克尔·曼利当选为党主席后，面对牙买加客观的经济形势，大幅度调整人民民族党的政治纲领，提出了"民主社会主义"的政治路线。这一纲领提出后不久，人民民族党内部就因为政见不同而发生了分裂，出现了"温和派"和"激进派"。激进派以人民民族党的前任总书记邓肯为首，持比较激进的政治立场，实施激进的社会改革，对内主张实行国有化，彻底消灭资本主义，进而建立起真正的社会主义国家；对外主张与苏联建立友好关系，争取苏联的援助来抵制美援。温和派则坚持之前的"民主社会主义"路线，照顾私人企业和中小企业，进而发展牙买加的民族经济；对外政策也比较温和，持中立立场，继续争取美国的援助，与美国保持一定的关系，对苏联则怀有戒心，有所保留地接受来自苏联的援助。1989年大选结束后不久，人民民族党又对此前坚持的"民主社会主义"纲领进行了调整，执行"调和的中间路线"政策，提出了"以人民为先"的选举口号，以换取选民的支持。

1944年，牙买加举行了第一次大选，人民民族党在选举中失利，直到1955年大选，人民民族党才首次获得大选的胜利，成为执政党。1959

第三章 政 治

年的选举，人民民族党又获得了胜利，但是，在随后的执政进程中，人民民族党为了让牙买加实现自治，接受了英国的安排，加入了英属西印度联邦，这一举措激起了牙买加民众的反对，直接影响了随后的选举。1961年，牙买加就是否留在英属西印度联邦举行了全国公投，投票的结果是绝大多人赞成退出英属西印度联邦。1962年的大选，由于前期的政策不合人心，人民民族党在大选中败于牙买加工党。成为在野党的人民民族党随后进行了政治改革，新任党主席迈克尔·曼利提出了资产阶级的改良主义纲领，计划推行经济和社会改革，这一调整使人民民主党在1972年的大选中获胜，再次获得执政党地位。1976年12月大选中，人民民族党获得了连胜，得以继续执政，但是，随后人民民族党走上了亲苏、亲古的发展道路，在国际上开始支持苏联和古巴，跟美国进行对抗；国内计划按照古巴模式来发展经济，走激进的过渡路线，这些政策引起了牙买加民众的不满，在1980年的大选中，人民民族党遭到了惨败。这一失利使人民民族党长时间处于在野党地位，直到1989年2月的大选才获得了胜利。再次执政后，人民民族党对"民主社会主义"纲领进行了大幅度调整，开始发展自由市场经济，重视私营企业的作用，提升民族资产阶级的政治地位。2007年大选中，人民民族党被牙买加工党击败，失去了执政党地位。2011年大选中，人民民族党吸取了前期的经验教训，结果，人民民族党在12月29日举行的全国大选中取胜，在63个众议员席位中，人民民族党赢得了41个席位，随后上台执政，但在2016年的大选中，人民民族党又被牙买加工党击败。现任党主席是牙买加杰出的女政治家辛普森-米勒夫人。

牙买加工党 牙买加工党是与人民民族党鼎足相对的政党，创始人仍然是巴斯塔曼特。该政党的前身是牙买加巴斯塔曼特产业工会。在人民民族党工作期间，巴斯塔曼特与其表兄弟诺曼·曼利发生了政治分歧，不久他就退出了人民民族党，在巴斯塔曼特产业工会的基础上，他于1943年7月创立了牙买加工党。牙买加工党自诞生之时起就代表大农场主和大资产阶级的利益，同时也获得了部分城市工人和农村蔗糖工人的支持，这个政党在牙买加也有较大的政治影响力，在大选中屡次获

牙买加

胜，多次成为执政党。

同人民民族党一样，牙买加工党也根据国内经济形势的变化，不断调整本党的政治纲领。1951年，牙买加工党修改了本党的政治纲领，公开宣称工党是"建立在基督教原则上的，坚持民主主义的最高思想"，以坚持自由民主政体、重视私人企业的作用、发展民族经济和提升社会福利为政治纲领。牙买加工党调整后的政治纲领，表面上看有助于保护工人和中下层民众的利益，但实际上，工党所制定的政策仍然以维护大资产阶级的利益为主，在对外政策上则执行亲美、亲英的路线，这些政策逐渐引起了牙买加民众的不满。由于政治纲领与所制定的经济政策存在不一致的原因，牙买加工党内部随后出现了分化，这个党派的政治力量不断削弱。1974年，牙买加工党举行了第31届年会，爱德华·西加出任党主席，他对牙买加工党的领导机构进行了改组，对工党的纲领又进行了修改，提出了"民族主义"的口号，以应对人民民族党提出的"社会主义"口号的挑战。

在大选中，牙买加工党始终是人民民族党最强劲的政治对手。在首次大选中，即1944年，牙买加工党就战胜了人民民族党，成为执政党，一直执政到1955年，在随后的大选中被人民民族党击败。在独立之后的大选中，牙买加工党再次获胜，一直执政到1972年。这次执政期间，牙买加工党的执政路线不断"右转"，极度维护大资产阶级和买办资产阶级的利益，对民众的进步活动进行镇压，经济发展政策也出现了偏差，过度发展旅游业、轻视农业，随后出现了粮食供应短缺，不得已就依赖进口。在对外政策上，牙买加工党执行亲西方路线，过度依赖外资，把国内的铝土资源廉价卖给美国的跨国公司。1962年牙买加独立后不久，工党政府就于1963年同美国政府签订了军事协定，同意美国军事人员在牙买加驻扎，让美国军事人员在牙买加领空和领海范围内自由巡逻；1964年，工党政府又同英国政府签订军事协定，加强同英国的合作，同意英国军事人员训练、指挥和管理牙买加军队。牙买加工党政府的对外政策有损于民族独立和领土主权，逐渐引起了民众的不满，1972年的大选，牙买加工党遭到了前所未有的惨败。这次失利后，直到1980年，牙买加工党才卷土重来，战胜了人民民族党，再次成为执政党。工党执政后，在对外政策上仍然执行亲西方路线，与西方阵营保持亲密关系，仇视社会主义阵营。随后的国际形势不断发生变化，牙买加工党才改变了对外政策。随着中国的国际地位的不断提升，工党也调整了对华政策，积极与中国政府发展外交关系。在1989年的大选中，牙买加工党再次被人民民族党击败，直到2007年才战胜了人民民族党，取得执政地位。2011年的大选，牙买加工党被人民民族党击败。在2016年的大选中，工党获胜，再次获得执政党地位，现任党主席是安德鲁·迈克尔·霍尔尼斯。

牙买加工人党（Workers Party of Jamaica） 这个政党是在1974年组建的工人解放联盟的基础上成立的，1978年12月17日更名为牙买加工人党。牙买加工人党的党员主要来源于知识分子，在大学生集体中有较大影响。这个政党的宗旨是在牙买加为建设社会主义和共产主义而奋斗，加强牙买加的进步运动，进行反对帝国主义的斗争。牙买加工人党曾是人民民族党的政治联盟，20世纪70年代牙买加工人党支持执政党人民民族党积极发展同古巴的对外关系。1990年，牙买加工人党宣布放弃马克思列宁主义思想。

牙买加共产党（Communist Party of Jamaica） 牙买加共产党成立于1975年8月，在成立之初声明支持1975年从古巴首都哈瓦那找来的"拉美和加勒比共产党会议的宣言"，但这个政党并没有明确的政治纲领，规模也不是很大，成员人数也不太多。

新牙买加联盟（New Jamaica Alliance，简称NJA） 新牙买加联盟是当前的一个反对党，成立于2002年6月，由全国民主运动（NDM）、牙买加共和党（RPJ）和牙买加全国统一联盟（JANU）合并组成。

三 重要社团组织

工会组织 牙买加有两大工会组织，其中，巴斯塔曼特产业工会（BITU）隶属于牙买加工党，国家工人联合会（NWU）隶属于人民民族党。这两个工会组织代表工人同政府机构进行谈判，在保护工人权益方面发挥了重要作用。

牙买加

牙买加商会（Jamaica Chamber of Commerce） 牙买加商会位于首都金斯敦，是重要的商业协会组织。

牙买加促进公司（Jamaica Promotions Limited，简称 JAMPRO） 牙买加促进公司也位于首都金斯敦，是一种贸易企业联合组织。

中华会馆（Chinese Benevolence Society） 中华会馆是生活在牙买加的华人建立的唯一一个为全体牙买加华人移民服务的组织，它的基本功能包括组织集体行动保护社区利益、传播来自中国的各种新闻、相互援助、照料年长力弱者、制定相关规章以及协调不同集团的利益。从1928年开始，到二战结束，中华会馆发动华侨以各种方式支援祖国的抗日战争。

第四章

经　　济

第一节　概况

在加勒比英联邦国家中,牙买加的经济规模相对较大,是这一地区的第二大经济体,当前的国内生产总值仅次于特立尼达和多巴哥,远高于加勒比英联邦国家的其他成员方。牙买加的经济发展史,同拉丁美洲和加勒比地区其他国家的发展历程很相似,殖民地时期,牙买加的经济发展主要服从、服务于西班牙和英国,以单一的种植园经济为主,通过原材料的出口来满足宗主国的需求。独立后,在劳尔·普拉维什经济思想的指引下,牙买加开始了进口替代工业化的初步尝试,建立相应的工业体系,改变单一的种植园经济体系,尝试改变工业制成品依赖进口的局面,随后又实行了高级进口替代以及出口导向的发展策略。这些尝试取得了一定成效,牙买加的经济结构得以改善,建立起了制造业体系,旅游、保险、金融等第三产业得以发展。进口替代工业化发展到一定阶段之后,同其他国家一样,牙买加的经济发展也出现了停滞,国际经济学界对拉美国家的进口替代工业化发展策略提出了反思与批判,新自由主义的发展思想开始弥漫。20世纪90年代,按照新自由主义思想的指导,牙买加也开始了新自由主义改革,实施私有化政策,鼓励自由贸易,牙买加的经济又出现了复苏,随即呈现了强势增长的势头,但这种增长势头并没有持续太长时间。新自由主义的货币政策、财政紧缩导致经济增长乏力,加之持续受到旱灾和飓风等自然灾害的影响,国际上受到1998年东南亚金融危机的影响,20世

牙买加

纪90年代末期，牙买加的国民经济出现了负增长的态势。进入21世纪以来，牙买加经济开始复苏，出现了缓慢增长，总体上看，发展势头比20世纪90年代末期要好一些，这种发展态势持续了六七年。

西班牙殖民者到来之前，生活在这里的阿拉瓦克人主要以渔猎为生，这些土著还使用简单的工具来种植棉花。西班牙殖民者到来后，尤其是英国进行殖民统治后，牙买加被纳入了殖民地经济圈，传统的经济生活发生改变，牙买加的经济结构就以出口一两种初级产品为主，本地的各种资源也没有得以开发和利用，在长达3个世纪的殖民统治期间，牙买加的经济结构一直没有改变，以单一的种植园经济为主，以及围绕着种植园经济作物开展简单的农产品加工业务，把制成品廉价卖给宗主国，工业制成品基本上都依赖进口。在尝试了几种经济作物之后，英国殖民者发现牙买加比较适宜种植甘蔗，到17世纪末期，甘蔗种植园开始大范围兴起，18世纪牙买加的甘蔗种植园规模很大，围绕着甘蔗出现的制糖业，也颇具规模，这种单一的种植园经济就打下了牙买加经济发展的基础。随后由于国际上糖价不断下跌、黑人奴隶解放后自由劳动力的不断减少、劳动力成本开始上升，牙买加的甘蔗种植园逐渐衰落，为了维护宗主国的利益，继续维持这种单一的种植园经济结构，英国殖民者又开始尝试在牙买加种植香蕉和咖啡之类的热带经济作物，其中咖啡渐渐成为最主要的经济作物，成为主要的出口创汇产品，咖啡产业也成为牙买加重要的经济支柱，蓝山咖啡已经成为国际知名品牌，出口到多个国家。

第二次世界大战结束后，牙买加开始了进口替代工业化的初步尝试。1962年独立后，为了摆脱对宗主国的依赖，牙买加的进口替代工业化出现了高潮，执政党和政府都树立了支持民族经济发展的指导思想，尝试建设制造工业体系，重点扶持铝土、制糖、农业等支柱产业，并积极发展金融、旅游之类的服务业，在执政党的积极努力下，牙买加的国民经济得以初步发展，经济结构也开始出现多元化态势。但是，自20世纪70年代以来，牙买加的国民经济结构仍然不均衡，矿产品出口和旅游业的比重过大，农业、制造业和金融保险之类的第三产业比较脆弱。为了优化经济结构，20世纪80年代以来，牙买加政府加大了经济改革力度，鼓励发展私人企业,鼓励私人资本进入经济领域,以增加经济活力,牙买加政府也开始了私有化的尝试,对贸易政策也进行调整,允许自由贸易,牙买加经济发展进入了高级进口替代工业化阶段,建筑业、矿业开采高速发展,牙买加国民经济一度出现高速增长态势,但随后增长态势停止,经济发展出现了停滞,这种经济发展政策就受到了质疑。

20世纪90年代以来,拉丁美洲和加勒比地区开始新自由主义改革的尝试,新自由主义理论成为引导这一地区相关国家经济发展的指导思想,牙买加也开始了新自由主义改革的历程。按照新自由主义的经济理论,牙买加政府开始减少对经济生活的干预,推进市场自由化改革;在金融领域,牙买加政府开始取消固定汇率制,实行浮动汇率制度,以稳定牙买加货币,严格财经纪律,加快资金流动,降低国内的通货膨胀率;对外政策方面,牙买加政府鼓励出口,降低关税,取消对外资准入的限制,以吸纳更多的外国资本。这些改革,使牙买加的国民经济增加了一些活力。1992年人民民族党领袖帕特森就任总理后,牙买加新自由主义经济改革达到高潮。帕特森总理抛弃了人民民族党以前比较激进的执政思想,积极推行国有企业私有化改革,放松对价格体系的管控,加大税制改革力度,牙买加的宏观经济开始复苏,并呈现缓慢增长的势头。此前一直困扰政府的通货膨胀得到了有效遏制,1991年牙买加的通货膨胀率为80.2%,1998年就降低为7.9%,1999年则降低为6.1%,价格指数保持在合理区间。但好景不长,过于紧缩的财政政策和严格的货币政策使牙买加的经济增长缺乏后劲,后继增长乏力,从1996年开始,牙买加经济增长出现了停滞,1997年经历了严重的旱灾,1998年东南亚金融危机造成了全球性经济衰退也严重影响了牙买加,到1999年,牙买加的国民经济接近溃崩。2000年,这种严峻的经济形势才发生改变,这一年牙买加的国民经济增长了0.8%,2001年国民经济增长率达到了1.5%,这意味着牙买加经济告别了停滞状态,跨入了新的发展区间。

旅游业的飞速发展,给牙买加的经济增长提供了发展引擎,在旅游业的驱动下,2003年牙买加GDP的增长率达到了2.3%。2004年,牙买加连续遭受到飓风"查理"(Charley)和"伊万"(Ivan)的袭击,国内的

牙买加

主要农作物甘蔗、香蕉、柑橘和咖啡的种植都遭受到重大损失，当年的经济增长率为1.0%。2005年，牙买加仍然受到不利的气候条件影响，经济增长率为1.4%。2006年，国际上对牙买加矿业资源需求大幅度上升，牙买加的经济增长率比前几年高一些，达到了2.7%，是进入21世纪以来经济增速最快的一年。2007年，飓风"迪安"又不期而至，持续的降雨影响了农作物的生产，这一年牙买加的经济增长率又开始下跌，仅仅是1.2%。2008年和2009年牙买加的经济增长出现一定程度的反弹，随着非传统出口农作物的恢复和采掘业的发展，货物和服务出口有所增长，2008年和2009年年平均增长率为2.7%，最近15年以来首次超过2.5%。

2010年，席卷全球的经济危机蔓延到了牙买加，联合国拉丁美洲及加勒比经济委员会7月21日发布的《2009－2010拉丁美洲及加勒比经济研究》报告显示，2010年牙买加经济增长率仅为0.5%，远远低于拉丁美洲及加勒比整体经济5.2%的增长率水平，其主要原因是牙买加受重债拖累。2011年，牙买加的经济增长率也不太理想，经济增长的主要驱动力量为农业和铝矾土生产，增长率仅为1.5%。2012年是牙买加历史上具有决定性意义的一年，人民民族党在大选后重新执政，为扭转经济高负债、低增长的局面，牙买加政府制订了实现经济增长的战略计划，包括营造良好的商业环境、实现能源来源多样化、拟上调税率以增加政府收入、设立文化和创意产业国家委员会、加大吸引外资力度、支持小微企业发展、加快私有化进程等，旨在通过改革实现经济高增长和可持续发展。但政府的各项努力并没有收到预期效果，经济增长率仅仅为1.2%，全年GDP为7299亿牙买加元（约合78.5亿美元），同比下降0.3%。

2013年1月6日，牙买加总理辛普森－米勒通过电视向全国发表执政演说，介绍了2013年政府主要工作，包括进一步加强基础设施建设、进一步扩大旅游业投资规模、鼓励投资信息和通信领域，进一步提高教育发展水平、进一步扩大农业生产、推动文化产业新发展，进一步坚定理想信念等，通过增强民族信心来促进经济增长。同时，经过近一年的努力争取，2013年4月30日，IMF董事会批准了向牙买加提供为期4年、总额为9.58亿美元的中期贷款工具（Extended Fund Facility，简称EFF）。同时，世界银行和美洲开发银行各向牙买加提供约5.1亿美元的贷款额度。在国内外双重因素的共同刺激下，牙买加国民经济停止了下滑的势头，经济增长率为1.2%。2014年牙买加政府继续改革之旅，主要包括税务改革、财政规则、公共部门改革－提高效率、公共金融管理和预算过程改革、金融部门改革和社会支出改革等，但受制于国内业已存在的问题，牙买加的经济增幅不足1%。

2015年2月19日，牙买加总督帕特里克·艾伦在2015/2016财年议会开幕式上发表题为《发展伙伴计划：包容性增长，扩大机遇》的施政报告；3月12日，牙买加财政与公共服务部部长在议会预算辩论启动仪式上发表《夯实增长基础，扩大发展机遇》的演讲。两份报告均回顾了2014/2015财年牙买加取得的成就，阐述了2015/2016财年牙买加将实施的经济措施。实现持续增长和创造就业是牙买加面临的首要任务。根据两份报告，2015年度，为提高经济增长潜力，巩固经济增长基础，牙买加政府以促进包容性增长和扩大发展机遇为目标，深化金融部门改革，提高金融包容性；加快公共部门转型，提高运行效率；继续进行劳动力市场改革，释放劳动活力。牙买加统计局最新数据显示，2015年第四季度牙买加经济增长0.7%，商品生产业和服务业分别增长1.2%和0.6%。商品生产业方面，制造业增长6.2%，建筑业增长0.6%，主要表现在饮料烟草子行业的增长上，同时酒店建设持续发展，基础设施及民用修复工程增加。服务业方面，除政府服务下降0.1%外，其他行业均实现增长，增速由高到低分别为：水电供应4.5%，住宿餐饮1%，其他服务业0.7%，金融保险0.6%，房屋租赁等商务活动0.5%，运输、仓储和通信0.4%，批发零售及机械维修0.3%。牙买加2015年全年经济增速为0.8%。据中华人民共和国商务部驻牙买加参赞处网站6月16日发布的消息，BMI研究所在《拉美监测》发布的牙买加经济预测报告显示，2016年，受私人消费回流影响，牙买加当前实际GDP增长由2015年的1.4%提升至1.6%。此外，严格的汇率管控使未来几个月牙买加元贬值呈温和下降态势。受2015年财务重组影响和对通货膨胀的抑制，政策制定者想要牙买加元贬值的动机大幅消除。同时强劲投资回流和广泛提升的经济前景展望

也为牙买加元提供了强有力的支撑。投资者对政府换届产生的担忧也因最近的政策宣讲得到舒缓。新一届政府总理安德鲁·霍尔尼斯已经把提高营商环境放到政府工作首位。① 2016 年,世界银行认为本年度牙买加 GDP 的增长率达到了 1.7%,并预计 2017 年的 GDP 增长率会达到 2.0%。②

总之,自独立以来,牙买加的经济增长呈现起伏不定的态势,经济增长持续一段时间,肯定会出现停滞甚至是负增长,随后政府开始调整经济政策,国民经济又开始缓慢增长,呈现周期性特征。客观而言,进入 21 世纪后,牙买加的经济情况有所好转,保持着缓慢增长,但是,牙买加的宏观经济结构并没有得以优化,经济结构的调整力度不够,国内经济仍然依靠几种支柱产业,工业体系不完善,制造业发展程度很低,国民经济的对外依存度始终较高,绝大多数工业用品都依赖进口。进出口货物的价值长期不均衡,导致牙买加始终存在经常项目的贸易逆差,给政府带来了沉重的债务负担;国内社会问题依然突出,失业率和犯罪率居高不下,贫富差距严重,这都是牙买加政府需要解决的社会问题。2013 年牙买加主要经济指标见表 4-1,牙买加 GDP 增长情况 (2010~2014 年) 见表 4-2。

表 4-1　2013 年主要经济指标

单位:亿美元

GDP	129.1	人均 GDP	5228 美元
经济增长率	1.2%	通货膨胀率	9.7%
旅游业收入	20.77	汇率	1 美元 = 110 牙买加元
财政收入	30.58	财政支出	32.82
财政赤字	2.24	平均周收入	185.4 美元
进口	62.186	出口	15.599
吸引外资	5.67	增速	15.7%
外债	176.2	外债占 GDP 比例	136.4%

---

① 中华人民共和国商务部驻牙买加经商参处网站,http://www.mofcom.gov.cn/article/i/jyjl/l/201606/20160601339663.shtml。

② 世界银行网站,http://www.worldbank.org/en/country/jamaica/overview。

续表

就业人数	110.9万	失业率	14.9%
外汇储备	10.478	侨汇	20.65
银行贷款利率	17.49%	银行存款利率	0.98%
石油进口	854万桶	发电量	4141.6千兆瓦时
固定电话	24.8万部	移动电话	279.6万部

表4-2 牙买加GDP增长情况（2010~2014年）

年份	GDP(百万牙买加元)	GDP增长率(%)	人均GDP(牙买加元)
2010	724100	-1.5	269100
2011	734200	1.7	272000
2012	730800	-0.6	269900
2013	732200	0.6	269700
2014	735300	0.4	270300

资料来源：中华人民共和国商务部驻牙买加经商参处网站，http://www.mofcom.gov.cn/。

第二节 农业

一 种植业

牙买加境内多山，可供利用的耕地并不太多，牙买加国土面积为10991平方公里，其中耕地面积约4490平方公里（截至2009年），占总面积的40.85%，随着建设用地的不断扩张，过去10年（截止到2013年），牙买加耕地面积减少了约2.2%。[①] 岛内气候属热带雨林气候，日平均气温26℃~32℃，年平均降雨量2000毫米左右，比较适宜农业耕作。

---

① 中华人民共和国商务部驻牙买加经商参处网站，http://www.mofcom.gov.cn/article/i/dxfw/nbgz/201307/20130700202740.shtml。

牙买加

农业曾经是牙买加的第一产业，这与牙买加的经济结构息息相关。随着进口替代工业化政策实施以来，牙买加的其他产业得以发展，农业的重要性开始缓慢下降，旅游业成为支柱产业，矿业、建筑业、制造业和服务业也吸纳了大量的就业人口。新自由主义改革以后，由于牙买加蓝山咖啡的知名度不断提升，出口量大为增加，农业的重要性又得以提升，1996年农业产业吸纳了20.6万人，约占全国总就业人口的20%，吸纳就业的能力仅次于服务业。随后的几年，牙买加的农业产业不断遭受干旱、飓风、暴雨等自然灾害的侵袭，农作物的产量大为减少，农业总产值占GDP的比重不断下降。近10年来，牙买加农业产值平均占GDP总值的7.1%，农产品年出口量超过1亿美元，农业从业人员约占牙买加总劳动力人口的18.9%。据统计，1996年农业产值占GDP的比重为8.4%，2005年的产值同2004年相比，就下降了7.3%。农产品的出口金额，2004年为1.47亿美元，2005年则降为1.14亿美元。2006年的气候环境不错，牙买加的农业产值出现大幅度增长。2007年受飓风和暴雨的影响，农产品遭到重创，农产品价值出现了5%的负增长。2009~2011年，尽管受国际金融危机和自然灾害的多重影响，牙买加农业仍实现了8.2%的年均增长率，对商品服务业总产值的贡献从5.7%上升至6.3%，农业生产指数从106.2上升至117.6。2011年，牙买加农业实际附加值同比增长10.6%，占GDP的比重为6.6%。2012~2015年，牙买加政府制定了关于农业发展的中期经济社会发展框架，根据这个框架文件，牙买加政府确立了农业发展的优先和重点任务，包括：进一步加强农业基础设施建设，通过农业园区建设提高农产品附加值，加大农业研发的投入力度，增强市场开拓能力，加快推进糖业、香蕉业、渔业和畜牧业发展步伐，提升国家食品安全，实施与环境和气候变化相适应的产业发展措施。受干旱影响，2014年牙买加农业、林业、渔业表现不佳，农业、林业和渔业完成实际增加值488.24亿牙买加元（约合4.3亿美元），同比下降0.4%，产出约占GDP的6.6%。上半年同比增长17.2%，但下半年因干旱影响同比萎缩17.7%。牙买加规划院农业生产指数显示，传统出口农作物和畜牧业分别增长30.5%和4.4%，其他农作物、农产品加工业和渔业分别减产7.6%、

25.0%和0.7%。①

  牙买加的农产品都是热带农作物,主要产品有甘蔗、香蕉、椰子、柑橘、咖啡、可可、烟草和胡椒等,这与牙买加的气候条件和所处的地理环境有关。早期甘蔗和香蕉是主要的出口农产品,后来咖啡也成为重要的出口产品,并具有较高的国际知名度。牙买加的农业发展结构也不均衡,甘蔗、香蕉、咖啡等经济作物的种植面积过大,但粮食作物的种植面积不足,粮食供应不足。为了改变这种不均衡的状况,近年来牙买加引进了非传统经济作物,扩大了玉米和水稻的种植面积,但粮食产量仍然不能满足牙买加国内需求,一些重要的主食和副食产品,如面粉与大米,仍然依赖进口。

  甘蔗是牙买加最传统、最重要的农作物,在牙买加被称为"农业金子",与甘蔗有关的蔗糖产品也是牙买加传统的出口农产品。牙买加成为西班牙殖民地之后,殖民者根据牙买加的地理环境和气候,在尝试了几种经济作物之后,发现甘蔗最适宜这片土地,于是,甘蔗就开始广泛种植。英国殖民者统治牙买加之后,甘蔗种植园大范围兴起,英国殖民者还引进了制糖技术,在牙买加成功炼制出纯度较高、质量上乘的蔗糖,自此以后,甘蔗种植和蔗糖制品就成为牙买加的支柱产业,蔗糖制品就成为出口创汇的主要来源,最高峰时,蔗糖的出口额占到牙买加出口总额的一半以上,这一阶段,牙买加的蔗糖基本上都出口到英国本土。二战以后,牙买加的甘蔗种植面积又不断扩大,蔗糖产量也不断提升,二战前蔗糖产量每年约为8.6万吨,1946年增加至14.9万吨。20世纪60年代甘蔗种植面积约占牙买加全部可耕地面积的25%,达6万多公顷,蔗糖生产量达51.5万吨。随后,牙买加的经济结构开始调整,为了优化农产品的内部结构,蔗糖的种植面积开始慢慢缩小。80年代,牙买加甘蔗的种植面积锐减到4万公顷,蔗糖年产量也下降为19.3万吨;90年代以后,受到自然灾害的影响,以及国内经济不景气的客观情况,蔗糖产量持续下滑,

---

① 中华人民共和国商务部驻牙买加经商参处网站,http://jm.mofcom.gov.cn/article/ztdy/201509/20150901098083.shtml。

牙买加

2003年的产量下降至12.5万吨。在随后的国际环境中,由于服从于西方国家经济利益圈的要求,牙买加不得不从别的国家进口一些蔗糖。

独立以后,牙买加的蔗糖主要出口到美国和欧盟地区。为了把牙买加的甘蔗和蔗糖制品纳入西方经济圈,欧盟国家把牙买加、一些非洲国家、加勒比地区、太平洋岛屿上的18个蔗糖生产国组成一个集体,即ACP蔗糖生产国。为了满足欧盟国家对蔗糖制品的整体需求,欧盟同ACP蔗糖生产国签署了《洛美协定》和《科托努协定》,欧盟地区给包括牙买加在内的国家的蔗糖出口提供特殊的优惠价格补贴政策。美国针对加勒比的蔗糖市场,也采取了相应的措施,它同牙买加等加勒比国家签署了加勒比盆地协议,也为加勒比地区的国家生产的蔗糖出口提供特殊的优惠价格补贴政策。按照这些协定,牙买加每年生产的蔗糖制品,全部出口到美国和欧盟地区,其中对美国的出口份额占出口总量的15%,剩余的85%全部出口到欧盟地区。2005年牙买加拥有的5家国营和2家私营甘蔗种植和蔗糖生产企业,基本垄断了牙买加全部甘蔗种植和蔗糖生产。2008年牙买加蔗糖制品出口金额为1.04亿美元,2009年则锐减为0.72亿美元,基本上都出口到英国和美国这两个国家。2010~2011年度榨季蔗糖产量达134302吨,同比增加14.6%,其出厂价格为47925牙买加元(约合557美元)/吨,同比增长18%。2011年蔗糖出口110705吨,创汇6430万美元,同比分别增长19%和40%,其中85.3%的蔗糖销往欧盟。2013年牙买加蔗糖产量为1402564吨,共炼制出蔗糖122835吨,出口金额为0.712亿美元。2014年产糖14.32万吨,出口8.85万吨,同比增长7.3%;创汇6534万美元,同比减少8.3%;出口欧盟7.75万吨、美国1.1万吨。[①]

香蕉是牙买加重要的农产品,也是传统的出口产品,牙买加香蕉的出口创汇能力,仅次于甘蔗。香蕉是英国殖民者在种植甘蔗之后引入的第二个农产品,很快牙买加就成为加勒比地区重要的香蕉种植地区。由于气候优越,适宜香蕉种植与生长,牙买加的香蕉出口量在1876~1925年,一

---

① 中华人民共和国商务部驻牙买加经商参处网站,http://jm.mofcom.gov.cn。

直居于世界首位。随后,牙买加的香蕉种植产业遭遇到困难时期,在香蕉的种植过程中,巴拿马病和叶斑病大范围传播,给香蕉带来致命的袭击,牙买加的香蕉产量大幅度降低,加之香蕉产业需要相对较高的养护与运营成本,牙买加的香蕉行业遭遇到前所未有的困境,一些种植园主无力继续种植香蕉,使香蕉的出口创汇能力又被蔗糖所超越。20 世纪末期以来,香蕉产业由于经营成本过高,一些蕉园无力维持,出口创汇连年呈下降之势,整个行业处境堪忧。1997~2004 年,牙买加香蕉产量从 8.74 万吨降到 2.76 万吨,出口创汇从 4500 万美元降到 1300 万美元。据报道,牙买加岛内最大的香蕉经销商爱尔兰香蕉公司法伊夫(Fyffes Plc)向牙买加政府陈述了牙买加香蕉业面临的严峻局势,并对该产业的发展现状表示担忧,法伊夫公司陆续关闭了维多利亚香蕉农场和东部香蕉产业园。在这两家产业中,法伊夫公司均拥有 40% 的股份,牙买加政府在这两家农场中亦持有 5% 的股份,另外 55% 的股份归牙买加最大的香蕉生产商和出口商——牙买加土产公司(Jamaica Producers Group)所有。除此之外,牙买加土产公司还拥有位于圣·玛利区的第三家香蕉园百分之百的股份。上述三家香蕉园的出口量占了牙买加全国香蕉出口的 90% 强。法伊夫公司的两个香蕉园在 2000 年和 2001 年严重亏损。作为一家公开的上市贸易公司,法伊夫公司对其投资者予以最大限度的回报负有责任。此外,令其感到不安的是,在过去两年里,其旗下的两家香蕉园是靠股东的财政支持在支撑着,现在股东们已无力、无意继续扶持这些颓势的蕉园了。法伊夫公司的情况反映了牙买加整个香蕉业的处境。

为了振兴香蕉产业,2003 年牙买加政府和欧洲委员会(EC)签订了一份特别框架援助协定(Special Framework Assistance,简称 SFA),欧洲委员会向牙买加香蕉产业提供了一笔 3.52 亿牙买加元(约合 440 万欧元)的无偿援助。2005 年 3 月 18 日,牙买加政府又和欧洲委员会签署了另一份特别框架援助协定,根据这份协定,欧洲委员会向牙买加政府提供一笔总额高达 3.86 亿牙买加元(约合 483 万欧元)的无偿援助,以帮助牙买加恢复去年"伊凡"飓风所造成的损失。据牙买加有关部门统计,自 1996 年以来,欧洲委员会向牙买加香蕉产业提供的资助已经超过 30 亿

牙买加

牙买加元。2009年,牙买加政府出台新政策扶持香蕉小农户,以确保小农户享有国内市场销售的利益。2012年牙买加受到台风桑迪、香蕉黑条叶斑病和其他重要香蕉疾病的袭击,香蕉产量骤减,其中东部牙买加香蕉产地波特兰、圣玛丽和圣托马斯等区,受台风桑迪影响最严重,为了帮助国家香蕉种植园渡过难关,时任牙买加工业商业农业与渔业部部长罗杰·克拉克启动了一个特殊的贷款来帮助香蕉农户恢复生产。[①] 2013年9月,牙买加政府开始利用来自欧盟的资金援助,实施振兴香蕉产业发展的计划。与此同时,牙买加政府还利用欧盟的资金援助大力发展香蕉出口业,加强农场的基础设施建设,发展针对香蕉产业的崭新的信贷机制,为香蕉种植者开拓新市场。2014年12月,牙买加香蕉产量增长了21.7%,约有1400个农民已经掌握了提高香蕉产量的生产技术,并且学会了如何控制香蕉的黑条叶斑病。2015年,牙买加政府制定了新香蕉出口扩张计划(BEEP),努力重新恢复香蕉出口,香蕉局作为执行机构,吸引投资商对这项计划提供资金和技术支持。牙买加这项技术获得了欧盟针对牙买加香蕉配套措施(JBAMs)的资助资金。牙买加香蕉局总经理珍妮特·科尼(Janet Conie)称,牙买加政府为该计划资助2.5亿美元,还有牙买加香蕉配套措施的7650万美元。在所有岛屿香蕉种植者协会(AIBGA)管理的循环贷款资助下,牙买加每位种植香蕉的农户可以获得每公顷土地26万美元贷款,这笔贷款9个月之后偿还。[②] 除了贷款之外,2015年牙买加政府还宣布拨款140万美元,用于振兴2015~2016年度的本国香蕉产业。这项计划于4月1日正式启动,牙买加香蕉种植面积扩大到381平方公里,政府为香蕉种植户提供相关帮助。这项计划持续到2017年3月,旨在帮助农民摆脱贫困,依靠香蕉产业的发展来增加收入。

除了甘蔗和香蕉之外,牙买加最重要的农产品就是咖啡。咖啡也是牙

---

① 肖潇:《尽管台风影响,牙买加仍拒绝进口香蕉》,《世界热带农业信息》2013年第3期。
② 黄艳:《牙买加促进香蕉出口》,《世界热带农业信息》2015年第8期。

第四章 经 济

买加传统的农产品，牙买加咖啡的种植历史，可以追溯到1725年，这一年，为了尝试在牙买加种植咖啡，尼古拉·劳斯爵士从马提尼克岛屿移植了一批咖啡树，种植在牙买加的圣安德鲁地区，很快咖啡就在牙买加得以大范围推广，咖啡的产量也不断增加。1828年，牙买加咖啡的出口量就超过了2000万英镑。奴隶解放后，由于缺乏相应的劳动力，牙买加的咖啡种植受到了一些不利影响，产量有所下降。为了重振咖啡产业，提升咖啡的出口创汇能力，1932年，牙买加议会通过法律，鼓励农场主种植咖啡，以逐步摆脱国民经济对单一的蔗糖出口现状的依赖，增强对国际风险的抗衡与应对能力。在政府政策的引导下，1932年牙买加的咖啡产量大幅度提升，并创下了历史纪录，达到了1.5万吨。为了巩固这一成果，1986年牙买加政府又制定了关于咖啡种植与发展的10年规划，但市场反应平淡，此后的几年，牙买加的咖啡产量也没有明显增加，年均产量始终维持在1.3万~1.6万吨。

甘蔗（蔗糖）、香蕉和咖啡这三类农产品中，牙买加的咖啡在国际上的知名度最高，而且拥有著名的国际品牌，牙买加咖啡的产品附加值最高，也深受国际消费者的喜爱。牙买加咖啡有很多品种，其中蓝山咖啡最为著名、质量最优，也成为国际上的知名品牌，在国际上的售价也最高，这主要得益于蓝山山脉一带独特的气候与地理环境。蓝山山脉地域的平均海拔都在1800米以上，最高峰达到了2256米，这里的山区天气凉爽、气候潮湿、降水频繁，十分适宜种植咖啡。自21世纪以来，蓝山地带的咖啡种植面积有所扩大，种植面积达到了6000公顷，平均年产量约为4万袋，每年90%的咖啡制品都出口到日本，其余的出口到欧美等少数国家。蓝山咖啡之所以品味独特，与当地政府和蓝山公司的经营政策息息相关，当地政府始终坚持以品质为先的政策，宁可牺牲产量，也要保证蓝山咖啡的质量。蓝山咖啡的加工制作工艺也十分考究，加工、烘焙和包装都制定了严格详细的标准，具体到成长期需要使用哪种有机肥料都有明确的规定，收货时全部使用人工采收，牙买加是全球上唯一一个仍然采用传统木桶技术包装运输咖啡的国家。只有经过牙买加咖啡工业局规定的这一系列苛刻、细致、严格的标准鉴定，咖啡才能获得政府颁发的保证书，正式冠

牙买加

以"蓝山"的名称。①

此外,牙买加还有可可、椰子、柑橘等一些次要的农产品。

17世纪末牙买加才开始种植椰子,但直至19世纪中叶,椰子才成为牙买加主要种植作物。牙买加的大部分土壤可大规模种植椰子,海拔366米以下、年最低降雨量1270~1778毫米的地区均适于种植,主要产区为东部和东北部地区。20世纪20年代末30年代初,牙买加椰子业陷入混乱,处于停滞状态。牙买加椰子大都以鲜果和干果出口,个体经营者则生产椰干和椰油。鉴于此,牙买加于1930年成立椰子合作销售机构——椰子生产者协会,它利用会员提供的椰子生产椰干和椰油,1937年增加了肥皂生产项目。政府颁布法令扶持地方椰子业同国外同行展开竞争,并于1940年合并所有小型椰子工厂,成立肥皂和食品生产有限公司。1945年牙买加成立椰子局,它是椰子业的法定管理机构,在9名管理人员中,5名选自椰农,4名由政府委派,1959年又下设一研究机构。椰子局仍继续致力于提高牙买加椰子业的利润和效益、促进椰子生产和销售。飓风和致死性黄化病严重影响牙买加椰子的种植和生产。1988年,飓风吹坏了一半以上成龄椰树。1991年底牙买加椰子种植面积为8000公顷,植株400万株。其中,10公顷以下椰园占96%。1991年椰干产量约1.39万吨,相当于9990万个椰果。一般大椰园生产率高于小椰园,因为所有商业化农场均由私人经营,所以大椰园一般不给小椰农提供援助。

因出现致死性黄化病,椰子局将其生产的种植材料以补贴价格出售给椰农。根据椰子局实施的飓风复兴计划,在椰子种植的三年内,椰农购买化肥优惠60%。牙买加以前没有私人苗圃,1988年遭受飓风袭击后,有些种植者在椰子局的监督下建起苗圃,生产自己的种苗。椰子局咨询部通过参观农场、田间培训日、椰农家庭培训课程、发行单行本、农业示范、广播、报刊和样板田等方式,向农民推广科研成果。牙买加还将椰果进行简单加工,制作成椰干。1986~1990年,牙买加未出口过椰干,仅出口少量种果。20世纪90年代末期,当地鲜椰果市场价仅为2.50~10.00牙

---

① 《万国博览》编写组编《万国博览·美洲卷》,内蒙古人民出版社,2004,第49页。

买加元。①

牙买加椰子局科研人员从别的国家和地区尝试引进新的品种，一些尝试获得了成功，使牙买加的椰子品种不断增多。20世纪中期，牙买加种植了4种新的椰子品种，即牙买加高种、巴拿马高种、马来西亚黄矮和马来西亚红矮。牙买加高种是巴西、牙买加及中南美洲加勒比群岛各国的椰子主栽品种。其树干较细，花穗为圆球形。此品种属本地椰子品种，现已在牙买加进行商业种植。此品种果实未成熟时是绿色或棕色的长尖形的果实，果实重量比巴拿马高种椰子轻，果皮较厚且种壳呈椭圆形。厚壳椰子的水分较少，椰肉较厚，椰干产量较高，其成熟结果比巴拿马高种的早。巴拿马高种椰子在20世纪初就已被引入牙买加。在巴拿马的圣布拉斯发现的巴拿马高种与美国中南部的太平洋沿岸、墨西哥、哥斯达黎加、哥伦比亚、秘鲁、厄瓜多尔发现的品种来源相同。巴拿马高种的植株高度高于牙买加高种，其树干挺拔直立，茎基膨大且相当平滑。果实为球形，果实颜色一般为红色，还有绿色、棕色，果重较重。果皮较薄，果较大，水分含量高，产果有大小年之分，如成熟后不及时采收，椰果发芽会比其他品种快。巴拿马高种比牙买加高种晚熟。马来西亚黄矮的果实重量比马来西亚红矮的重，其果皮、种壳、果肉厚度比后者厚，其椰干重量为187克。

除现有品种之外，经过牙买加椰子局科研人员长期不懈的科研攻关，在现有椰子品种的基础上，培育出了新的杂交椰种——"马巴"种。据椰子局科研人员哈里斯（H. C. Harries）介绍，"马来西亚矮种×巴拿马高种"所产果实比"马矮"种的大，抗病性和产量也均令人满意。这个杂种简称"马巴"种（Maypan）。根据1964～1966年六个田间试验的结果，牙买加椰子局决定让农民大规模种植"马巴"种。

在传统农产品出口量不断下滑的背景下，牙买加政府采取了优化农业经济结构的政策，减少了传统农产品的种植面积，扩大了水稻和小麦的种植面积，还积极引入新兴的农业品种。随后，马铃薯、木瓜、辣椒、海产品等新型农产品的出口量持续增加，2000年，新型农产品的出口量占牙

---

① 蔡东宏、江梅：《牙买加椰子业发展概况》，《世界热带农业信息》1994年第6期。

牙买加

买加农业产品出口总量的27%，2006年就增长到30%，这种上升势头还在继续。2003年，牙买加为了大力发展综合农业，积极引导、鼓励投资者加大对农业综合产业的投资。负责投资贸易促进工作的是牙买加投资贸易促进署（JAMPRO），该机构向投资者推介了牙买加较具投资潜力的农业项目，主要包括以下几个方面。①园艺产品：牙买加已是美国、加拿大和欧洲园艺产品的主要供应者。园艺产品包括兰花、百合、红色和粉色姜百合、天堂鸟和多种叶类观赏植物。②根茎作物：传统的小农场作物，如木薯、番薯、椰子等，现在向美国、加拿大和英国等少数市场出口。③药草和香料：牙买加的姜、辣椒、牙买加辣椒和香草等产品种类繁多，世界上80%的香料植物在牙买加均有生产。如投资此类产品并出口，市场前景广阔。对可用于烹饪调料的药草，包括百里香、罗勒和奥里噶诺等的市场需求也在不断增长。④果品：美国、欧洲和日本等地市场对牙买加水果的需求很旺，这些水果包括牙买加国果阿基、鳄梨（俗称油梨）、咖啡、杧果、木瓜、橙子和柚子等。尤其对闻名世界的牙买加蓝山咖啡，国际市场的需求量甚大。⑤新鲜蔬菜：目前牙买加国内和出口市场对下类蔬菜大有需求：黄瓜、南瓜、香瓜、甜瓜、刀豆、菜椒等。⑥加工食品：一些风味独特的美味食品，投资前景看好，诸如果酱、果冻、调味酱汁、烤肉作料、（香）精油等。在21世纪的前几年，这些食品的年需求量基本在1.3亿~1.9亿美元，而美国是牙买加加工食品的最大出口市场。

为了鼓励、吸引投资，牙买加政府还为投资上述农业综合产业的投资者，提供了相关便利条件。①预先结关的便利：牙买加最近为生鲜产品出口提供预先结关的便利措施。该项措施允许不同的手续、过程合为一体；适宜允许预先结关的商品种类从38类扩展到49类。②文件、单证：在为产品质量认证方面，投资者还能从农业部的植物检疫/产品检查部门、美国农业部和植物健康检查（USDA/APHIS）等部门获得快捷的服务。③劳动力培训：人力就业资源培训和国家培训署（HEART/NTA），每年向愿从事农业生产的青年人提供相关的农业技能培训。④基金和技术：投资于牙买加农业，还将受益于牙买加投资贸易促进署的国际技术支持计划

(ITAP)，该计划为投资者提供基金和技术支持。另外，投资者还可从一些机构、组织获取资金和技术援助。2012年，牙买加农业发展基金会（JADF）制定了西印度海岛棉产业发展计划，规划在未来的4年，牙买加棉花的种植面积达到5000亩。牙买加农业发展基金会首席执行官圣维特·埃文斯表示，目前圣玛丽教区和圣凯瑟琳教区分别有130亩和170亩棉花。2016年牙买加棉花种植面积达到了800亩，但仍然远低于5000亩的预期目标。自2014年10月开始，牙买加的杧果出口美国。牙买加动植物检疫中心决定10月20日开始出口，水果必须没有害虫，但这一年牙买加出口到美国的杧果数量不多，美国进口牙买加杧果不到该国产量的1%。牙买加还发展了辣椒种植业，其间由于遭受到瘿蚊害虫的侵袭，辣椒业曾一度几乎崩溃，后来，牙买加政府针对辣椒种植实施了及时有效的追踪体系，采用高科技技术对辣椒种植区进行实时监测：用地理信息系统（GIS）来预测瘿蚊的突发率；以全球定位系统（GPS）技术来确定无害虫季节和区域，以及调查和定位探测农业害虫潜在的危险地区；对岛上17个地区依据监测网进行监测等。通过政府的努力，牙买加的辣椒产业得以恢复，新追踪体系使辣椒产业成为跨地区的小型农场主要的非传统收入来源。这个体系由国家的特别工作组监督，这种监测系统还扩展到港口和食品加工厂的包装部门，减少农药的使用，组织农民培训和提高产后的管理水平，提升了牙买加辣椒的产品竞争力。牙买加农户还利用温室技术进行农业生产，2009年，牙买加政府与加拿大国际发展公司共同合作，在当地建立了40套新温室，出租给当地的小农户；还建立了2个包装室，对采收后的农产品进行包装处理；建立了1个研究室，对温室里的农作物进行研究，以确保温室里的农作物不受各种病虫害的威胁，并可及时防治。工业商业农业与渔业部部长克里斯托弗·塔夫顿博士称，建立好的温室设备使牙买加温室农业增加了25%。在过去几年中，牙买加温室农业规模已经扩大30%，温室栽培农作物西红柿、甜椒、莴苣与黄瓜生产量达303吨。牙买加部分传统出口农产品年产量见表4-3，牙买加其他农产品年产量情况见表4-4。

表4-3 2010~2014年牙买加部分传统出口农产品年产量

单位：吨

名称	2010年	2011年	2012年	2013年	2014年
甘蔗	1390100	1518300	1475200	1402600	1779300
香蕉	53649	46660	47473	37211	51581
柑橘	117440	106922	97072	83758	71194
咖啡	9121	8099	6687	6984	5298
可可	1368	499	1393	997	1154

表4-4 2010~2014年牙买加其他农产品年产量情况

单位：吨

名称	2010年	2011年	2012年	2013年	2014年
豆类	3930	5091	5261	5501	4911
蔬菜	165457	223545	224131	233226	206097
调料	34706	44712	46854	52295	45392
水果	38002	38742	45023	46325	4446
谷类	2627	2968	3121	2497	2206
大蕉	29826	35335	36302	30937	40488
薯类	136785	134620	145059	138834	135303
其他块茎作物	42181	48459	45713	41670	40882
马铃薯	45734	57424	57561	61645	58988
其他	1057	1212	1212	1483	1214
合计	500304	592108	610138	614912	580232

资料来源：中华人民共和国商务部驻牙买加经商参处网站，http：//jm.mofcom.gov.cn。

总体上看，牙买加农业产品的科技程度并不高，机械化生产仅仅在小范围内推行，这主要跟牙买加产业分布现状有关。牙买加的农业产业布局呈现不均衡态势，集约化程度不高，分散经营现象比较严重。当前，甘蔗和香蕉的种植集中在少数几家大农场主手中，蔗糖炼制有几家较大的企业集团经营，但是，其他农作物品种，尤其是咖啡，都呈现分散经营的状态，一些小农场主和小型企业集团来负责这些农产品的种植和相关农产品的炼制与合成，由于资金和技术的制约，绝大部分农场主都主要依靠农业人口的粗放经营，他们也难以筹集到相应的资金来进行技术升级，也难以引进先进的机械设备，这种现状不利于牙买加农产品的长远发展。牙买加政府也意识到这种现状所带来的不利影响，制定了促进农业集约化发展的相关政策，为农业领域积极引入资金和农业科技。牙买加政府规定，不论本国投资者，还是外国投资者，凡是在农业领域和农产品加工领域内进行投资的人，若生产的农产品或炼制的农产品制品用于出口，就可以享受为期十年的税收优惠政策，具体的优惠金额根据出口数量而定，政府根据实际的出口金额来相应减免进口税和收入税。

二　畜牧业

跟传统的农产品生产不同，牙买加的畜牧业处于不发达状态，牙买加境内仅仅在南部地区有一些牧场，但这些牧场所饲养的奶牛、山羊、猪主要满足国内对肉类、牛奶及奶制品的需求，特别是满足旅馆和餐饮业对这些产品的需求，但这些肉类食品远远不能满足牙买加国内的需求，肉类产品主要依赖于进口。2010年以来，牙买加牛肉、羊肉和家禽类产量有所增长，由于幼仔较多，猪肉产量大幅下降10.8%，但2012年猪肉产量回升，首次实现了自给自足。另外，养蜂业在牙买加也具有相当长的历史，英国殖民者把蜜蜂品种带到牙买加，这种蜂种与后期由美国从意大利引进的品种进行杂交后，产生了新的蜜蜂品种，这就拉开了牙买加养蜂业的序幕。牙买加养蜂业参差不齐，既有从树洞割蜜的猎蜂者，也有使用标准箱的现代养蜂者，还有二者之间的有各种箱体的使用者。蜂农在家中直接出售部分蜂蜜。大一些的产蜜者将蜂蜜卖给食品杂货店、超级市场和旅馆以及大量的旅游者。同国际市场价格相比，牙买加的蜜价偏高。在1987年早期，散装蜂蜜的一般价格为0.76美元/磅（约0.45公斤），零售价为1.64美元/磅。

三 渔业

牙买加四面环海，气候适宜，国内又拥有一些河流，从理论上讲，牙买加具备大力发展渔业产品的相关环境和条件，然而长期以来，牙买加历届政府都没有意识到发展渔业的重要性。近年来，牙买加政府才开始尝试开发环岛周围的渔业资源，鱼类和海产品的产量也在缓慢增加，但也不能满足国内市场的需求。为了大力发展渔业产业，科学、合理开发利用渔业资源，实现渔业产业的可持续发展，牙买加政府参加了联合国加勒比海渔业发展计划，探讨渔业发展的可行性，积极引入国际资本和技术，来开发利用本国的渔业资源。按照国际海洋法的有关规定，牙买加政府宣布对其岛周围海域实施 200 海里专属经济带管辖制度（EEZ），牙买加 200 海里专属经济带管辖海域面积达 89000 平方海里。长期以来，牙买加渔业不发达，渔业捕捞和加工主要在小型企业和个体渔民中进行，缺少渔业作业船只以及捕捞和加工设备。这些小型企业和渔民船只只能在岛周围海域作业，无法到离岛远一点的海域作业。牙买加靠这些小型企业和渔民本身捕捞的鱼虾产量不能满足国内市场消费需求，每年需要进口一定数量的鱼虾满足国内市场。加勒比海渔业资源丰富，牙买加 200 海里专属经济带管辖海域内盛产金枪鱼和龙虾，由于牙买加缺少较大型的渔业作业船只以及捕捞和加工设备，无法在所管辖的全部海域内作业。而一些外国渔业作业船只未经牙买加政府批准，经常在牙买加管辖海域内非法作业。牙买加渔民抱怨，这些外国渔业作业船只每年非法从牙买加管辖海域内捕捞走近 500 亿牙买加元（8 亿多美元）渔业资源。[①] 2011 年，牙买加渔业总体产量下降 3.1%，受养殖成本增加、消费量减少和滥捕等影响，水产养殖大幅下降 72.5%，而海产品产量增长 15.4%。2014 年底，注册渔民共 23507 人，增长 0.8%；船 7007 艘，增长 11.2%；渔业产量预计下降 0.7%。其中水产养殖业产量为 698 吨，同比下降 16.5%，主要是因为红罗非鱼幼苗不足、喂养成本高企、进口产品价格更加便宜等。

---

① 中华人民共和国商务部驻牙买加经商参处网站，http://jm.mofcom.gov.cn。

四 林业

牙买加境内多山，山区基本上都被茂密的森林覆盖，这一地理优势使牙买加成为国际上森林覆盖率较高的国家，当前牙买加的森林总面积为21.8万公顷，森林覆盖率为20%。独立之前，殖民者为了扩大甘蔗的种植面积，就大肆砍伐森林，造成了森林大面积的锐减，森林和植被面积的不断缩小，就带来了一定的自然灾害。独立后，牙买加政府意识到了森林面积减少所带来的危害，为了防止洪涝灾害和水土流失，牙买加政府和人民掀起了植树造林的热潮，一些具备美观和经济效益的树木品种，如柳树、桉树、加勒比松树、桃花心木和香椿等，得以大量栽种，牙买加的森林覆盖率开始增加，达到了独立前的状态。为了保护和开发利用森林资源，经过十几年的努力，牙买加政府建立了98处防护林，每年除了按照计划将一定量的染料木材用于出口之外，政府严禁乱砍其他林木和树种。

近年来，牙买加政府日益认识到发展竹产业对开发本地资源、实现经济环境可持续发展的重要意义，因此，牙买加政府决定大力宣传竹业资源优势，积极开发试点项目，努力扶持重点企业，不断取得新成绩，为牙买加经济社会发展注入新的活力。从宏观领域来看，牙买加具备发展竹业的一些资源优势，它拥有丰富的竹资源和未开发土地。1999年林业部门数据显示，竹子种植面积达6.7万公顷，其中包括林业保护区2万公顷，非保护区4.7万公顷。牙买加境内竹子的种类较多，达到十余种，其中，武尔加里斯刺竹（Bambusa Vulgaris）是最主要的品种，这种竹子的数量占全国竹林总数的99%，武尔加里斯刺竹昵称"寻常竹"，可用作建筑材料，制成竹板、纸、地板等多种产品，废料可制作生物炭和竹炭。为了促进竹资源开发和产业发展，2014年牙买加制定了2014~2017年竹产业发展规划，重点研究发展战略、支持政策和融资方式，积极鼓励采取公共私营合作制实施项目；政府专门设立竹资源和本地产品咨询委员会，起草国家竹产业发展政策，该组织研究竹产业发展的引导政策，如标准、政策等，部分标准草案已

完成。牙买加工业商业农业与渔业部是主管竹资源开发和产业发展的部级单位，下属标准局与国际竹藤组织保持密切联系，负责标准制定和产品认证。为实现这一目标，标准局与林业部门和相关单位一道致力于竹资源的种植和管理、加工和生产技术、人力资源开发、房屋建设和减少贫困方案的探索。牙买加还成立竹资源和本地产品咨询委员会，帮助实现竹产业标准化发展，包括产业链的完善和产品开发。该委员会监管销往国内外市场的产品制作，在种植、加工、制作、销售等方面提供指导。此外，竹产业的发展，还可以实现减少贫穷、自然资源可持续发展、生物多样性保护、适应气候变化等目标；牙买加政府开发竹资源，有助于推动这一产业的工业化、商业化进程，提升企业和产品在全球的竞争力；加大竹产品出口，改善贸易逆差状况，促进贸易平衡；使用竹材料解决住房问题，探索可持续建设方案；减轻木材压力，促进环境可持续发展，缓解气候变化问题；以产业发展带动就业，提高相关人员的生活水平，实现社会效益；等等。

牙买加竹产业的发展也存在一定的问题，政府能给予竹产业发展的支持极其有限，同时，牙买加国内对竹产业的认知程度也不高。由于竹子是野生植物，或者用于手工制作旅游产品，附加值低、价格低廉，牙买加企业和民众对竹产品开发认知有限，观念保守，因此，牙买加政府亟须大力宣传竹资源优势和产业开发的意义。

第三节　工业

一　加工制造业

牙买加的工业体系以加工制造业为主，加工制造业是牙买加最主要的出口创汇产业，也是牙买加重要的经济部门，是拉动经济增长的第三大产业。当前，牙买加最重要的加工制造业有蔗糖加工业、食品业、饮料业、烟草业、药品制造业、建筑材料制造业、电器制造业和服装加工业等。

独立前，牙买加以农业种植为主，基本上没有加工制造业。独立以后，牙买加开始围绕着农牧业，建立起一些简单的工业体系，如蔗糖炼制业、卷烟业、啤酒酿制业和皮革制造业等。二战结束后，受结构主义发展思想的引导，牙买加政府通过议会立法，来指导本国工业体系的发展与建设，议会相继颁布了一系列刺激工业发展的法令。在政府政策的引导下，牙买加的加工制造业得以发展，一些工业相继建立，加工制造业种类也不断增多，以加工制造业为主的工业体系初步建成，迈上了初级工业制品出口导向的实施步伐。据统计，1950~1971年这21年的时间内，牙买加加工制造业的总产值增长了7倍多，加工制造企业总数也从1952年的703家，增加到1971年的1400家。牙买加加工制造业的基本结构不太合理，外国资本的比例达到了33.5%，合资资本为48.8%，民族资本仅为17.7%，外国资本与合资资本基本上控制了牙买加加工制造业的命脉。更为不利的是，牙买加的加工制造业外向性极强，由于绝大多数工业制品都依赖于出口，牙买加的加工制造业对外依存度极高，极易受到国际市场的影响，一旦贸易条件恶化，牙买加的加工制造业就会遭遇到瘫痪的厄运。

牙买加政府也意识到这种状况的危害性，开始采取政策对本国的工业体系进行调整，以减轻对外依存程度，提升对国际市场的抗风险能力。为了达到上述目的，政府也制定了相关的调整措施，如减少进口配额限制、放宽进口许可、鼓励利用外资、加大对欧美市场的出口量等，通过实现进出口平衡来调整加工制造业的产业结构部分，引入竞争机制来淘汰产量低、效率不高的企业。经过政策调整，一些新兴的具有竞争力的加工制造业得以建立，成为吸引国际资本最多的产业。

从20世纪80年代开始，由于受到石油冶炼厂的关闭、热带风暴和飓风造成了原材料大幅度减产、机电零配件进口成本的攀升等因素的影响，牙买加加工制造业的发展出现了一段时间的低谷。加工制造业产值占GDP的比重不断下降，1990年加工制造业总产值占GDP的比重为21.1%，1996年则下降为15%；2005年加工制造业的总产值较2004年又

牙买加

下降了0.1%，2006年加工制造业的产值出现了负增长，较2005年下降了2.4%，加工制造业产值占GDP的比重竟然骤减到6.5%；2007年，加工制造业的总产值有了一定的回升，较上年有了0.9%的增长率。这期间，牙买加只有2005年加工制造业的出口额实现了较大幅度的增长，同上年度相比增长率达到了16.9%；据牙买加媒体报道，2011年牙买加制造业出口7.392亿美元，同比增长14.3%，主要得益于非传统制造业出口的带动作用（增长14.2%）。同期，制造业附加值增长1.4%，食品、饮料、烟草等附加值增长较快。制造业出口增长的部门主要有非金属矿产品、食品、酒精和非酒精饮料、纸张和纸制品、印刷品及出版物、化工产品、橡胶和塑料产品等。2011年牙买加制造业就业人数占全部劳动力的6.8%，与2010年相当。2012年牙买加制造业对GDP的贡献值为8.6%，就业人数75025人，占牙买加全部劳动力的6.9%；出口创汇9.389亿美元，占牙买加当年全部出口的54.91%。其中，传统出口1.549亿美元，非传统出口7.84亿美元，分别增长35.6%和24.1%。传统出口产品中，蔗糖出口9410万美元，增长51.4%，主要是扩大了出口国，如保加利亚、意大利、荷兰和波兰。朗姆酒出口5560万美元，增长14.3%。可可和咖啡出口均有增长。非传统出口中，矿物燃料、化工产品和加工食品为出口前三甲，2012年化工产品出口有出色的表现，为2.05亿美元，增幅高达399%；矿物燃料出口3.877亿美元，增长4.3%；加工食品出口1.018亿美元，增长7.4%。[①] 但受宏观经济不稳定、商业环境有待改善、财政资金不足、高犯罪多暴力、不公正的税收体系、高能源价格等因素的制约，牙买加制造业的总体生产力水平较低，全球竞争力较弱。为了改善制造业不发达的客观现状，牙买加政府根据本国制造业发展推出的《远景2030 - 国家发展计划》，制定了促进制造业发展的政策框架，其目标是提高生产力创造经济和市场机会以及确保制造业的可持续发展，目前的立法和鼓励措施主要包括：工业现代化（MOI）计划，海关用户收费减免，

---

① 中华人民共和国商务部驻牙买加经商参处网站，http：//jm.mofcom.gov.cn/article/ztdy/201306/20130600176658.shtml。

加速折旧法/特殊资本津贴，出口产业鼓励法（EIEA），牙买加出口自由区法（Jamaica Export Free Zone Act），工厂建筑法（Factory Construction Law）等。2012年牙买加政府确定了制造业的重点工作，包括加强食品安全、促进全球品牌开发、发展废金属产业与开发家具和木制品孵化器项目等。2013年受牙买加元贬值的影响，牙买加统计局公布的数字显示，2013年11月，牙买加采矿和采石业生产者物价指数（PPI）月率上升0.9%。制造业物价指数月率上升0.8%，主要是食品饮料烟草和非金属产品上涨所致，分别上升0.9%和3.2%。2014年，据牙买加RJR新闻报道，2014年1~7月，由于氧化铝、糖、朗姆酒等出口减少，牙买加制造业出口出现下滑。制造业累计出口7200万美元，同比下降16%。2015年牙买加制造业产品的出口额继续下滑，制造业产品中，糖、朗姆酒、咖啡、可可和柑橘的出口量均下降，出口额分别为5381万美元、3499万美元、273万美元、56万美元和20万美元，同比下降3.5%、22.0%、23.5%、43.1%和18.7%。

进口替代工业化时期，牙买加还兴建了纺织企业和服装加工企业。在20世纪80年代，美国和一些英属加勒比国家对牙买加的主要商品实行免关税政策，牙买加的纺织产品和服装由于成本低廉、质量优异，在这一带得以畅销，这类产业也就成为牙买加政府大力扶植的行业。这一势头并没有持续太长时间，到了90年代，由于墨西哥、多米尼加和海地等国家的纺织制品价格更为低廉，加之牙买加的货币市值被长期高估，牙买加的服装和纺织产品逐渐丧失了国际竞争力，这一产业的就业人数也不断减少，20世纪90年代初，纺织和服装加工领域的产业工人为3.5万人，2001年则减少到不到1万人，2004年锐减为不足7000人；相应的，纺织工业和服装加工业的出口产值也不断下降，1995年的出口总额为5.82亿美元，2001年只有9000万美元，同2000年相比下降了41%，随后有所增加，2013年出口总额达到了2.13亿美元。

蔗糖炼制业一直是牙买加的传统加工制造业，直到现在这个产业在牙买加的工业体系仍然占据重要地位。随着牙买加政府对蔗糖炼制业的重视，一些新式技术被广泛引入蔗糖炼制产业，企业规模也不断

牙买加

扩大,机械化流水线作业取代了传统的手工操作,大型企业集团取代了存在已久的家庭作坊。总体来看,牙买加蔗糖炼制行业的现代化程度不断提升,蔗糖制品的纯度与精度也出现了质的飞跃,进而广受国际市场的欢迎。

竹制品加工业是牙买加的一个特色制品加工产业。目前,牙买加拥有自己的竹炭品牌,能制作竹胶合板、竹地板、竹炭、竹制刀叉和桌椅等产品。其中,第一张竹胶合板于2012年2月制成,第一把竹椅于3月制成,第一批竹炭于10月制成。牙买加教育、青年与信息部为支持产业链发展,预订1000套竹桌椅;竹制咖啡搅拌棒已预订600万个;竹炭已预订2.4万磅;美国商人开发牙买加竹炭品牌,计划每年销售600万磅牙买加竹炭;一家牙买加企业拟从中国进口竹笋,在牙买加罐装后贴上"牙买加制造"标签出口牙买加海外侨民。为了提升竹产品质量,牙买加政府使用国际竹藤组织的资料对相关人员进行培训。竹资源和本地产品咨询委员会成立了竹产品基金会,支持产业发展,包括试点培训项目的实施,该项目于2012年4月20日在格伦戈夫(Glengoffe)社区实施。牙买加竹资源和本地产品咨询委员会下属生产和设计委员会成立专门工作组,把竹资源推广应用于新的工程流程、设计和建筑的发展。牙买加还加强与国际组织的合作,来发展本国竹产业。2012年4月,牙买加正式成为国际竹藤组织第38个成员方,借助国际竹藤组织技术和信息优势,促进竹产业发展。美国国际开发署与牙买加国家建筑协会基金为格伦戈夫社区提供了援助,如竹资源预加工和保存设施、竹板厂、竹炭生产设备、竹制品如竹杯、画框和笔等的加工。目前地球智慧点子有限责任公司(Earthwise Solutions Limited)在牙买加标准局的监管下实施竹产业发展项目,旨在增加就业、促进环保、降低木材进口费用以及促进竹产品出口。这家公司还将本地竹资源制成竹胶合板、竹地板、竹炭等产品,在圣托马斯亚拉斯地区(Yallahs)建设多功能竹产品加工厂,生产3万公斤竹炭,加工12.5万立方米竹条,前三年平均年产竹胶合板和地板2.5万立方米,并通过加工废弃物增加30%的收入,三年实现平均20%的纯利润,为100人提供直接就业机会。

牙买加还有规模不大的椰果加工业。牙买加椰干原料大都为马来种椰子，加工方法是利用椰壳作燃料直接烘干，很少用阳干。金斯敦市区建有两座椰干碾磨厂，仅采用干法加工提取椰油。小椰农一般先将鲜椰肉磨碎，同水混合，提取椰奶，最后提炼椰油。大多数椰子作为鲜果利用，嫩椰果作饮料，成熟椰子作烹饪用。用于加工椰干的椰果不足20%，加工的椰油仅占牙买加食用油消费的一小部分。

经过长时间的发展，牙买加国内也形成了一批具有一定实力的制造业企业，如牙买加生产集团（Jamaica Producer Group）、牙买加加勒比水泥公司（Caribbean Cement Company Ltd.）、亨德利克森家族企业（Hendrickson Family of Companies）、红带啤酒公司（Red Stripe Ltd.）、拉斯科公司（Lasco）、沃西·帕克糖业公司（Worthy Park Sugar Estate Ltd.）、牙买加朗姆酒公司（Jamaica Wray & Nephew Ltd.）等，这些企业在牙买加企业制造业领域做出了卓越贡献，为牙买加经济发展发挥了积极作用。

二　矿　业

牙买加境内矿产资源主要有铝土、钴、铁、铜、铅和锌等有色金属，除此之外，还蕴藏着一定量的石墨资源。其中，铝土是牙买加蕴藏量最多，也是产量最高的矿业资源，由于牙买加的铝土产量一直位居全世界前三名之列，牙买加在国际上又获得了"铝土之国"的美誉。牙买加铝土的蕴藏量约为25亿吨，位居澳大利亚、几内亚、中国和巴西之后，居世界第五位。牙买加铝土资源的矿层基本上都接近地表层，开采成本较低且易于开采，据估计，易开采的产量约为15亿吨，除了易于开采的优势外，牙买加的矿山都靠近港口，降低了运输成本，这些因素就使牙买加的铝土资源在国际上具备较强的竞争实力。铝土资源的开采与加工也是牙买加国内极为重要的矿业产业，铝土的开采与加工产业的产值对GDP的贡献率占据了较高的比重。

1869年，英国殖民者就在牙买加发现了铝土矿产，但一直没有大规模开采，直到1952年牙买加政府才与两家美国公司、一家加拿大公司进行合作，联合开采本国的铝土资源。1957年，牙买加铝土的开采

牙买加

量就达到 500 万吨，约占当时全世界铝土总开采量的 25%，一跃成为当时世界上第一大铝土生产国。这种优势直到 1971 年才被澳大利亚所取代，从这一年开始，澳大利亚的年度铝土开采量约为 6000 万吨，雄踞世界第一，而这一年牙买加的铝土产量则达到了 1300 万吨。20 世纪 70 年代末期，几内亚的铝土产量达到了 1800 万吨，也超过了牙买加，牙买加铝土产量在全世界铝土总产量的比重就从 20 世纪 70 年代的 18.1% 下降到 2005 年的 8.1%，尽管如此，牙买加仍然是全球重要的铝土生产国。

为了延长铝土矿产的产品生产线，牙买加还大力发展氧化铝加工工业。同单纯的铝土开采相比，氧化铝的工艺复杂一些，但氧化铝制品的科技含量较大一些，产品附加值更高，在国际市场能卖到相对较高的价格，就可以为牙买加增加出口创汇能力。由于牙买加铝土纯度较高，每 2.6 吨铝土就可以炼制出 1 吨氧化铝，因此氧化铝的售价更高，还能吸纳更多的工人，创造更多的就业机会，牙买加政府始终鼓励外国资本投资到氧化铝炼制产业之中，扶持氧化铝行业的发展。

铝土矿产是不可再生的资源，为了合理开发利用这种资源，同时增加国家的财政收入，从 1974 年开始，牙买加政府就制定了关于保护铝土的开采和炼制的相关政策，鼓励本国企业开采这种资源，对开采铝土资源的外国公司征收一定数额的生产税。对于这个政策，一些外国公司也开始采取相应的规避对策，通过限制开采量的手段来减少税收，因此，牙买加的铝土资源并没有得以有效开发，相反，这一行业还受到了一些不利影响，部分跨国公司的牙买加矿业工人不得不面临失业的危险。为了弥补这个政策漏洞，促进铝土产业的健康发展，牙买加政府选择了股份制的合作形式，既维护了民族经济利益，又可以有效吸收外国资本来开发本国的铝土资源，当前牙买加已经控制了 3 家美国铝土公司 51% 的股份，这种做法就可以使牙买加的民族资本和国家资本在铝土资源的开发与利用中掌握决策权。

牙买加铝土产业的发展也不是一帆风顺的，中间充满了曲折。20 世纪 70 年代之前，牙买加的铝土产量一直居于世界首位，但从 70 年代中期开始，牙买加的铝土产量相继被澳大利亚和几内亚超越，加之国际市场对铝土资源的需求量开始下降，牙买加的铝土产业遇到了第一个困难时期。随后，国际市场开始回暖，铝土资源的价格开始回升，牙买加矿业开采的条件也不断改善，牙买加铝土的开采量与出口量又实现了稳定增长。除了国际市场的影响之外，牙买加国内经常发生的自然灾害也影响了铝土资源的开采，1988年的"吉尔伯特"飓风、2004年的"伊万"飓风、2005的数次自然灾害都给牙买加铝土的开采与生产带来了一定的损失。从统计数据上看，牙买加政府和企业还是克服了种种困难，铝土的开采与出口量，始终保持着一定的增长。1990~1996年这6年内，牙买加铝土资源的年均增长率都超过了9%。2005年，由于国际市场铝土消费量的增加，牙买加国内的铝土开采量大幅度增加，铝土资源的出口量与上一年相比增长了6.2%，铝土资源的出口创汇数额占到了牙买加全国外汇收入总额的9.5%，氧化铝制品的出口总额也达到了9.2亿美元。2006年，牙买加矿业产业的发展又遇到了困境，国内劳资纠纷与技术设备更新换代不及时，都制约了氧化铝产业的发展，这一年氧化铝的产量仅仅实现了0.3%的增长率；但铝土的产量并没有受到影响，产量实现了12.3%的增幅，总产量约为1490万吨，创造了最新的历史纪录，这其中，出口量达到了410万吨，实现了10亿美元的出口收入。2007年整体矿业领域继续低迷，铝土产量没有继续增加，产量为1460万吨，同期相比减少了30万吨。

由于本国资本规模和技术设备的限制，牙买加政府一直鼓励外国资本介入本国的铝土产业行业之中，希望通过外国资本雄厚的经济实力和先进的技术设备来加速本国铝土资源的开发利用，也带动本国铝土产业进行技术升级。为了加强对跨国公司的管理，提升跨国企业的行业参与热情，牙买加政府对跨国公司提供了一定的优惠政策，2002年，牙买加政府与美国在牙买加的铝土开发公司美铝公司（Alcoa）签订了一个优惠协议，该公司可以用收入税来替代铝土税，这一政策大大提升了美铝公司的投资热情，随后该公司增加了1.5亿美元的投资，扩建了两家氧化铝冶炼工厂，这样，2003年底，美铝公司在牙买加氧化铝制品的产量就达到了125万

牙买加

吨，产量提升了 25%，2007 年的产量又达到了 142.5 万吨。跨国公司投资的增加，提升了牙买加铝土产业的生产量和生产效率，还使牙买加铝土资源和氧化铝制品在国际上的竞争力大为提升。当前牙买加境内铝土行业的跨国公司除了美铝公司之外，还有挪威的海德罗公司（Norsk Hydro）、瑞士的嘉能可公司（Glencore）以及由嘉能可和罗南达（Noranda）联合控股的世纪铝业公司（Century Aluminum Company）。其中，2001 年嘉能可公司收购了加拿大铝业集团，2004 年 10 月世纪铝业公司收购了牙买加本土企业凯撒铝土矿业公司 49% 的股份。据牙买加当地媒体报道，2004 年美国凯撒氧化铝化学公司（Kaiser Aluminium & Chemical Corporation，简称凯撒公司）签署了一项协议，将其在牙买加阿尔帕尔特公司（Aluminium Partners of Jamaica，简称 Alpart）拥有的 65% 股份卖给了瑞士嘉能可公司。阿尔帕尔特位于牙买加圣伊丽莎白区的南恩，是牙买加最大的氧化铝冶炼厂。近年来，中国企业也开始投资于牙买加的铝土产业，2006 年 5 月，中国五矿进出口公司与世纪铝业公司签订了一项协议，在牙买加共同投资建设一座 150 万吨/年的氧化铝厂并开采铝土矿。两家公司在 2007 年底完成了对牙买加铝土矿资源的质量和规模进行考察的可行性研究报告。2016 年 7 月 21 日，据甘肃省商务厅的消息，甘肃酒钢集团公司日前正式收购俄罗斯铝业联合公司牙买加阿尔帕特氧化铝厂股权。

除了铝土之外，牙买加还发现了高浓度稀土。2013 年 1 月 18 日，牙买加能源、科技部部长菲利普·鲍威尔表示，日本研究人员已在牙买加的铝矾土（红土）沉积层中，发现高浓度稀土。鲍威尔还说，曾经盛极一时的牙买加铝矾土矿业渐已没落，然而从铝矾土矿中能有效开采稀土。日本轻金属公司向建立牙买加稀土商业化的计划投资 300 万美元，合作阶段生产的稀土将由双方共同拥有，矿产商品化的协商可望到较后期再进行。

采石业是牙买加采矿业的重要组成部分，2013~2014 年牙买加采石业生产情况见表 4-5。

表 4-5　2013~2014 年牙买加采石业生产情况

单位：万吨，%

名称	2013 年产量	2014 年产量	增长率
石英砂	1.58	1.58	0
石灰石和白粉	194.94	213.8	9.7%
石膏	4.83	4.52	-6.5%
大理石	120	100	-16.7%
沙石和沙砾	1.9024	2.118	11.3%
泥灰	119.76	1031.18	761%
火山灰	11.23	12.92	15%
页岩	20.53	30.81	50.1%
黏土	1.2	3.42	185%

资料来源：中华人民共和国商务部驻牙买加经商参处网站，http://jm.mofcom.gov.cn/article/ztdy/201508/20150801072466.shtml。

三　建筑业

牙买加建筑业管理机构包括牙买加交通运输与矿业部及其下属的国家工程署、住房管理局和国家道路运营和建设公司，总理府及其下属的国家住房基金和城市发展公司，以及国家合同委员会、水委会、环保署、供电局、标准局等。私营组织包括建筑商联合会、建筑业委员会以及牙买加建筑研究院、设计研究院、估算师研究院、规划师学会等专业机构。民间团体包括建筑资源和发展中心、工会等。牙买加建筑法规主要有《教区委员会建筑条例》《住房法》《城乡规划法》《采石场管理法》《设计法》《专业工程师注册法》《建筑师注册法》《水泥行业（激励和管理）法》《承包商征税法》等。

20 世纪 70 年代以前，牙买加的建筑业处于一种不发达状态，这种状况直到 80 年代才有所好转。由于铝土行业和旅游产业的快速发展，新兴工厂的兴建、旅馆酒店的建设以及新式居民住宅建筑的兴起，牙买加的建筑行业迎来了历史上第一个发展机遇期。20 世纪 90 年代之后，牙买加的建筑行业又出现了下滑态势，在 1990~1994 年这 5 年的时间内，建筑业

牙买加

的产值每年都下降了0.8%。1995年牙买加政府筹措资金,加大了对社会基础设施领域和民用住房建筑领域的投资力度以及旅游设施的完善和酒店旅馆的兴建,这一年牙买加建筑行业的产值实现了7.2%的增长率。随后,牙买加政府推行了持久的财政紧缩政策,流入建筑业领域的资金大幅度减少,从1996年到1999年,牙买加建筑行业的产值呈现持续下降态势,平均每年下降4.2%。进入21世纪后,牙买加政府又开始重视基础设施建设,同时为了完善通信设施,电信网络也不断扩建,牙买加的建筑业再次出现了缓慢增长的势头,2001年的增长率为2%,2002年的增长率为2.2%。2004年以来,持续的飓风、暴雨等自然灾害大范围地破坏了牙买加的居民住房,政府意识到加强民用住房建筑的重要性,政府投入民用居民建筑领域的资金开始增多。同时,这一时期内牙买加的旅游产业也进入了黄金时期,矿业领域的投资也不断增加,牙买加的建筑业进入了飞速发展时期,年均增长率都达到了10.2%。2006年牙买加建筑业出现了大幅度下滑,首次出现了负增长,增长率为-2.8%。2007年建筑业的行业形势又出现了好转,在旅游产业带动的旅游设施建设、旅馆酒店不断兴建、通信设施的完善等综合因素的共同刺激下,牙买加的建筑业增长率达到了5.4%,这一行业的增长率远远高于其他部门。2009年,为响应《国家发展规划—牙买加2030年远景》,促进建筑业健康可持续发展,牙买加建设工作领导小组制定发布了《牙买加建筑业发展规划(2009-2030)》,主要包括加强人力资源建设、改善营商环境、促进行业的可持续发展、鼓励行业创新、提高客户满意度、完善管理机制、加强工程管理和扩大市场规模等。2012年牙买加建筑业产值为535亿牙买加元,对GDP的贡献率为7.3%,从业人员超过10万人,约占总就业人口的9%。从业人员主要为男性,占总从业人员的95%以上。牙买加统计局数据显示,2007年至2012年,牙买加建筑业产值共减少16.2%,占GDP的比例也呈逐渐下降趋势,五年来共减少1个百分点。2013年为了推动经济复苏,辛普森-米勒总理当政以来,牙买加实施若干重大战略投资项目,如全国道路网项目、南北高速路项目、住房项目、农业园区项目等,带动了建筑业的复兴。2013年第二季度,牙买加建筑业增长1.5%,其中新房开工猛增219.6%,

新房完工增长 37.4%，抵押贷款同比上升 17.7%。第三季度建筑业增长 2.1%，其中抵押贷款同比增长 71.7%。2014 年牙买加建筑业完成产值 529.14 亿牙买加元（约合 4.8 亿美元），同比增长 1.4%，产出约占 GDP 的 7.2%。从业人员 80925 人，同比下降 2.5%，约占总就业人口的 7.2%，其中男性 78550 人，同比减少 2.0%；女性 2375 人，同比减少 17.4%。

四 能源工业

牙买加是能源资源比较贫乏的国家，国民经济和社会生活中最主要的能源——石油，基本上都依赖进口。20 世纪 80 年代末期，牙买加国内 90% 的石油消费量都靠进口，其主要进口国家为墨西哥、委内瑞拉、特立尼达和多巴哥以及荷属安的列斯群岛。牙买加国有石油公司（Petroleum Corporation of Jamaica，简称 PCJ）主要负责本国石油能源的进口与经营业务，每年进口的石油，大约 30% 流向了铝土及其相关的产业。牙买加国内只有首都金斯敦区里有一座石油提炼厂，这家石油提炼厂原先的所有权归属于埃克森美孚石油公司，1982 年，牙买加政府花费了 5500 万美元将这家提炼厂收归国有，并委托牙买加国有石油公司的下属企业——牙买加石油公司负责石油的提炼与运营业务，这家提炼厂的日产油量约为 3600 桶。2006 年，国有石油公司成立了可再生能源卓越中心，支持可再生能源开发。政府出台优惠政策，将可再生能源设备进口关税从 30% 降至 5%，免除可再生能源设备一般消费税。

电力也一度是制约牙买加经济发展的能源，为了大力解决电力资源供给这个瓶颈，从 20 世纪 70 年代开始，牙买加开始实施新的能源政策，提升电力资源的供给能力，尤其是增加农村地区的电力供应。1975 年，牙买加政府与美洲发展银行签订了合作协议，利用美洲发展银行提供的贷款，实施农村电气化计划。到了 1987 年，牙买加城市地区的电气普及率基本上达到了 100%，广大农村地区的电气普及率也超过了 54%，这一数值远高于绝大多数发展中国家。

牙买加的电力能源包括热力发电、水力发电和柴油发电，其中热力发电是最主要的发电方式，占牙买加电力总量的 83%。21 世纪之前，牙买

牙买加

加的发电总量并不充裕，发电量主要由牙买加公共服务公司（Jamaica Public Service Company，简称 JPSCo）负责。直到 2005 年，牙买加的发电量才开始大幅度增长，这一年牙买加的全年发电量达到了 38.78 亿千瓦时，比上一年增加了 4.3%，其中牙买加公共服务公司提供了 75% 的发电量，剩余的发电量由其他的一些小发电厂提供。这一年度的电力销售量为 30.11 亿千瓦时，电力能量的销售收入为 403 亿美元，同比增长了 31.8%。牙买加电力能源优先供应于城市地区尤其是大城市地区，其中首都金斯敦和大城市蒙特哥贝每年度的电力消费量就占到全国用电总量的 60%。但是在 2007 年，突如其来的飓风"迪安"，袭击了牙买加的电力部门，破坏了近 60% 的输电网络，这一年牙买加的发电量仅仅增长了 0.9%，电力销售量增加了 2.3%。2015 年牙买加《集锦者报》9 月 15 日报道，内部能源控股公司（InterEnergy）近日从库迪特资本公司（Conduit）购回牙买加能源公司和西金斯敦电力公司 100% 的股份，具体价格尚未透露。内部能源控股公司为一家多米尼加共和国企业，2013 年 2 月被世界银行下属的国际金融公司收购部分股权后，开始在加勒比地区迅速扩张。牙买加能源公司和西金斯敦电力公司装机容量分别为 124 兆瓦和 65 兆瓦，这两家公司供电量约占牙买加国家电网（牙买加公共服务公司）输电量的 20%。2015 年 2 月 19 日，牙买加总督帕特里克·艾伦在 2015/16 财年议会开幕式上发表题为《发展伙伴计划：包容性增长，扩大机遇》的施政报告，报告称，2015 年牙买加政府通过推进电力改革、发展"智能电网"、规范开发可再生和替代能源等，在短期内大幅降低发电成本。实施的电力项目包括：2015 年底前完成博格发电厂（Bogue）改造项目；俄罗斯铝业集团投资建设 140 兆瓦热电联产厂等。可再生能源方面，牙买加电网公司已签署 78 兆瓦的可再生能源购电协议，牙买加一举成为英属加勒比地区最大的太阳能发电国，其中主要项目包括：投资 4500 万美元的魏格顿风力发电站 24 兆瓦扩容工程于 2016 年 2 月前完工，装机容量为 63.1 兆瓦；投资 9000 万美元的 34 兆瓦蓝山可再生能源风力发电项目已于日前动工；WRB 公司斥资 6000 万美元建设 20 兆瓦太阳能发电站。

除了传统能源之外，牙买加拥有丰富的可再生能源，包括太阳能、风能、生物质能等。数据显示，牙买加平均每年太阳能直接辐射为177MJ/m^2，足以提供年需求量的5倍，太阳能发电有650MW的潜力可挖掘。为了开发利用新能源，2009年牙买加颁布首部长期《国家能源政策》（2009~2030），结合《国家远景2030》（国家发展规划）的文件，确立了七大能源目标，分别为节约有效能源、建设现代化能源基础设施、开发可再生能源、安全有效的能源供应、良好的管理机构和法律监管框架、政府部门成为节能和环保的表率、行业结构体现生态效率等。牙买加在能源政策中突出新能源开发，重点发展风能、生物质和生物燃料、垃圾废物、海洋能源、太阳能和水力发电技术等。这项政策的目标为到2012年、2015年、2030年可再生能源占能源的比重分别为11%、12.5%、20%。为进一步细化发展政策，牙买加还制定了可再生能源、生物能源、废物能源、碳贸易和有效能源等5个能源草案。2015年，美国－加勒比共同体峰会于4月9日在牙买加首都金斯敦召开，美国总统奥巴马及加共体各国首脑出席。会议期间，奥巴马宣布美国启动2000万美元的能源基金，用于美国同加勒比地区国家的能源合作。针对牙买加新能源的开发利用，美国政府实施了牙买加清洁能源计划，美国国际开发署与牙买加政府及私人部门就一项综合性的清洁能源项目开展合作，旨在为清洁能源发展、优化可再生能源一体化、加速私人部门清洁能源投资提供先决条件。

第四节 商业与服务业

一 商业

牙买加的商业并不十分发达，21世纪初开始，商业的发展速度才有所加快。每季度发布的牙买加商业和消费者信心指数，是牙买加商会和美国国际开发署共同合作的一个项目，由美国密歇根大学调研中心协助完成。该项目始于2001年中期，按季发布，深受牙买加工商企业、金融机构及经济学界的好评，被视为预报经济走向的晴雨表。2003年10月7日，牙买加会议委员会主持发布了牙买加本年第三季度商业和消费者信心

指数，美国密执根大学调研中心主任柯廷教授向来自牙买加工商金融界的50多名代表公布了由他领导的调研小组获取的调研结果。研究结果显示，牙买加商业对经济信心上升，并在第三季度里达到2002年后期以来的最高水平。目前来牙买加旅游者增多、牙买加出口竞争力增强和经济增长步伐更加有力，其中虽有牙买加元贬值的作用，与此同时，随着牙买加贸易伙伴如美国经济状况的改善，牙买加经济将日渐走强。但调研报告也指出，由于牙买加元贬值、油价较高以及居高不下的犯罪率给经济带来的负面影响，商业信心尚未完全恢复。犯罪被认为是牙买加经济面临的最严重的问题。被调查公司的80%认为近来犯罪增加太多影响投资者信心。研究显示，90%的消费者相信就业机会难得，现今工作难找，这也说明就业问题也是全球性的问题。

2005年世界银行在牙买加开展了一项针对牙买加投资环境的研究，以评估该岛国对外国和国内投资的吸引力，并确定影响投资的因素。世界银行称调研广泛收集了企业详细的成本和生产率信息，了解企业对商业环境的关切及对改善投资环境的建议，研究结果用来制订适当的改革计划，来解决制约投资增长的问题。这是世界银行首次对关于牙买加的商业发展情况进行调研。该项研究由外国投资咨询服务处（Foreign Investment Advisory Service，简称FIAS）负责，研究对象涉及牙买加国内的350家私营公司。外国投资咨询服务处是隶属世行及其独立的国际金融公司的联合研究机构。

商业的发展离不开良好的税收环境，为了完善税收法律建设，牙买加税务局正在就企业法定纳税条目进行整合，拟通过各项改革提高牙买加在全球商业环境中的排名。2012年全球商业报告显示，牙买加商业环境排第90位，纳税排第163位，尽管比2011年的第172位有所好转，但企业盈利的45.6%用于缴税、每年缴税时间超过368个小时、税收条目多达36项等严重影响了企业的经营活动。牙买加税务局有关负责人表示，牙买加企业纳税开始填写年度报表，相比此前由于纳税条目整合，加上税务局网上缴税的开通，缴税时间将会大大缩短，但其受政策影响，牙买加税收制度仍落后于其他国家。

2013年，根据牙买加《观察家报》消息，牙买加工业商业农业与渔业部部长亚伯拉罕在国家生产力会议上表示，牙买加政府致力于创建商业友好型环境，在提高政府效率、简化行政程序等方面成效明显。亚伯拉罕指出，改善商业环境，进而创造就业和实现经济增长，是政府工作的重点。工业商业农业与渔业部正在采取一系列措施改进商业环境，如建立担保交易制度，修订《破产法》及《商标和版权法》等。亚伯拉罕认为，与其他拉美和加勒比国家相比，牙买加的行政手续相对简化。以创办公司为例，在牙买加需要办理6道手续，耗时7天；而在其他拉美和加勒比国家，平均要办理9道手续，耗时53天。

根据牙买加经济咨商会（JCB）公布的调查报告，2014年第一季度，牙买加商业信心指数从2013年第四季度的98.2升至117.8，为两年来最高水平；消费者信心指数由94.6升至104.7。咨商会市场研究服务部总经理安德森表示，尽管商业信心指数和消费者信心指数均在上升，但并不意味着牙买加经济表现强劲，只能说明前两个季度的指数处于较低的水平。这项调查覆盖600人和100家企业。报告指出，被调查企业利润开始回升，投资有所增加，对经济前景表示乐观。消费者认为牙买加经济状况在改善，但寻找工作依然困难，更多的人开始计划休假、购买汽车或住宅。

牙买加《集锦者报》7月15日消息，牙买加商会周二发布《市场调研服务》报告称，2015年第二季度牙买加商业信心指数和消费者信心指数继续保持强劲，远好于上一年同期。2015年第二季度商业信心指数为128.2，略低于第一季度的131.9，但远高于上一年同期的112.8。64%的企业预期2016年财务状况将改善，比第一季度创造的74%的纪录低10个百分点，但仍比上一年同期提高2个百分点。62%的企业认为当前是扩大投资的良机，比2014年第四季度创造的纪录低1个百分点。68%的企业表示利润不低于此前预期，比上季度减少1个百分点，但比上一年同期提高9个百分点。只有9%的企业认为未来一年利润将下降，创三年多来新低。此外，2015年第二季度消费者信心指数为114，略低于第一季度的114.3，但远高于上一年同期的100.8。[①]

[①] 中华人民共和国商务部网站，http：//www.mofcom.gov.cn/aarticle/i/jyjl/l/201212/20121208464349.html。

牙买加

二 服务业

服务业也是牙买加的一项新兴产业,这个产业也是21世纪后期才得以大力发展的。2007年,牙买加工党当选后,把通过增加就业提高生活水平、减少国债作为政府的主要目标。为此,政府拟开展国际金融服务,据财政与公共服务部介绍,近日已建立了由牙买加私营企业组织、牙买加公司办、牙买加贸易投资署、牙买加银行、牙买加银行协会及牙买加股票交易所等单位代表组成的特别顾问委员会。该委员会代表财政与公共服务部对现有国际金融服务情况进行一次调查,以便在金融市场上确定自己相应的位置。挖掘现有资源、确定相应的法律框架,以确保投资者,包括政府有关部门的利益,是委员会的主要工作任务。财政与公共服务部要求该委员会于2008年第一季度提交工作报告。

据称,加勒比地区的一些其他国家,如巴巴多斯、伯利兹、圣基茨和尼维斯、圣卢西亚、开曼群岛及巴哈马等已从中获得了巨大的收益。牙买加政府认为,通过建立离岸金融服务业可以大量地增加有一定劳动技能人员的就业,补充旅游产品不足,使经济结构多样化,并提高牙买加在国际市场上的知名度。

2009年,牙买加《每日观察家报》5月19日报道,调查显示,受全球经济危机影响,牙买加2009年第一季度GDP下降2.8%,而2008年全年GDP下降0.6%。作为牙买加最大的外汇收入来源,侨汇收入第一季度减少到4.15亿美元,同比下降15%。而另一大外汇收入来源铝矾土行业受全球铝价大跌和需求疲软影响,导致温达尔科(Windalco)和阿尔帕尔特两家大型氧化铝企业临时关闭,使该行业收入第一季度下降了28.2%。牙买加规划院表示,全球经济危机的扩散和蔓延正继续全面影响牙买加的整体经济运行,与上一年同期相比,第一季度牙买加服务业下降1.6%,牙买加规划院解释这主要是由2007年迪安飓风的灾后恢复重建工作的延迟效应导致的。

2011年牙买加《观察家报》10月20日消息,牙买加主要私营部门组织和服务业联盟近日签订谅解备忘录,建立起广泛的发展牙买加服务业伙伴关系。牙买加商会、私营部门组织、出口者协会、中小企业联盟提供相应专业支持,牙买加工业商业农业与渔业部、投资促进署、外交与对外贸易部代表政府促进行业发展,他们将制定一个为期三年的全面扩张与增长计划,以促进信息和通信技术、卫生、健康旅游和专业服务等行业发展。

2012年,据牙买加媒体报道,目前牙买加政府正在实施"服务业增长和扩大计划",牙买加工业商业农业与渔业部将重点放在服务业可持续发展上,该计划确定了未来3年优先发展5个服务部门的战略规划。该计划是牙买加"2030国家发展规划远景"的一部分,也是通过增加服务业出口来支持国家出口战略。2012年牙买加服务业占GDP的74%。牙买加投资促进署已从加勒比促贸援助和地区一体化信托基金中获得40.5万美元资金,用于扩大服务业之需。牙买加服务联合业(JCSI)将协助完成好服务业扩大计划。

2013年,牙买加服务业占GDP的比重为79.4%,主要包括旅游业、电信产业和金融服务业等。牙买加统计局最新公布数据显示,2013年第四季度牙买加经济同比增长1.8%,其中商品生产业和服务业分别增长5%和0.7%。服务业中,酒店餐饮增长5.5%,交通仓储及其他增长1.1%,水电供应增长1%,金融和保险服务增长0.4%,房地产和租赁等均增长0.3%。政府服务提供者、批发零售贸易、机械设备修理和安装等均有小幅下降。

2015年,牙买加《观察家报》报道,美国商会表示,美国总统奥巴马于4月9日对牙买加进行短暂访问,这是相关方通过"加勒比盆地倡议"(CBI)扩大贸易千载难逢的机会。美国商会称,加勒比盆地倡议将于2020年到期,但毫无疑问加勒比盆地倡议有效期将继续延长,但加勒比盆地倡议的内容,即专注于商品、自由贸易区及制造业出口已经不再符合当前的形势,亟须开发美国和加共体国家之间服务业和与服务业有关的投资领域的商机。美国商会表示,以乌拉圭为例,尽管美乌没有签署自贸协定,但乌却通过发展服务业加强了与美国的联系:截至2014年底,美与乌的服务业贸易额从2008年的1亿美元增加至13亿美元,乌自贸区从

牙买加

9个增加至13个，新增就业岗位16000个。美国商会指出，数据显示，2012年，加共体国家向外出口服务业金额达96亿美元，加勒比地区发展与服务业相关的投资和贸易竞争优势明显。

2015年，根据牙买加规划院最新报告，牙买加2015年第二季度GDP同比增长0.8%，其中服务业增长0.7%。牙买加规划院院长布洛克认为经济增长得益于下列利好因素的驱动：全球经济对酒店业、交通仓储和通信业、采矿采石业的积极影响，国内企业和消费者信心提升使内需扩大，南北高速路的建设、酒店的新建和扩建、业务流程外包业办公楼的新建等。

第五节　旅游业

旅游业是牙买加的支柱产业，也是拉动牙买加经济增长的主要产业之一。旅游业的兴旺发达主要得益于牙买加独有的地理环境与气候优势，这就给牙买加造就了丰富的可供开发的旅游资源，内陆地区的山麓、河流、丛林，海岸一带的温暖的阳光、松软的沙滩和一望无际的海水，都成为令人向往的地方，吸引了来自全世界的游客。牙买加北部海岸一带是全国最著名的旅游市场，蒙特哥贝、迪斯卡弗里贝、奥乔里奥斯、郎阿韦贝、奥拉卡贝萨、玛丽亚港和安东尼奥港，都是负有盛名的旅游城市，其中蒙特哥贝则是牙买加北部海岸的黄金旅游中心，每年来这里观光、度假、疗养的游客数不胜数。

牙买加旅游产业的发展，经历了一个由小到大的发展历程。20世纪以前，牙买加旅游业规模较小，来往游客的数量也不太多，每年的旅游收入也不太高。20世纪初期以来，牙买加政府意识到发展旅游产业的重要性，开始采取了相关措施，来扶植本国的旅游产业。1944年，牙买加政府制定了扶持旅游产业的《旅馆援助法案》，通过旅游基础设施的完善、改善国内的旅游环境，来促进旅游产业的发展，吸引国外游客。1955年，牙买加政府成立了牙买加旅游局，专业负责本国的旅游产业。牙买加旅游局的工作范围不断拓展，刚开始只在本国的相关城市设立分支机构,后来又在美国、英国、加拿大和拉美国家的一些主要大城市设立了办事处,积极向国外拓展牙买加的旅游产业,这些办事处的设立,使牙买加的旅游资源开始走向世界,也极大地方便了国际游客来牙买加旅游和度假。为了进一步完善旅游基础设施,1968年牙买加政府又制定了《旅馆鼓励法》,1971年制定了《别墅鼓励法》,根据这两项法律,牙买加政府给在旅游景区内新建的旅馆和别墅提供7年免征所得税的优惠政策,这一政策极大地提升了国有和私营机构兴建旅游设施、酒店、宾馆、别墅的热情。除此之外,牙买加政府还制定了《旅游促进法》,并制定了促进牙买加旅游产业可持续发展的中长期发展规划。为了树立旅游景区的金字招牌,吸引国际游客,牙买加政府开发了金斯敦、蒙特哥贝、奥乔里奥斯、安东尼奥和曼彻斯特等6个现代化旅游度假区,打造出国际化的旅游景区。此外,为了提升旅游服务质量和工作人员的服务水平,牙买加政府还开设了专门的旅游服务学校,加大对旅游景区工作人员的培训力度,培养出专业的旅游管理人才和服务人员等。

经过政府政策的扶植与引导,牙买加旅游业得以飞速发展。从20世纪40年代开始,旅游产业就开始成为拉动经济增长的一个支柱产业,到了20世纪50年代,牙买加已经成为全球闻名的旅游胜地之一。20世纪40年代末期,全球到牙买加的游客人数为6万,1969年就增长到37.5万。20世纪70年代,旅游产业已经成为仅次于铝土业的牙买加第二大外汇收入来源的产业。到了20世纪80年代,旅游产业的创汇能力已经超过了铝土业,成为牙买加第一大创汇部门。到了90年代,全球到牙买加旅游的人数呈现井喷的态势,1995年创下了一个旅游人数纪录,达到了157万。21世纪的第一年,境内,牙买加首都金斯敦爆发了武力冲突;境外,美国遭遇了"9·11"恐怖袭击,双重因素的共同作用使牙买加的游客人数有所下降。2002年游客人数有所增加,达到了213万,同上年相比增加了0.65%,旅游收入达到了12亿美元。从2003年之后,到牙买加的游客人数又开始大幅度增加,2005年,牙买加的游客人数猛增至270万,到本岛的旅游人数首次超过牙买加国内的人口数,这一年,牙买加的旅游

牙买加

收入创造了新的纪录，达到了15亿美元，同2004年相比增长了4%，旅游产业一跃成为牙买加各行业收入数额之首，也成为牙买加最重要的支柱产业。旅游产业的就业人数超过了21万，这其中，有4万人在旅游部门直接就业，剩余的17万人在与旅游产业有关联的行业就业。2006年旅游收入达到了18亿美元，同上一年相比又增长了16%，与当年牙买加货物出口的总收入基本持平。2014年牙买加旅游业全年创汇达22.36亿美元，增长5.8%；其中过夜游客消费21.12亿美元；游轮游客消费1.24亿美元，同比增长13.1%。酒店、餐饮业产值同比增长约2.9%，拉动经济增长0.2个百分点。酒店餐饮从业人数约8.05万，增长7.1%，约占全国就业总人口的7.1%，其中男性31.9万，同比增长1.8%；女性48.6万，同比增长9.5%。牙买加接待的过夜游客主要来自美国（62.3%）、加拿大（20.2%）、欧洲（12.5%）和加勒比（2.8%）等国家或地区。2015年，航班增加带来了过夜游客数量继续增长、新游轮增加游轮游客数量、数家新建或装修的酒店将开业，如有166间客房的万豪酒店、雇员超过1000人的月亮宫度假酒店等，牙买加旅游业继续快速发展。2015年酒店、餐饮业产值增长约2.9%，拉动经济增长0.2个百分点。近年来旅游业发展迅速，酒店餐饮从业人数约8.8万，增长0.6%，占总就业人数的7.7%，其中男性3.4万，女性5.4万。2015年接待外国游客369.20万人次，同比增长5.4%，其中过夜游客212.3万人次，同比增长2.1%，主要来自美国（63.3%）、加拿大（18.4%）、欧洲（13.2%）和其他国家（5.1%），人均日消费113.42美元；游轮游客156.8万人次，同比增长10.2%，人均消费84.5美元。2015年牙买加旅游业全年创汇达23.80亿美元，增长6.1%，其中过夜游客消费22.48亿美元，游轮游客消费1.32亿美元。2016年1~7月，牙买加共接待了1363249名过夜游客，同比增长2.7%；1037898名游轮游客，同比增长11.4%；总游客数量2401147人，同比增长6.3%。过夜游客方面，美国、加拿大、英国、欧洲、加勒比及其他国家来牙游客占总游客数量比分别为65.7%、17.0%、8.7%、4.0%、2.7%、1.8%，其中美国、欧洲、加勒比和亚洲游客分别增长5.5%、5.7%、7.5%和0.9%，加拿大和拉美游客数量则下降8.6%和

6.7%。蒙特哥贝、八条河及尼格瑞尔市接待过夜游客1043343人，占总数的76.5%。[1]

从到牙买加旅游的游客来源来看，到这里旅游的国际游客主要来源于美国、加拿大、欧洲国家和其他西印度群岛的国家。其中，美国的游客人数最多，美国的游客主要来源于纽约、伊利诺伊、新泽西、佛罗里达和加利福尼亚等州；其次是来自加拿大的游客，然后是欧洲的旅客，西印度群岛的游客人数最少。从2003年开始，牙买加境内来自欧洲的游客人数显著增加，2005年，牙买加旅游景区中，住宿时间超过一宿的游客，美国人占据了2/3，加拿大和欧洲的游客人数占25%。2006年到牙买加的游客人数首次突破300万大关，其中美国游客首次超过了100万，增长了12.5%；这一年来自欧洲的游客人数增长了17.1%；来自加拿大的游客总量增幅更大，达到了31.4%。2007年，牙买加遭遇了飓风和持续降雨之类的极端天气，到牙买加的旅游人数有所下降，约为288万人次。2013年，为了促进旅游产业的规范化发展，牙买加政府制定了旅游业政策和激励措施，主要包括《国家发展规划—牙买加2030年远景》《增长诱导战略》《中期社会经济政策框架（2012 – 2015）》《旅游业可持续发展总体规划》等，主要战略政策目标是：加强旅游与其他产业的联系以创建一个具有包容性的部门并利用国际标准改进旅游产品；改善客户体验，强化娱乐定位；提高行业雇员福利；扩大旅游经济影响力。2014年牙买加接待外国游客350.40万人次，同比增长7.0%。过夜游客208.02万人次，同比增长3.6%；人均日消费109.57美元，同比增长1.7%。其中外籍游客1929454人，增长3.7%，平均停留8.7日；牙买加侨民150727人，增长2.2%，平均停留16.5日。游轮游客142.38万人次，同比增长12.5%；人均消费87.03美元，同比增长8.4%。牙买加过夜游客来源地见表4 – 6。

---

[1] 中华人民共和国商务部驻牙买加经商参处网站，http://jm.mofcom.gov.cn/article/i/gjl/L/201609/20160901397435.shtml。

牙买加

表4-6 2013~2014年牙买加过夜游客来源地

单位：人，%

来源地		2013		2014		2014/2013
		人次	比重	人次	比重	增长率
美国		1271262	63.3	1296457	62.3	2.0
加拿大		399331	19.9	419898	20.2	5.2
欧洲	总体	235811	11.7	261081	12.6	10.7
	英国	151315	7.5	177216	8.5	17.1
	德国	19658	1.0	21346	1.0	8.6
	西班牙	2569	0.1	2537	0.1	-1.2
	意大利	7808	0.4	8692	0.4	11.3
	其他	54461	2.7	51290	4.0	-5.8
加勒比		58249	2.9	59057	2.8	1.4
拉美		30538	1.5	29263	1.4	-4.2
亚洲		7505	0.4	8194	0.4	9.2
其他		5713	0.3	6231	0.3	9.1
合计		2008409	100.0	2080181	100.0	3.6

资料来源：中华人民共和国商务部网站，http://jm.mofcom.gov.cn/article/ztdy/201508/20150801087527.shtml。

第六节 交通运输与邮电通信

一 交通运输

牙买加交通运输业的发展起步较早，国内也有比较完善的交通网络，但摆在牙买加交通部门面前最大的现实问题就是运输系统的基础设施老化现象比较严重，这种情况已经成为制约牙买加交通运输和国民经济向前发展的一个瓶颈。随着全国货物贸易量的增长和汽车数量的日益增加，牙买加交通运输基础设施，尤其是公路和铁路的交通网络与设施亟须更新。公路、铁路、海运和航空是牙买加最主要的交通运输方式，这其中，相对而言，公路和铁路的重要性不如海运和航空。当前，牙买加拥有2个国际机场和4个国内机场，14个主要港口。2009年7月，牙买加交通工作小组发布《牙买加交通部门2009－2030发展规划》，提出"建设安全的、有可持续竞争力的环境友好型交通网络，为牙买加振兴进出口和转口贸易提供世界水平的航空、陆路和海运设施"。战略远景包括两部分，一是改善人员、货物和服务流通的国内交通体系；二是发展成为区域、西半球乃至全球交通和物流中心。这项规划具体将实现七个目标：一是可持续的道路运输系统，包括建设维护道路网，构建人员、货物和服务安全、高效、畅通的公共交通体系，改善交通管理水平，加强非机动车交通设施建设，扩大道路交通供应，提高流通效率；二是合适而高质量的国内和国际航运设施和服务；三是具有全球竞争力的、多样化的海运，包括近海运输，海上货运、建设关键基础设施，发展海运人才和技术，创建海运中心，壮大运输船队等；四是在主要节点间建设支持物流中心和人员货物流动的铁路系统；五是把牙买加建设成为一个主要的、综合的、多模式的物流中心，包括构建物流中心相应的制度框架，提供必要的服务支持，建设相关基础设施等；六是完善交通部门相关政策、法律和制度框架；七是建设可持续的环境友好型交通，包括相应的基础设施和服务，高水平的能源保障、储存和效率等。

公路 牙买加境内公路线路约为30198公里，其中主要公路的里程约为4837公里，沥青路仅仅为3219公里，金斯敦城区的市区公路里程为1497公里，质量不好的乡村公路竟然达到了23971公里。20世纪90年代以后，公路运输的货载量开始增加，尤其是1993年以来，由于牙买加政府解除了对机动车的进口限制，公路上行驶的机动车总量突然激增，牙买加公路系统的运输压力日益增大，尤其是在城市地区，交通问题日益突出，拥挤、堵车已是常见的城市交通问题。鉴于交通问题现状，牙买加交通部门迫不得已花大力气解决这个难题，筹集资金来加大对改善交通设施的投入。牙买加还有两条高速公路，一条是北部海岸高速公路，连接了尼格瑞尔、蒙特哥贝、奥乔里奥斯这几个城市；另一条是连接首都金斯敦和蒙特哥贝之间的"高速2000"。中国企业也投资了牙买加的公路设施建设。据英国《卫报》网站2015年12月22日报道

牙买加

称，在牙买加，一条4车道的公路从北到南，围绕着一座山绵延40英里。英媒称，这条耗资6亿美元、绰号为"北京公路"的牙买加南北高速项目，是中国寻宝船已抵达加勒比的最引人瞩目的迹象，这条由中国投资的公路于2016年初完工，把从金斯顿到北海岸旅游度假地奥乔里奥斯的驾车行驶时间从两个小时缩短到50分钟。2016年3月7~23日，由中国交通建设集团投资、中国港湾工程有限责任公司投资并承建的牙买加南北高速公路举行了盛大的竣工通车仪式，标志着牙买加境内第三条高速公路正式投入使用。

铁路 牙买加铁路运输的货载能力不大，受地势的影响，牙买加当前铁路线路总长度仅为331公里。1999年，牙买加交通部门曾与私人部门制定了联合兴建铁路线路的计划，但这项计划最终还是不了了之。1993年以来，牙买加铁路就停止了客运服务，当前铁路主要用于货物运输，其中最主要的就是铝土和氧化铝的运输。

海运 海运是牙买加最为重要的交通运输方式，当前牙买加已经开发利用的海运港口达到了13个，首都金斯敦是全球第七大天然良港，由于其建设有现代化集装箱码头、货物容量极大的仓库，金斯敦港就成为加勒比海区域一个重要的货物中转站。货物的吞吐效率一直很高，但自进入21世纪以来，由于劳动力成本日益上升、加勒比海地区的港口越来越多，金斯敦港口的重要地位开始下降。牙买加另外一个重要港口是蒙特哥贝。2005年，牙买加港口的货物吞吐量达到了1860万吨，同期相比增长了9.6%。2011年牙买加货物吞吐量为765万吨。联合国拉美和加勒比经济委员会（ECLAC）报告显示，牙买加2013年在拉美和加勒比地区港口集装箱吞吐量排名中位列第八，比2012年下滑两位。2013年金斯敦集装箱码头（KCT）和金斯敦码头有限公司（KWL）吞吐量为170万TEUs（标准集装箱），同比下降8.2%。2014年牙买加《集锦者报》消息，牙买加主要货运港口——金斯敦集装箱码头（KCT）2013/14财年货物吞吐量创十年来第二低。根据港口运营管理方——KCT服务公司提供的年报，2013/14财年共处理83.33万个集装箱，同比减少14%，仅高于2005年的79.67万个。2015年，牙买加港口集装箱吞吐量达到2261.9万吨。

空运 牙买加的航空服务业也十分发达，这主要得益于牙买加旅游业的飞速发展。当前牙买加拥有两个国际机场，分别是位于首都金斯敦的诺曼·曼利机场和位于蒙特哥贝港的唐纳德·萨格斯特机场。牙买加境内开辟了 20 多条国际航线，可以直达美国、加拿大和欧洲等国家和地区，年客运量约为 450 万人次。2011 年，迈阿密中转旅客超过 3800 万，其中 1800 多万是国际旅客，而牙买加两大机场可容纳旅客 480 万，可以在南美、中美洲、欧洲间的中转上起到一定的替代作用。牙买加政府已于 2003 年对萨格斯特机场进行了私有化，拟对诺曼·曼利机场进行私有化。牙买加交通运输与矿业部部长戴维斯希望投资者把握机会，与政府一同积极打造国际交通枢纽。2012 年 9 月 29 日，根据牙买加媒体消息，牙买加欲把诺曼·曼利国际机场和萨格斯特国际机场打造成可替代迈阿密国际机场的交通枢纽。2013 年 7 月 1 日，加拿大航空公司旗下胭脂航空公司（Air Canada Rouge）首次开通多伦多到牙买加金斯敦的直航，该航班周一至周五每天一次。2014 年 3 月 30 日起，英国航空公司开通了第四个飞往牙买加首都金斯敦的航班。2015 年，根据牙买加 RJR 新闻的消息，美国西南航空公司于该年 11 月 1 日开通休斯敦直飞牙买加的航班，美国航空公司也开通了 8 条飞往拉美及加勒比的航线，其中 1 条飞往蒙特哥贝市，这条新航线于 2015 年 12 月 18 日启用，美航每周五、周六都有一个飞往蒙特哥贝的往返航班。

二 通信业

牙买加信息技术产业也比较发达，21 世纪初期，其信息技术发展水平迈入全球 78 个信息技术发达国家的行列。牙买加信息产业的发展源于政府部门的重视。为了发挥新兴产业的竞争优势，活跃社会经济，创造更多的就业机会，牙买加政府开始重视信息通信产业（IT）的发展，并把这一产业列为促进经济增长的重要领域，加大对这一产业基础设施的投入力度，从而扩大 IT 产业的产业规模。在政府政策的刺激与引导下，牙买加的信息技术产业得以飞速发展，成为最具活力的产业，年度行业利润也很高。

牙买加

　　21世纪之前，英国公司——牙买加电缆和无线公司（Cable & Wireless Jamaica，简称 C&WJ）独家垄断了牙买加的电信业，这一现状直到牙买加成为世界贸易组织《基础电信服务协定》（Agreement on Basic Telecommunications Service）的签约国后才得以改变。从那时起，其他外国公司才被允许进入牙买加电信产业，牙买加政府也给予外国投资者以国民待遇。为了进一步开放电信产业，引入行业竞争，牙买加政府于1999年9月制定了具体实施办法，规定分三个阶段来逐步开放本国的电信产业。为了规范行业经营和抑制不良竞争，2000年牙买加政府又颁布了《电信法》（Telecommunications Act），来指导电信产业的健康发展。根据相关规定和这个法案，1999年9月到2001年10月是第一阶段，这一阶段内，牙买加政府与牙买加电缆和无线公司签署相关协定，正式结束这家公司在牙买加长达25年的独家经营状态，但牙买加电缆和无线公司在电信业利润最高的国际语音服务领域仍然享有为期3年的独家经营权限；2001年11月到2002年底为有限制的自由化阶段，这一阶段内，牙买加政府进一步放宽了IT产业的行业限制，一共发放了146个电信产业经营许可证；2003年3月1日起为全面自由化阶段，牙买加政府宣布从即日起，本国的电信产业完全开放，进入了公平竞争的发展时期。

　　在电信产业分阶段开放发展的同时，牙买加政府又推出了促进这一产业发展的战略规划。2000年，牙买加政府制定了IT业战略发展的五年规划，这份规划涵盖了人力资源开发、基础设施建设、注重推动经济增长的政府制定与法律建设等内容，其目的是将牙买加国民经济改造成为知识型经济，大力建设信息化社会。这项战略规划也得到了具体落实，牙买加政府加大了信息产业人力资源的培训力度，在政府机构内推行电子政务，加大相关项目的开发以及给电信企业提供必要的资金支持等。为了缓解电信产业资金的不足，牙买加政府与世界银行、美洲开发银行等国际金融组织开展项目合作。自牙买加电信产业进入全面自由化阶段始，外国投资者开始大幅度投资牙买加的IT产业，这一产业也就成为牙买加发展最为迅速的新兴产业，逐渐成为牙买加的一项支柱产业。牙买加政府为本国的IT产业制订了宏伟的国际规划，期望本国的IT产业成为加勒比海地区最具竞争力的产业,并计划在 5~10 年内能与国际上产业领先的国家展开竞争,使 IT 产业真正成为促进经济增长、带动更多人就业的信息技术产业。牙买加政府的相关努力已经取得了成效,2003 年 3 月 1 日,牙买加政府宣布该国电信业完全开放,进入了全面自由化、公平竞争的经营时期。牙买加工业商业农业与渔业部,能源、科技部 2003 年 1 月底提供的资料显示,牙买加 ICT 业开放以来所取得的成绩及目前的大致状况如下:①电话拥有率:固定电话线 50 万条,占人口的 20%(14%,1999 年);②全国人口中有半数以上的人(约 140 万人)使用手机,手机拥有率高达 54%;③全国的数字电话网络覆盖率达到了 100%;④有 20 家因特网服务供应商(1999 年仅两家),已发放了 49 份经营许可证;⑤ICT 产业的投资(2000~2002):a. 资本设备及培训:两亿美元;b. 奖学金:120 万美元;c. 流入牙买加的外国直接投资:从 1980 年的 2800 万美元增至 2001 年的 7 亿多美元,其中仅三家移动通信公司的投入就达 300 亿牙买加元(约合 5 亿多美元)。2005 年,全国的移动电话用户已经达到了 270 万户,增长了 22.2%。牙买加《观察家报》2011 年 8 月 5 日消息,牙买加政府宣布了在短期内推动信息通信技术/业务流程外包产业发展的五点计划,以期近年内使该领域就业人数(11000)翻番。牙买加《观察家报》2011 年 10 月 20 日消息,牙买加主要私营部门组织和服务业联盟于本周签订谅解备忘录,建立起广泛的发展牙买加服务业伙伴关系。牙买加商会、私营部门组织、出口者协会、中小企业联盟提供相应专业支持,牙买加工业商业农业与渔业部、投资促进署、外交与对外贸易部代表政府促进行业发展,他们制订了一个为期三年、全面的扩张、增长计划,以促进包括信息和通信技术在内的相关产业的发展。根据牙买加新闻署 2011 年 12 月 9 日消息,牙买加工业商业农业与渔业部部长塔夫顿在贸易投资促进署的新闻发布会上宣布,美国沃基公司(Convergys)于 2012 年在牙买加投资数百万美元全面实施信息通信技术(ICT)项目,该项目会创造近 1000 个就业岗位。塔夫顿表示,在全球经济逐步复苏的背景下,该项目不仅对创造就业起到积极作用,同时也对吸引外来投资起到重要作用。牙买加《观察家报》2014 年 8 月 9 日消息,牙买加财长菲利普斯参观蒙特哥贝巴尼特(Barnett)

科技园后表示，政府将与信息通信技术（ICT）产业投资者携手，开拓思路，创新方法，解决运营成本问题，以吸引更多的投资。根据牙买加RJR新闻2016年2月17日消息，牙买加有线及无线通信公司（CWC）报告称，公司2015年第四季度的营业额为5.95亿美元，同比增长1%。移动业务营业额占总营业额的40%，其次是固定电话（14%）、宽带服务（13%）、视频服务（8%）和整机销售（8%）。牙买加有线及无线通信公司表示，牙买加移动电话保有量已从2014年底的390万部增至400万部。[①]

第七节 财政与金融

一 财政

每年的4月1日到来年的3月31日是牙买加的一个财政年度，牙买加的主要财政来源就是政府税收，税收提供了90%以上的财政收入。当前，牙买加主要的税收品种有进口关税、所得税和财产税；涉及商品的品种有进口关税、普通消费税、特别消费税和海关担保税加上印花税。

20世纪90年代初期，牙买加的财政一直处于健康运行状态，财政始终保持着盈余，但1994年牙买加爆发了一次经济危机，这一年牙买加的财政开始失衡，内部债务开始迅速上升。90年代末期，牙买加政府财政收入的一半都不得不用来偿还利息，财政收支不相抵，开始出现恶化趋势。为了改善财政失衡状况，除了增加财政收入，牙买加政府还采取别的措施，花大气力压缩财政支出，主要包括压缩重点建设项目支出、减少日常项目支出和控制工资增长幅度等。为了缓解财政失衡的压力，弥补基本建设项目支出资金的不足，牙买加政府迫不得已求助于外国援助和举借外债。经过政府的努力，进入21世纪之后，牙买加的财政收支状况有所好转，2002年，财政赤字占GDP的比重开始下降，2002年财政赤字占GDP

---

① 中华人民共和国商务部驻牙买加经商参处网站，http://www.mofcom.gov.cn/article/i/jyjl/l/201602/20160201257223.shtml。

的比重为8.2%，2005则降低为3.2%。但2005年，牙买加的财政状况又开始逆转，2006~2007年度，牙买加的财政赤字约为4.1亿美元，约占GDP的4.1%，比牙买加政府预期设定目标高出1.6%。根据2010年1月14日的统计数据，牙买加政府担负的国内外债务达到了13000亿牙元，其中国内债务超过7300亿牙元。为了应对财政困境，牙买加政府推出了债务互换计划（Debt Exchange），该计划的主要内容是政府有价证券持有者接受牙买加政府减少利息收入的请求，以新的较低利息有价证券替换旧的有价证券。2010年3月25日，牙买加财政与公共服务部部长奥德利·肖向国会提交2010/11财年预算案，新财年预算总支出为4993.88亿牙元，比上年的5930.64亿牙元减少936.76亿牙元，预算支出减少的原因主要是新财年偿债安排大幅度减少约1219亿牙元，其中安排偿还内债减少1269.33亿牙元，安排偿还外债增加54.09亿牙元。2013年9月2日，牙买加央行提供的数据显示，2013年第二季度牙买加政府财政赤字54亿牙元，远远低于102亿牙元的预算金额，实现基本盈余173亿牙元，但全年财政赤字为2.24亿美元。2014年4月3日，牙买加财政与公共服务部部长菲利普斯向议会提交2014/15财年预算报告，预算总额为5393.5亿牙元（约合49.5亿美元），比上财年增加390亿牙元，其中经常性支出4046.54亿牙元，资本支出1346.98亿牙元。牙买加财政与公共服务部预算金额最多，为2999.5亿牙元，其中经常性支出1976.5亿牙元，资本支出1023亿牙元，绝大多数资金将用于偿还牙买加债务；其次为教育、青年与信息部和国家安全部，分别为803.9亿牙元和503.7亿牙元。根据牙买加RJR新闻2016年1月5日消息，截至2015年11月底，牙买加基本财政盈余560亿牙元，超额完成50亿牙元的盈余目标，主要盈余资金用于偿还牙买加政府债务。根据牙买加财政年度的时间点来看，2015/2016财年牙买加财政收入为4581亿牙元（约合36.94亿美元），支出4630亿牙元（约合37.34亿美元）。

从政府的实践政策来看，通过削减财政开支来实现收支平衡的做法，效果有限，开源节流也缺乏相应的操作空间，当前摆在牙买加政府面前的对策只有提升税率来实现财政收支平衡了。当前，牙买加政府大约50%的开支被用于偿还各种利息和债务，财政收支平衡始终是

牙买加

影响政府工作的一大难题，也是影响牙买加国民经济能否步入健康轨道的一个制约因素。

二 金融

(一) 简介

独立之初，牙买加的经济状况比较良好，一些外资银行瞅准了牙买加良好的市场机遇，纷纷到这里开设分支银行，其中较大的银行有美洲银行（Bank of America）、摩根大通银行（JP Morgan Chase）、芝加哥第一银行（First Chicago NBD）等。由于大批外资银行的进入，从20世纪80年代开始，牙买加的金融业得到了快速发展。据美洲开发银行对牙买加1986～1990年金融业发展状况的研究统计，这一时期牙买加金融部门的资产实际增长了19%，固定资产也从2.48亿美元增长到2.95亿美元，这一时期拉美国家整体金融业的增长率仅仅为7.2%。在外资银行纷纷发展的同时，牙买加的商业银行和金融机构也不断增多，商业银行（Commercial banks）和招商银行（Merchant banks）是其中的典型，增长最为迅速。

从1984年6月开始，主要外资银行陆续从牙买加撤离，停止了在牙买加的各项业务。20世纪90年代以来，牙买加奉行新自由主义的发展思想，政府全面放宽了对金融业的管制，牙买加的金融业开始进入一种无序状态，货币供应量大幅度增加。1994年之后，金融业的资产收益率迅速恶化，实际利率不断上升，到了年底，牙买加的金融业面临崩溃的边缘。1995年中期，由于不良贷款总量过高，牙买加第四大商业银行——世纪国家银行（Century National Bank，简称CNB）陷入了困境，1996年7月，政府不得不接管这家银行。到了1997年，牙买加的金融机构普遍经历着资产大幅度流失的厄运，另外一家商业银行牙买加银行（Bank of Jamaica，简称BOJ）为了摆脱困境，只能采用透支和预付的方式来应对破产倒闭的危险。牙买加的金融危机迅速蔓延到其他金融机构，一些保险公司也陷入了金融困境。

金融机构遇到的危机引起了牙买加政府的关注，面对严峻的客观形势，牙买加政府对新自由主义的经济思想进行了适度调整，开始加大对金融业的行政干预力度。1998年7月，牙买加政府宣布全国最大的7家行业银行均收归国有，这些银行的金融业务由新成立的金融部门调整公司（Financial Sector Adjustment Company，简称FINSAC）全面负责。随后，金融部门调整公司接管的银行及其金融附属机构达到了100多家，涵盖旅馆、房地产公司以及相关企业。11月，全国所有的国有银行均由金融部门调整公司掌控，牙买加60%的银行资产和90%的保险业资产都并入了金融部门调整公司。在这家公司的宏观掌控下，牙买加政府向金融业投放了大约1300亿牙元（约28亿美元），占当年GDP总量的40%，以帮助金融企业恢复活力。与此同时，金融部门调整公司也通过发行债券和转移不良贷款等途径，帮助金融机构恢复偿还能力。

经过政府的政策引导和金融部门调整公司的努力，牙买加金融业有所改观，进入21世纪之后，牙买加银行的流动性也开始增强，但是，金融部门调整公司的成立并没有在根本上解决牙买加的金融危机。虽然金融业的整体状况有所好转，但新的问题也随之而来，主要是金融部门调整公司的内部也出现了新的危机，巨额的低息贷款加重了牙买加的公共债务，尤其是金融部门调整公司的债务。2000年6月30日，金融部门调整公司的债务总额占GDP的比重竟然超过了40%，公共部门的债务总额达到了GDP的140%以上；除此之外，金融部门调整公司的贷款都转化为金融机构的不动资产，缺乏必要的流动资产，金融机构的自我调整空间也很有限。

为了使本国的金融业彻底摆脱危机，保持宏观经济的整体稳定，牙买加政府决定求助于国际货币基金组织。在该组织的监督下，2000年年底，牙买加政府实施了"政府银行重建和债务管理计划"（the Government's Bank Restructuring and Debt Management Program，简称BRDP），来促进经济增长，逐步降低公共债务率，帮助金融业度过危机。牙买加财政与公共服务部具体执行这项计划，金融部门调整公司协助财政与公共服务部来开展具体业务工作。

2002年12月31日，政府银行重建和债务管理计划项目正式结束，其间总共投资了7500万美元。这项计划的实施规范了牙买加的金融产业，

牙买加

有效改善了金融产业的运行状况，提升了金融系统对危机的应对与防范能力。在这项计划实施的同时，牙买加政府还制定了新的与金融业相关的法律，加大对金融业的监管力度。2013 年，牙买加货币市场经纪商（JMMB）收购特多国际商业银行有限公司、国际商业信托和招商银行，货币市场经纪商总裁邓肯表示，这意味着本公司可以为牙买加提供全面的金融服务。货币市场经纪商在特立尼达和多巴哥、巴巴多斯、牙买加证券交易所上市，在牙买加、多米尼加共和国、特立尼达和多巴哥均有业务，范围涉及证券交易、股票经纪、外汇买卖、保险经纪、银行和汇款等。据牙买加《观察家报》报道，牙买加最大的小额贷款机构"金融通道"（AF）称，2014 年前三个季度，金融通道贷款业务总额为 11 亿牙元，较上一年同期的 8.99 亿牙元增长 25%。第三季度新增贷款业务同比增长 17%，净利润为 9400 万牙元，同比增长 17%。

随着中国经济实力的提升，中国金融业也开始走向世界，牙买加也希望借助与中国金融企业的精心合作，为牙买加的金融产业注入新的活力。2016 年 9 月 22 日，牙买加代总理霍勒斯·郑在会见中国国家开发银行董事长胡怀邦时表示，来自中国的投资对牙买加经济发展至关重要，希望两国加强金融合作，为中国企业赴牙买加投资提供便利。牙买加政府提出"发展经济、创造就业"的执政目标，规划了一系列重点工程项目，希望得到中国国家开发银行的支持。胡怀邦表示中国国家开发银行已为牙买加南北高速公路项目提供了超过 5 亿美元贷款，并计划为牙买加阿尔帕特氧化铝厂项目提供 5.19 亿美元贷款。今后，国开行将继续为牙买加基础设施等领域项目提供融资支持，引导中国企业赴牙买加投资，为深化和提升两国经贸合作贡献力量。

（二）主要金融机构

牙买加银行 牙买加银行前身为成立于 1960 年的牙买加中央银行，这家银行于 1961 年正式营业。牙买加银行是牙买加的中央银行，也是国有银行，政府持有全部股份，拥有发行货币、代理国库、外汇管制、货币制定政策等权力。

牙买加国民商业银行（National Commercial Bank Jamaica Limited） 牙

买加国民商业银行的前身是成立于 1837 年 5 月的牙买加殖民银行（the Colonial Bank），其间曾经更名了三次，现用名确定于 1977 年 6 月 12 日。牙买加国民商业银行是商业银行，所有权归属有限公司，综合实力位列牙买加金融业的首位。

牙买加诺瓦斯科蒂亚银行（Bank of Nova Scotia Jamaica Limited） 牙买加诺瓦斯科蒂亚银行成立于 1967 年 1 月 16 日，也是一家商业银行，综合实力居牙买加金融业的第二位。

牙买加公民银行（Jamaica Citizens Bank Limited.） 牙买加公民银行成立于 1967 年，是一家股份制银行，综合实力位列牙买加金融业的第三位。

牙买加加拿大帝国银行（CIBC Jamaica Limited） 牙买加加拿大帝国银行的前身是成立于 1976 年 10 月 1 日的牙买加商业银行（Bank of Commerce Jamaica），1988 年 7 月 1 日更名为今名。这家银行是一家商业银行，加拿大帝国商业银行拥有 55% 的股份，其余 45% 的股份归牙买加政府所有，综合实力位列牙买加金融业的第四位。

斯科蒂亚牙买加信托及商业银行（Scotiabank Jamaica Trust and Merchant Bank Limited.） 斯科蒂亚牙买加信托及商业银行成立于 1987 年，全部股份归牙买加诺瓦斯科蒂亚银行所有，综合实力位列牙买加金融业的第五位。

牙买加加拿大帝国信托公司（CIBC Trust Jamaica Limited） 牙买加加拿大帝国信托公司的前身是成立于 1960 年 7 月 23 日的加拿大商业银行信托公司，1988 年更名为今名，综合实力位列牙买加金融业的第六位。

三 货 币

独立以后，牙买加曾经发行了两套货币。第一套货币由牙买加银行于 1961 年 5 月 1 日发行，这套货币分为纸币和硬币两种，其中纸币的面值分为 10 元和 5 元两种，硬币的面值分为 5 镑和 1 镑。这套货币上印有英国女王伊丽莎白二世的肖像和牙买加银行首任主管斯坦利·W. 佩顿（Stanley W. Payton）的亲笔签名。这套货币流通了不到十年，1969 年牙买加进行币制改革后，这套货币就退出了历史舞台。

牙买加

1968年1月30日，牙买加议会特别委员会提出了进行币制改革的建议，众议院随后通过了这项提议。这份币制改革的内容包括：①实行货币十进位制；②货币最大和最小单位分别为"元"和"分"；③1969年9～10月完成这次币制改革。1969年9月8日，牙买加第二套货币正式面世，首先发行的有纸币和硬币，1分的硬币最初的材质是铜镍合金，1970年之后改为铜质；新纸币的图像不再是英国女王，取而代之的是牙买加民族英雄的肖像，10元纸币上的肖像是乔治·威廉·戈登，2元纸币上的肖像是保尔·博格尔（Paul Bogle），1元纸币的肖像是巴斯塔曼特，50分纸币的肖像则是马库斯·加维。1970年10月20日，牙买加银行又增发了面值为5元的纸币，1976年11月增发了面值为20元的纸币，这种纸币上面的肖像是诺埃尔·内则索尔（Noel Nethrsole），他是牙买加银行的创立者，随即面值为50分的纸币被取消流通。1986年增发了面值为100元的纸币，1988年增发了面值为50元的纸币。

1994年，牙买加又对第二套货币的面值进行了调整，硬币取代了5元纸币，10分、25分和1元硬币的外观也做了改变，面值为5分的硬币被取消，随后又发行了面值为500元的纸币。经过了这次调整，牙买加最新的货币面值结构仍然包括纸币和硬币两种，其中纸币包括10元、20元、50元、100元和500元五种面值形式，硬币包括1分、10分、25分、1元和5元五种类型。2000年3月，硬币又取代了面值为20元的纸币，同时发行了面值为1000元的纸币，7月正式进入流通流域。

四 汇率

独立以后，牙买加政府实行了多种汇率制度，包括正式盯住汇率制、非正式盯住汇率制、双重汇率制和浮动汇率制等。目前，按照国际货币基金组织的定义，牙买加当前的汇率制度为自由浮动汇率制。在过去的几十年内，牙买加与美元的汇率波动的幅度特别大，1977年，1美元可以兑0.91牙元；但进入20世纪90年代后，由于牙买加金融形势不断恶化，牙元出现大幅度贬值的情况，牙元与美元的比价从1990年的7.18∶1下降为1994年的33.35∶1。从1995年开始，牙买加政府加强了汇率管控，进而稳定国内物价，随即牙元出现了升值，到1998年实际升值了54%。20世纪90年代末期，牙买加国内的宏观经济趋于稳定，政府也实施了更为灵活的汇率政策，牙买加的币值开始出现缓慢的贬值，逐步回到正常的币值区间。1999~2002年累计贬值10%，2003年再次贬值10%。到了2004年，牙买加的汇率保持了稳定。2007年，牙元和美元的比价为1美元约合69.06牙元。2009年，牙元对美元汇率则下降10.2%，2010年由于个人资产流动性的增加而有效地抵消了日益增长的资本转账带来的影响，牙元对美元汇率上升4.4%。2013年，据牙买加RJR新闻网消息，牙买加财政与公共服务部部长菲利普斯表示，只有改善国际收支平衡，牙元汇率才有可能趋于稳定。菲利普斯指出，目前牙买加国际收支存在巨额逆差，基于市场的牙元汇率必然一路走低。但他相信，牙元贬值并非长期趋势，希望通过实施各项改革措施扩大出口、减少进口、改善国际收支，解决汇率问题。2013年7月以来，牙元兑美元贬值已超过11%。2013年10月17日，美元兑牙元再创历史新高，达到105.16。2014年第二季度1美元兑112.2牙元，第三季度牙元同比贬值10.68%。

第八节　对外经济关系

一　贸易政策

20世纪60年代以来，牙买加奉行进口替代工业化政策，国内的贸易政策以鼓励出口为主，限制一些工业制品的进口。从1986年开始，牙买加废除了进口替代政策，开始鼓励贸易自由化，牙买加政府逐渐放宽进口限制，逐步降低进口关税。牙买加的进口关税最高时曾经达到200%，经过削减之后，牙买加一般工业品和农产品的进口关税已经分别降至原关税的30%和40%。当前，牙买加几乎没有比较特别的贸易限制政策，进口关税中，享受最惠国待遇的进口关税税率最低，平均关税水平仅为10%。

牙买加的整体经济规模不大，经济发展程度也不太高，制造业的品种

牙买加

也比较单一,加之受到资源和人口数量的制约,牙买加只有少数几种商品可以出口,工业体系的不完备导致了民众的日常生活必需品和经济发展的必需物质都依赖进口。近几年以来,牙买加的进出口贸易总额有了一定的增长,但进口额远高于出口额,贸易逆差日趋加大。为了解决贸易失衡的问题,缩小贸易逆差额,缓解财政困境,牙买加政府开始采取有效政策来促进出口,改善出口环境,增强私人企业扩大出口的积极性。

2009年11月,工业商业农业与渔业部制定了牙买加《国家出口战略》(NES),旨在将牙买加打造成一个人均出口领先的国家。《国家出口战略》是牙买加经济计划的核心和首要政策,是牙买加2030年远景规划的一部分,得到了国际贸易中心、欧盟、英联邦秘书处等机构的资金和技术支持。《国家出口战略》明确了八大优先发展领域:农产品加工、水产养殖、咖啡、教育、文娱、信息和通信技术、时装及矿物和矿产资源。设定了三大目标:一是将出口对国民经济的贡献比从20%提升至33%;二是通过出口促进就业,提高边缘化群体的生活水平;三是提高出口多样化水平。具体包括:①提高优先发展领域附加值;②提高非传统出口商品附加值;③提高服务业占出口的比重;④扩大现有出口市场并积极开拓新兴市场;⑤保持竞争意识,实现行业的可持续发展。2009~2013年为《国家出口战略》第一阶段,目标为创造高水平就业,实现国家经济和资源的可持续发展。自《国家出口战略》启动以来,牙买加商品出口效率显著提升,农产品出口周期从21天缩短为1周,服务业及传统产业表现出色,经济环境趋于稳定,宏观经济指标得到改善,国际营商环境、竞争力排名等多项评级上调。2015年8月20日,牙买加《国家出口战略》第二阶段(2015~2019)正式启动,着重发展制造业、矿业、电影和动漫、农产品加工及信息技术服务等领域,各领域年增长目标高达15%。牙买加对外贸易政策所遵循的协议或协定包括:①单边协定:经济伙伴协定(EPA)、加共体单一市场经济(CSME);②双边协定:加共体-多米尼加自贸协定、加共体-古巴自贸协定、加共体-哥斯达黎加自贸协定、加拿大-加共体贸易和发展协定、美国-加共体贸易和投资协定、牙买加-瑞士地理标志协议;③多边协定:国际商品协定、世界贸易组织

(WTO)、科托努协定（非加太-欧盟贸易和经济协定 ACP-EU）之香蕉配套措施（BAM）、加勒比地区区域指示性计划（CRIP）。

二 对外贸易

牙买加的出口商品数量不多，出口结构比较单一，出口商品主要是矿业制品、农产品，其中最主要的就是铝土、氧化铝、咖啡、朗姆酒和通信器材。铝土是最主要的出口商品，每年铝土的出口额约占牙买加出口总额的30%。牙买加进口商品主要是制造业产品和重工业品，每年制造业、石油、交通运输设施和基础金属等领域的进口数额接近全国进口总额的60%。2014年，牙买加进口58.38亿美元，同比减少4.8%；出口14.52亿美元，同比减少8.1%；贸易赤字43.86亿美元，同比减少5.9%。五大进口产品分别是矿物燃料、食品、机械和交通工具、化工产品和制成品，占总进口额的86.6%；五大出口产品分别是原材料、矿物燃料、食品、饮料与烟草和制成品，占总出口额的94.9%。2015年，牙买加进口总额为49.959亿美元，同比减少8.514亿美元或下滑14.6%；出口总额为12.626亿美元，同比减少1.859亿美元或下滑12.8%；贸易赤字37.333亿美元，同比减少6.655亿美元或下降15.1%。除贸易赤字有所改观外，其余数据均表现欠佳。牙买加五大进口产品是矿物燃料、机械和交通工具、食品、制成品和化工产品，占总进口额的86.0%；五大出口产品分别是原材料、食品、矿物燃料、饮料与烟草和制成品，占总出口额的95.2%。

（一）进口情况

2015年，10类进口产品中，2类产品进口增长，分别是制成品、机械和交通工具，进口额分别为6.469亿美元和10.308亿美元。其中，机械和交通工具增加6660万美元，增加最多，同时增幅最大，为6.9%；8类产品进口减少，分别是原材料、动植物油脂、化工产品、食品、饮料与烟草、杂项制品、矿物燃料和其他产品，进口额依次为5650万美元、3240万美元、5.824亿美元、8.409亿美元、7170万美元、4.784亿美元、11.470亿美元和1.089亿美元，其中，矿物燃料减少9.526亿美元，减少最多，同时降幅最大，为41.8%。

按照最终用途，进口产品可分为4类，分别是消费品（车辆除外）、原材料和中间产品、资本产品（车辆除外）以及车辆。

消费品进口16.780亿美元，同比增长0.2%。其中，食品、其他耐用消费品分别进口6.594亿美元和3.767亿美元，同比增长1.0%和7.2%；非耐用消费品、半耐用消费品分别进口4.781亿美元和1.566亿美元，同比下降3.5%和6.3%。

原材料和中间产品进口25.78429亿美元，同比下降25.2%。其中，零配件和辅件进口3.293亿美元，同比增长13.4%；食品、其他燃料及润滑油、工业用品、原油分别进口2.302亿美元、7.270亿美元、8.722亿美元和4.196亿美元，同比下降20.2%、44.9%、2.7%和35.5%。

资本产品进口5.473亿美元，同比下降2.4%。其中，建筑材料和其他资本产品分别进口1.781亿美元和1840万美元，同比增长2.9%和117.1%；机械设备和其他工业交通工具分别进口2.724亿美元和7850万美元，同比下降4.1%和17.7%。车辆进口1.994亿美元，同比增长15.2%。

（二）出口情况

牙买加出口产品分传统产品和非传统产品两类。传统产品包括农业、采矿采石业和制造业，非传统产品包括食品、饮料和烟草（朗姆酒除外）、原材料和其他产品。

1. 传统产品出口

传统产品出口7.929亿美元，同比增加881万美元或增长1.1%。其中，采矿采石业和农业分别出口6.721亿美元和2847万美元，同比增加1.149亿美元和973万美元或增长1.7%和51.9%；制造业出口9229万美元，同比减少1241万美元或下降11.9%。

采矿采石业产品中，氧化铝是主要增长因素，出口5.423亿美元，同比增加1285万美元；铝矾土出口1.299亿美元，同比减少136万美元。

农业产品中，咖啡和香蕉分别出口2520万美元和24万美元，同比增长86.9%和34.9%；甘椒、柑橘和可可分别出口136万美元、128万美元和40万美元，同比下降41.7%、26.3%和60.8%。

制造业产品中,糖、朗姆酒、咖啡、可可和柑橘出口均下降,出口额分别为 5381 万美元、3499 万美元、273 万美元、56 万美元和 20 万美元,同比下降 3.5%、22.0%、23.5%、43.1% 和 18.7%。

2. 非传统产品出口

2015 年,非传统产品出口 4.192 亿美元,同比减少 1.768 亿美元或下降 29.7%。食品、饮料与烟草(朗姆酒除外)、原材料和其他产品出口均下降,出口额分别为 1.264 亿美元、2541 万美元、1903 万美元和 2.483 亿美元,同比下降 13.7%、28.1%、51.7% 和 33.7%。

其他类产品是非传统产品出口减少的主要原因。其中,矿物燃料、制成品、化工产品、其他产品、机械和交通工具和服装分别出口 1.942 亿美元、2419 万美元、2212 万美元、388 万美元、194 万美元和 92 万美元,同比下降 35.5%、51.0%、36.9%、2.0%、20.7% 和 32.9%;动植物油脂和家具分别出口 29 万美元和 73 万美元,同比增长 4.9% 和 34.5%。

饮料与烟草(朗姆酒除外)中,非酒精饮料和酒精饮料分别出口 615 万美元和 1908 万美元,同比下降 31.0% 和 27.7%;烟草出口 18 万美元,同比增长 2260.6%,几乎为净增长。

食品中,木瓜、阿奇果、肉类产品和动物饲料分别出口 384 万美元、1397 万美元、478 万美元和 1088 万美元,同比增长 1.8%、17.2%、1.5% 和 0.1%;13 类产品出口减少,主要产品有木薯、调料、海鲜和其他产品,分别出口 1941 万美元、1274 万美元、1060 万美元和 1890 万美元,同比下降 12.4%、17.6%、14.3% 和 17.5%。

原材料中,废旧金属出口 1150 万美元,下降 66%;其他产品和石灰石分别出口 431 万美元和 34 万美元,同比增长 62.5% 和 11.8%。牙买加政府于 2013 年解除了废旧金属的出口禁令,2014 年库存废旧金属已基本出口,造成 2015 年出口下滑。

(三)主要进口伙伴

2015 年,牙买加十大进口国依次是美国、特立尼达和多巴哥、中国、委内瑞拉、日本、墨西哥、哥伦比亚、加拿大、德国和西班牙,进口额分别是 18.430 亿美元、4.744 亿美元、4.090 亿美元、3.537 亿美元、1.773

亿美元、1.303 亿美元、1.041 亿美元、9517 万美元、8380 万美元和 8011 万美元。

(四) 主要出口伙伴

2015 年,牙买加十大出口国依次是美国、加拿大、荷兰、冰岛、俄罗斯、英国、中国、格鲁吉亚、阿联酋和日本,出口额分别是 4.388 亿美元、1.811 亿美元、1.091 亿美元、9900 万美元、8777 万美元、7662 万美元、2854 万美元、2505 万美元、2301 万美元和 1721 万美元。

(五) 最大贸易伙伴

2015 年,美国既是牙买加最大出口国,又是牙买加最大进口国,是牙买加最大贸易伙伴。2015 年,从美国进口占牙买加进口总额的 36.9%;向美国出口占牙买加出口总额的 34.8%;逆差 14.042 亿美元,缩小 2.728 亿美元或下降 16.3%。牙买加从美国进口食品、机械及交通工具、矿物燃料、化工产品、制成品等产品,进口额分别为 3.748 亿美元、3.682 亿美元、3.099 亿美元、2.761 亿美元、2.091 亿美元;对美出口食品、矿物燃料、原材料、化工产品、饮料与烟草等产品,出口额分别为 7034 万美元、1932 万美元、1456 万美元、1438 万美元和 1088 万美元。

2015 年,牙买加与加共体贸易额为 6.561 亿美元,其中,牙买加进口 5.991 亿美元,减少 1.638 亿美元或下降 21.5%;出口 5700 万美元,减少 3310 万美元或下降 36.7%;贸易赤字 5.421 亿美元,减少 1.507 亿美元或缩小 22.4%。

牙买加从加共体进口产品主要是矿物燃料和食品,占进口额的 82.3%,进口额分别为 3.488 亿美元和 1.440 亿美元,同比减少 1.588 亿美元和 350 万美元。矿物燃料的减少是牙买加进口额减少的主要原因。

牙买加向加共体出口产品主要是食品、饮料烟草和制成品,占出口额的 74.7%,出口额分别为 2440 万美元、830 万美元和 990 万美元,同比减少 970 万美元、570 万美元和 1090 万美元。

特立尼达和多巴哥是牙买加在加共体的最大进口国,占牙买加从加共体总进口额的71.3%;苏里南是牙买加在加共体的最大出口国,出口额为973万美元,占牙买加总出口额的20.6%。①

牙买加的贸易对象集中于几个重点国家,美国、英国是传统的贸易伙伴,加拿大和挪威是为数不多的与牙买加保持贸易往来的国家。牙买加的贸易伙伴中,美国是牙买加最大的对外贸易伙伴,1998年牙买加同美国的贸易数量占当年贸易总量的40%。随后,牙买加出口到美国的纺织业制品数量开始下降,2003年牙买加同美国的贸易量有所下降,这一年美国对牙买加的出口量降至28.8%,进口量降为44.4%。2006年,牙买加同美国的贸易数量中,牙买加出口到美国的商品数量占本国出口总额的27.2%,进口商品数量占本国进口总额的37.3%。2012年1~7月,牙买加从美国进口13.207亿美元,同比增长6120万美元,占全部进口额的35.7%;向美国出口约为4.002亿美元,占出口总额的42.3%,同比减少1.183亿美元;牙美贸易逆差为9.205亿美元,同比增长1.793亿美元。2013年,牙买加从美国进口20.16亿美元,占牙买加进口额的32.4%;向美国出口7.21亿美元,占牙买加出口额的46.2%;逆差12.95亿美元。2014年,牙买加从美国进口22.48亿美元,占牙买加进口额的38.5%;向美国出口5.72亿美元,占牙买加出口额的39.4%;逆差16.76亿美元。2015年,牙买加从美国进口占牙买加进口总额的36.9%;向美国出口占牙买加出口总额的34.8%;逆差14.042亿美元,减少2.728亿美元或下降16.3%。

为了摆脱为数不多的贸易伙伴的制约,近几年以来,牙买加政府开始积极拓展对外贸易市场,重视与拉美大陆国家和加勒比共同体成员方的贸易关系。这种努力并没有收到太好的效果,自20世纪80年代以来,牙买加对这一地区的出口数额不断下降,但对这一地区的进口总额却不断上升,这种现象反映出牙买加的商品质量的竞争力有限,但加勒比共同体内

---

① 中华人民共和国商务部驻牙买加经商参处网站,http://jm.mofcom.gov.cn/article/ddfg/waimao/201610/20161001417286.shtml。

部关税下降在一定程度上降低了牙买加的进口成本，有助于缓解牙买加的贸易逆差。

综合最近几年进出口商品数量的对比情况来看，牙买加的对外贸易有如下几个特征：①贸易逆差不断扩大，对外贸易状况呈现恶化态势；②进口商品中，石油产品的数量过大，由于全球石油价格不断攀升，进口石油所花费的外汇总量一直在增加，这种状况自2015年有所好转，由于国际油价大幅度下降，牙买加在进口石油的花费才开始有所下降；③出口商品的种类较少、出口结构过于单一，长期以来，牙买加一直依赖传统出口商品，铝土、氧化铝和咖啡这三种最主要的出口商品的数量占到牙买加出口总量的92.1%。

牙买加的对外贸易长期出现贸易逆差，经常项目中的赤字数量增加，并且经常项目的赤字总量呈现上升趋势。

三　外来投资

（一）利用外资政策

牙买加政府对外国投资给予非歧视性待遇，牙买加国内的公平贸易法、普通法之类的相关法律都对外国资本提供相应的法律保护，同时，牙买加政府还同多边机构以及双边政府都签订了保护外国资本的外资保护协定。针对直接投资到出口企业的外国资本，根据牙买加政府制定的出口鼓励措施法案，外资企业的产品用于出口时，享受税收和进口关税减免的优惠待遇。为了吸引更多的外国资本，牙买加政府于1992年废除了外汇管制法案，这样，外资企业就可以自由进行外汇兑换、利润汇出、物资和技术进口等业务。

对于外国资本可以投资的经济领域，牙买加政府并没有明确的界定。牙买加现行的外资法规定，投资于牙买加的每项外资项目在原则上都需要经过相关部门的评估，但是，政府鼓励外国资本投资到会促进经济增长、开发国内原材料、争取或节约外汇、发展相关产业、创造更多就业机会或加速新技术运用等领域。近几年以来，随着牙买加政府推出针对外国资本更为优惠的政策，如开放国民经济、增加对私有部门的信任、加速国企私有化进程等，外国资本进入牙买加的总量不断上升。牙买加政府为一些投资于重点领域的外国资本在税收、土地使用和人员培训等方面提供不同程度的优惠，这些领域包括采矿业、农产品加工业、服装制造和轻工业产品制造业、港口和航运业、信息技术产业、旅游娱乐与体育产业等。

牙买加为外国资本制定了统一的评估标准，外国投资者与本国企业均享受同等待遇，不会发生任何歧视，对外资的评估标准主要包括对外资企业的信任度和环境影响评估。

在政策领域，牙买加立法机构也加大了立法力度，制定了一系列与外国资本在牙买加投资、运行的相关法律。为了保护消费者权益，促进公平竞争，提高法规的透明度，牙买加立法机构制定了《公平竞争法》，严格规范广告误导、价格垄断和不公平交易之类的不正当竞争行为。在税收、劳动、安全与卫生等领域，牙买加立法机构也制定了相应的法律，确保外国资本有序经营和有法可依。一旦企业之间发生投资与经营纠纷，各个地方法院就可以协调解决一些小型的纠纷，一旦与牙买加政府发生纠纷，投资者可以借助国际投资纠纷调解中心进行仲裁，牙买加法院可以强制执行国际投资纠纷调解中心的最终裁决结果。当前，牙买加国内与外国资本相关的法规有如下几种。

①《铝矾土和氧化铝业鼓励法》。这项法律规定，外国资本在牙买加涉及铝矾土或氧化铝业领域时，自动享受资本货物、润滑油、油脂和其他化学制品的进口免税资格。

②《国际金融公司法》。这项法律规定，外国银行在牙买加拓展经营业务时，可以依法减免国际金融公司利润和资本收益的所得税。

③《制造业出口鼓励法》。这项法律规定，牙买加政府对满足条件的外资制造商给予为期10年的所得税减免周期，原材料和机械进口税也相应免除，而且，制造商在获得对新出口商品按出口销售和总销售百分比计算的退税优惠后，还相应取得对原出口上按超过基本出口销售额计算的退税奖励。这项法律还进一步修正，增加了对非加勒比共同体国家出口超过出口总额5%之后的奖励措施。

牙买加

（二）外国直接投资（FDI）

外国直接投资也是牙买加利用外国资本的有效途径。从20世纪80年代开始，一些外国企业直接投资牙买加的一些相关产业，从1980年开始，每年大约有4000万美元的外国资本进入牙买加国内。1989年，牙买加吸引到的外国直接投资达到了5700万美元。20世纪90年代之后，牙买加进行了新自由主义改革，实行贸易自由化，放松了外汇管制，在国内积极推行私有化政策，这些改革措施使流入牙买加的外国直接投资额迅速增加，平均年流入量达到了6000万美元。1995年，牙买加政府开始了大规模的私有化进程，一些重点领域如矿业、制造业、金融业、交通运输业、媒体和新能源产业都开启了私有化步伐，相关大型国有企业都被政府出售，一些外国跨国公司抓住了这一大好时机，纷纷到牙买加进行兼并和收购，这样，牙买加吸引到的外国直接投资数额就大幅度增长，1999年外国直接投资总额飞涨至5.24亿美元。进入21世纪之后，牙买加可供出售的国有企业的数量为数不多了，国内经济前景也不太乐观，政府也背上了沉重的债务负担，加之社会治安状况不太好，这一时期外国直接投资流入总量的增长速度明显放缓。从2002年开始，直到2006年，外国直接投资的年均流入量约为6.74亿美元，约占牙买加GDP总量的7.4%；2006年，牙买加吸引到的外国直接投资的总量达到了8亿美元，创造了年度最高纪录。根据联合国贸易和发展组织（UNCTAD）发布的《2012年世界投资报告》，2012年牙买加吸引外国直接投资达3.62亿美元，2011年为2.18亿美元，同比增长66%，但远低于金融危机前2005~2007年平均8.1亿美元的水平。牙买加《集锦者报》报道，牙买加央行数据显示，2013年9月至2014年9月，牙买加吸引外国直接投资（FDI）7.07亿美元，较2013年同期的5.67亿美元增加1.4亿美元。牙买加《观察家报》6月3日消息，2014年牙买加吸引外国直接投资6.99亿美元，同比增长7%。

（三）外国援助

外国援助也是牙买加利用外资的一个主要途径。20世纪80年代之初，牙买加的外国援助基本上依靠美国，整个80年代，牙买加从美国政府那里获得了10亿美元的经济援助，大部分资金都被牙买加政府用于平衡国内的财政收支。除美国之外，牙买加政府还从联合国发展计划署、加拿大、西欧国家和日本等国际组织或国家那里获得了大量的经济援助。一些非营利性的国际组织，尤其是美国的非营利性组织也为牙买加提供了一定的资金援助。

2004年，牙买加政府收到来自外国政府和国际金融机构的赠款、发展援助资金总共达到了1.961亿美元，其中无偿赠款达到1.087亿美元，发展援助资金为0.874亿美元，向牙买加提供无偿援助资金数额最大的是美国，其次是欧盟国家。这一年，牙买加还遭受到飓风"伊万"的袭击，为了帮助牙买加进行灾后重建、安置灾民，美国政府承诺向牙买加提供16亿牙元的无偿援助，2005年美国政府又向牙买加学校卫生保健体系提供了2400亿牙元的援助，向飓风中受灾的难民提供了1.89亿牙元的无偿援助。英国对牙买加的经济援助主要用来帮助牙买加政府消除贫困，2005年英国免除了牙买加大约7亿牙元的到期债务，随后的几年，英国总共免除了牙买加45亿牙元的债务。2014年，牙买加接受官方发展援助（ODA）24亿美元，同比减少7亿美元或下降22.6%，包括新接受援助5.16亿美元，同比减少14.4%；继续执行援助18.84亿美元，同比减少24.5%。在24亿美元的官方发展援助资金中，53.9%来自多边金融机构，44.5%来自双边合作伙伴，0.9%来自环境及气候变化基金，0.6%来自多边技术合作组织，其中优惠贷款18亿美元，无偿援助6亿美元。

欧盟是牙买加主要的政治、贸易伙伴及多边援助机构之一。根据1975年《洛美协定》、2000年《非加太－欧盟伙伴关系协定》等协定，欧盟确定了对牙买加的援助内容。欧盟的援助对提升牙买加人员能力和技术水平、减少贫困、改善民生、推动改革及促进经济社会发展发挥了重要作用。欧盟对牙买加的资金援助或贷款主要投向于工业领域。从2000年开始，到随后的五年，欧盟一共向牙买加提供了4.8亿牙买加元的援助，帮助牙买加的中小企业提升国际竞争力，2005年又承诺向牙买加私营部门提供2870万欧元的资助。2008年《加共体－欧盟经

牙买加

济伙伴关系协定》正式生效之后，欧盟又加大了对牙买加的援助力度。2007年牙买加曾遭受到飓风"迪安"的袭击，2008年，飓风又一次袭击了牙买加，连续两次的高强度飓风，重创了牙买加的香蕉种植业。随后牙买加政府同欧盟代表在金斯敦签订了协议，欧盟向牙买加提供6.3亿牙元（约合900万美元）的援助资金，这批援助资金分两批发放，第一批发放2.22亿牙元，主要用于帮助那些受到"迪安"飓风袭击的香蕉种植户购买必要的农业生产物质；剩余的4.08亿美元为第二批援助，拨给牙买加6个传统的香蕉种植地区，减少这些地区的经济损失，帮助灾民种植多种农作物，增加一些经济收入。2011年至2013年，欧盟对牙买加的援助总额约3.38亿欧元，每年新增对牙买加援助金额分别为2870万美元、6520万美元、5040万美元，均列援牙买加多边援助机构第一，排在世界银行、美洲开发银行和加勒比开发银行之前，当年执行项目总额分别为2.347亿欧元、1.918亿欧元、2.201亿欧元。2014年1~9月，欧盟援助牙买加累计3100万欧元，占2013年同期援助金额的70%。

日本也对牙买加提供了一些经济援助。2013年日本分别提供4370万牙元和180万美元用于实施基层项目和开展技术合作，包括派遣志愿者和培训项目。从2014年开始，日本提供的无偿援助主要用于学校扩建和更新改造。另外，2014年日本还向牙买加提供价值90亿牙元的医疗设备等。牙买加政府新闻网5月4日消息，牙买加2015年继续从日本提供的援助中受益，灾害风险管理和可再生能源及提高能效是援助的重点。2015年2月，日本向牙买加提供9600万牙元用于购买重型设备，以应对自然和人为灾害。日本国际合作署（JICA）向加共体提供17亿牙元（约合1500万美元）用于气候变化等灾害管理；日本国际合作署与美洲开发银行合作，向加勒比和中美洲提供10亿美元资金用于可再生能源和节能倡议项目，牙买加是其中的受益者。除了灾害管理和能源领域外，日本政府还通过基层安全项目向教育、农业、社区发展、应急响应和健康领域提供了无偿援助。自1995年至2015年，日本政府共提供7.4亿牙元援款，实施了88个基层项目。

近几年，中国政府也加大了对牙买加的无偿援助力度。2012年，中国成为牙买加第三大援助国，这一年中国共向牙买加提供了770万美元的无偿援助。据中国商务部统计，截至2014年，中国对牙买加累计直接投资68493万美元。中国投资项目包括中成糖业收购牙买加糖厂项目和中国港湾美洲区域公司建设南北高速路项目。中国港湾美洲区域公司在牙买加的业务分投资、承包工程两类，主要涉及道路等基础设施领域。中成糖业公司投资糖业生产与加工产业。2015年5月3日，中国驻牙买加大使董晓军在牙买加《集锦者报》发表署名文章《中国对牙买加的作用：无附加条件援助》，具体总结了近十年以来中国对牙买加的无偿援助情况。2016年1月26日，牙买加总理辛普森－米勒表示，牙买加方感谢中国政府给予的优惠贷款和无偿援助，期待与中方加强经贸往来，将以更大力度吸引中国企业前来投资。

（四）外债

外债一直是制约牙买加经济发展、加重国内财政负担的难题。20世纪70年代，由于国际原油价格不断上涨，牙买加政府实施扩张性财政政策，牙买加的外债总量不断上升。1980～1986年，牙买加的外债总量又增长了一倍多，达到了35亿美元，牙买加也成为当时世界上人均外债数量最高的国家之一。1987年，时任牙买加总理、工党领袖西加与国际货币基金组织和巴黎俱乐部重新签订了债务协议，延长了还债周期。随后牙买加政府的外债压力并没减轻，反而不断增加，1990年，牙买加的外债总额上涨为47亿美元，占GDP的比重居然达到了101%，公共部门的债务比重达到了85%。

20世纪90年代以后，牙买加的外债压力才有所减轻，新自由主义改革后，流入牙买加的私人资本不断增多，牙买加的货币也开始升值，加之一些国家和国际金融机构相继免除了部分债务，牙买加的外债压力开始缓解，外债总额开始大幅度下降。1991年，牙买加外债占GDP的比重为107%，1997年则下降为54%，偿债率也相应从29%下降到15%。

这种状况并没能持续太久，20世纪90年代末期，为了增加外汇储备数量、平衡财政收支、降低贸易赤字、维持汇率稳定，迫不得已，牙买加

牙买加

政府又走上了举借外债的老路。1998年外国债务占GDP的比重又上升到90%。进入21世纪之后，牙买加货币持续贬值，国内财政赤字不断增大，牙买加的外债总额又持续增长，2002年外债总额为55亿美元，2006年则增长到约80亿美元。牙买加的外债总额中，公共部门的债务占外债总额的80%以上，中长期外债占外债总额的比例也超过了80%。根据经济合作与发展组织（OECD）2011年6月发布的统计数据，牙买加是全球第三大负债国，站在了全球最高赤字国行列。根据国际货币基金组织提供的数据，2010年、2011年和2012年牙买加公共债务占GDP的比重分别为123%、137%和140%。牙买加2012/13财年预算报告显示，牙买加债务高达16622亿牙元，其中内债9126亿牙元，外债7496亿牙元；2012~2013财年预算中，仅债务和工资支出就占总预算的78%。报告称，过去40年，牙买加经济年均增长仅0.8%，但债务却增长了7倍，债务占GDP的比重从18%上升至128%，意味着每个人包括新出生的婴儿都背负着60万牙元的债务。巨额债务成为阻碍牙买加经济和社会发展的沉重包袱，成为本财年最沉重的话题。2015年2月19日，牙买加总督帕特里克·艾伦在2015/16财年议会开幕式上发表题为《发展伙伴计划：包容性增长，扩大机遇》的施政报告，报告称，2015/16财年财政主要目标是削减债务和推进结构性改革，确保实现7.5%的财政基本盈余，债务GDP占比从国际收支经常账户赤字及目前的5.3%降至2.3%。

（五）外汇储备

20世纪80年代的10年内，牙买加的外汇储备水平都不太高，有时一年的外汇储备总量还不够满足一个月的进口货物外汇用量的需求量。20世纪90年代进行新自由主义改革之后，牙买加的外汇储备才开始有所增长。1991年9月，牙买加放弃了对外汇的管制；1992年，牙买加利率不断攀升，外汇储备总量开始增长；1991年，外汇储备总量为7400万美元，1996年底就增加到了8.8亿美元，增长了10倍多。1997年出现了逆转，外汇储备量下降到6.82亿美元。进入21世纪后，大量的外资进入牙买加境内，2000年5月，牙买加政府获得了3.5亿美元的贷款，这一年流入牙买加的私人资本也达到了1.5亿美元，这样，牙买加的外汇总量又开始增加，达到了 8.79 亿美元；2001 年之后，牙买加的外汇储备量出现了迅猛增长的态势，2001 年外汇储备增长到 19 亿美元。2002 年 5 月又创造了历史新高，达到了 20 亿美元，但这一年年底，牙买加开始了大选，巨额的选举开销加重了牙买加的财政压力，牙买加政府迫不得已动用外汇储备来稳定国内金融局势，这就使这一年度最终的外汇储备总量减少了一些，最后的数据为 16.5 亿美元。2003 年，牙买加支付了一份价值为 2.3 亿美元的到期债券，使这一年度的外汇储备量继续下降，仅仅为 11 亿美元；2004 年开始后，由于外资的流入量大幅增长，牙买加的外汇储备量又开始出现大幅度增长，2004 年达到 18.5 亿美元，2005 年又增长到 21.7 亿美元，2006 年同 2005 年相比增长了 10.6%，达到了 23.99 亿美元。2007 年，牙买加的外汇储备总量又出现大幅度下跌，降为 18.77 亿美元。2010 年上半年，牙买加国家外汇储备逐步回升，当年 1 月底牙买加外汇储备为 15.66 亿美元，到 6 月底增加到 17.95 亿美元。2012 年，牙买加外汇储备从 19.6 亿美元降至 11.3 亿美元，降幅达 42%。2013 年，外汇储备继续下降，短短两个月降幅就达到了 15.6%。2013 年 8 月牙买加外汇储备为 8.816 亿美元，较上月减少 5%，自年初到 8 月就减少 13%，创 6 个月以来新低。外汇储备下降主要是 8 月初牙买加政府两次向国际货币基金组织还贷共计 8130 万美元。2014 年 1 月，牙买加外汇储备为 9.178 亿美元，较上月减少 1.3 亿美元。2015 年 10 月，牙买加外汇储备为 24.54 亿美元，较上月增加 1200 万美元。牙买加央行最新公布的数据显示，截至 2016 年 7 月底，牙买加外汇储备为 23.89 亿美元，较上月增加 1.24 亿美元。[①]

四 牙买加体系

针对国际货币制度的改革问题，1972 年 7 月，国际货币基金组织（IMF）成立了一个专门委员会。1974 年 6 月，该委员会提出了一份"国际货币体系改革纲要"，对黄金、汇率、储备资产、国际收支调节等问题

---

① 中华人民共和国商务部网站，http://jm.mofcom.gov.cn/article/jmxw/201610/20161001417366.shtml。

牙买加

提出了一些原则性的建议，为以后的货币改革奠定了基础。1976年1月，国际货币基金组织（IMF）理事会"国际货币制度临时委员会"在牙买加首都金斯敦举行会议，讨论国际货币基金协定的条款，经过激烈的争论，签订达成了《牙买加协议》；同年4月，国际货币基金组织理事会通过了《IMF协定第二修正案》，从而形成了新的国际货币体系。牙买加体系的主要内容有：实行浮动汇率制度的改革、推进黄金非货币化、增强特别提款权的作用、增加成员方基金份额和扩大信贷额度以增加对发展中国家的融资等。

第五章

军　事

第一节　概述

牙买加现代军队的雏形起源于1662年成立的民兵团，当时正值英国殖民者同西班牙争夺牙买加殖民地管辖权的特殊时期，西班牙把一些牙买加青年组织起来，编成民兵团，用于抵抗英国军队的进攻。战胜西班牙、取得了对牙买加的管辖权后，英军指挥官接管了牙买加这支民兵团。1694年，法国殖民者也觊觎牙买加这片领地，在没有征得英国政府同意的前提下，私自派遣1400名士兵，在克拉伦登地区登陆，伺机向内陆进攻，但是，登陆后的法国士兵遭到了由250人组成的牙买加民兵团的迎头痛击。在没有得到任何援助的情况下，这支部队居然创造了一个军事奇迹，以少胜多，击败了法国殖民者的偷袭，这显示出牙买加民兵团杰出的战斗能力。随后，由于牙买加境内黑人奴隶的反抗不断增强，英国殖民者就扩充了这支民兵团，扩充后的民兵团拥有骑兵和步兵两种兵种，主要用于镇压当地的奴隶暴动。

为了加强牙买加殖民地的防御力量，抵抗外来入侵尤其是法国拿破仑军队的入侵，英国殖民者又扩大了牙买加民兵团的规模，军队总人数达到了2.1万人，其中步兵为1万人。当时，英国殖民者把牙买加划分为3个郡、18个行政区，相应的，牙买加民兵团设置了新的编制，分为3个骑兵团和18个步兵团，每个郡都驻扎着一个骑兵团，每个步兵团负责所在行政区的军事防御工作。

牙买加

牙买加步兵团的防御使命一直延续到 19 世纪末期。1906 年，牙买加步兵团被解散，一些士兵自发组成了圣安德鲁步兵团（St. Andrew Rifle Corps），这支军队仅仅是半官方性质。1914 年第一次世界大战全面爆发后，为了响应英属西印度群岛国家的备战号召，圣安德鲁步兵团重新组建，一战期间，牙买加总共派出了 10000 名士兵配合英国军队作战，主要从事后勤、运输一类的支援工作。1939 年，二战的阴云笼罩了全球的大部分地区，为了备战，这支半职业化部队更名为"牙买加志愿步兵团"。二战爆发后，美国取代英国，成为英属西印度群岛的保护国。1941 年，美国颁布了租借法案，通过这项法案，牙买加向美国提供航海和航空基地，美国还取得了在牙买加和其他岛屿 99 年的租借权。二战结束后，美国主动放弃了在牙买加的军事基地，并把牙买加的防卫权移交给英国政府。独立后，牙买加取得了自主的军事防卫权。独立前的 1962 年 7 月 31 日，牙买加把陆军营、服务营、空军联队、海岸警卫队、工兵团等军队正式组建成牙买加国防部队，全面负责牙买加的安全与防卫事务，这种军事组织形式一直沿用至今。

当前，牙买加的军事政策比较单一，牙买加政府认为没有必要保持一支强大的军事力量，因此，牙买加也没有签署任何正式的防卫协定。同加勒比地区的英语岛屿一样，一旦遇到外部军事侵略，牙买加可以求助盟国的军事力量来寻求安全保护。根据这项政策，牙买加仅仅保持着小规模的军队，全部军队尚不能控制本国发生的大规模骚乱与暴动事件。

第二节　军事制度

一　军队的职能

作为加勒比地区的第二大岛国的军队，牙买加的军队不以进攻为最主要的国防职能，而是主要用来防御和维护国内治安，所有的军种都用来维护国家主权，维持国内的政治秩序，时刻准备各种国内危机，支援国家建设，保护牙买加民众在国内外的各种利益。

除了国防职能之外，牙买加军队还肩负一定的民事职能。在特殊时期，根据国防委员会的指示，军队还必须履行一些与民众日常生活和国内政治、经济秩序相关的民事职能，如协助文职权力机构维护各项法律制度的实施；协助保护基础设施（电力和供水设施等）；自然灾害发生，协助并保护民众；执行各项法律，保护牙买加领海环境的安全；随时支持政府实施的各项计划，包括环境保护；参加陆、海、空搜救行动，一旦加勒比其他国家遇到灾难，在接收到请求和必需的前提下，协助加勒比地区的其他国家重建法律和政治秩序，救援他国公民；参加国家军事礼仪；等等。

二　军事机构

根据宪法，牙买加国家武装力量的总指挥是总督，总督通过领导国防部队参谋长对全国的武装力量行使指挥权，实施组织领导。全面负责国家安全和保护的机构是牙买加国家安全部，牙买加的武装力量包括正规军、预备役和警察三个部分，正规军和预备役军队组成了牙买加国防部队（Jamaica Defence Force，简称JDF），全面负责国家的领土、领空和领海安全，其中正规军由陆军部队、海岸警卫队、航空联队和一个辅助性质的工程小分队组成；警察部队（Jamaica Constabulary Force，简称JCF）的职责是维护法律和维持国内秩序。

牙买加总理、国家安全部部长、司法部部长、国防部队参谋长以及国家安全部与司法部的常务秘书长组成了牙买加国防委员会，全面负责牙买加武装力量的所有事务，包括军队指挥、军事训练和武装力量管理等。总理担任国防委员会主席，国家安全部与司法部的常务秘书兼任委员会秘书长。国防部队司令下达命令且经过内阁的批准后，牙买加国防部队才可以调用或调动，但在特殊时期或遇到紧急状况时，牙买加总理可以授予国防部队司令在不经过内阁批准的情况下调动军队的权力。

第三节　武装力量

牙买加主要的武装力量就是独立前夕成立的牙买加国防部队，当前，牙买加国防部队下设两个陆军营、一个空军联队、一个海岸警卫队、一个

牙买加

工兵团、一个支持和服务营、一个情报组和一个陆军预备营八个建制单位。三军参谋长是国防部队的总指挥,现任参谋长是安东尼·伯特伦·安德森少将(Antony Bertram Anderson),他的任期开始于2010年。①

一 陆军

陆军是牙买加主要的作战部队,最主要的职责就是承担国家战备,还需要履行其他职责:抵御外部入侵;协助警察部队维护法律和维持国内秩序;紧急情况下协助维持公共服务;在发生战争和自然灾害的情况下,协助保护本国公民;提供海、陆、空搜寻和救援活动;参与国际维和行动;负责国家军事礼仪活动;等等。牙买加陆军营保持2500人的建制规模,下设3个营,两个营为正规陆军营,剩下的一个营为陆军预备队。正规陆军营中,第一营设立于1962年7月31日。1979年,第一军营被拆分为两个建制,拆分出来的部队组建了牙买加第二陆军营。陆军预备队(也叫作第三陆军营)也组建于1962年7月31日,维持着约950人的建制规模。两个正规陆军营均下设3个步兵连和1个本部连。圣安恩的蒙内格训练营(Moneague Training Camp)是牙买加陆军主要的训练基地,陆军定期到这个营地来进行高强度的常规训练和军事演习。第一营的现任指挥官是科克·帕特里克·约翰逊中校(Kirk Patrick Johnson),第二营的现任指挥官是罗恩·F. 约翰逊中校(Rohan F. Johnson),第三营的现任指挥官是温斯顿·威廉·沃尔科特中校(Winston William Walcott)。②

二 海岸警卫队

独立后的第二年,在美国和英国的帮助下,牙买加组建了海岸警卫队,当时美国政府向牙买加提供了三条小艇,英国皇家海军也派出了一支训练队伍,帮助牙买加海岸警卫队进行日常训练。1966年,牙买加政府对海岸警卫队进行了一次整编,将原先的名字"海军中队"改为"牙买

---

① 牙买加国防军队网站,http://www.jdfmil.org/overview/background/background6.php。
② 牙买加国防军队网站,http://www.jdfmil.org/info/bios/officer/bio_officer_home.php#。

加国防部队海岸警卫队",主要履行以下职责:①负责《海事法》的执行,重点工作领域是打击毒品运输、监督外来移民、负责进口商品的检查、捕鱼管理、保护野生动物等;②维护海上安全,训练海上巡逻员;③进行海事防务;④协助国家建设等。牙买加海岸警卫队主要分为三个部分:海上巡逻队、岸基支援队和检查站。海岸警卫队保持着190人的建制规模。想要成为一名海岸警卫队的成员,必须经过艰苦的训练,新兵入伍后,首先被送到位于圣安德鲁的纽卡斯尔新兵训练基地进行基础训练,然后再到英国皇家海军学院接受基本的海军技能培训。这些基础训练完成后,这些士兵最后被送到蒙内格训练营接受高强度的强化训练,最后才能成为一名合格的海岸警卫队成员。牙买加海岸警卫队的现任指挥官是安东内特·S. 威姆斯-戈尔曼(Antonette S. Wemyss-Gorman)。[①]

三 空军

牙买加的空军也是独立之后才组建起来的。1963年7月,牙买加政府同美国签署了一份军事协定,根据这份协定,牙买加政府获得了美国赠送的四架塞斯纳(Cessna)185B飞机,在此基础上,牙买加政府组成了空军部队,然后慢慢发展壮大。空军部队的主要职责有:协助陆军部队开展行动,必要时可将陆军转移到全国任何地方;通过高空监视手段,支援牙买加警察部队的行动;消灭非法种植大麻,打击贩毒;协助海上巡逻队进行海上防空和监控;协助卫生部进行人员救治和撤离;协助搜寻、营救失踪者和受伤的徒步旅行者;在发生自然灾害时提供紧急援助;负责运送国家元首、政府部长、大使和高级军事官员等。牙买加空军部队最主要的职责就是打击犯罪、取缔非法种植大麻。牙买加空军部队保持着约140人的建制规模,组成人员包括机组人员、地勤人员、飞机技师和医务人员等,飞机技师人数占空军部队人数的比例最高,达到了38%。空军部队的现任司令是罗德里克·A. 威廉姆斯中校(Roderick A. Williams)。[②]

[①] 牙买加国防军队网站,http://www.jdfmil.org/Units/coast_guard/jdfcg_co.php。
[②] 牙买加国防军队网站,http://www.jdfmil.org/Units/air_wing/Cos.php。

牙买加

四 工兵团

牙买加工兵团组建于1991年8月，工兵团是海陆空部队的辅助军种，最重要的职责就是向国防部队其他军种提供相应的军事工程支持，以及听从国防部队司令的指挥，协助中央和地方政府开展一些工作。在牙买加，工兵团主要履行以下职责：在军事行动和训练中，向国防部队其他军种提供相应的军事工程支持；规划、修建并维护国防部队的装备和实施；为国内建设提供基本技术方面的支持；为减灾提供紧急工程支援；在工程技术方面，协助中央和地方政府提供合理化建议；在国防部队司令部的授权下，承担军事礼仪任务等。

牙买加工兵团下设5种中队：①两个战地中队，主要负责军事工程；②三个建筑中队，主要负责修建国家永久建筑工程；③四个支援中队，主要负责海、陆、空三军的后勤保障；④四个维修中队，主要负责维修国防部队的设施和装备；⑤六个电力中队，为国防部队提供电力支持。工兵团的军官需要在国内或者是国外接受专业工程学领域的训练，涉及军事工程、数量调查、土木工程、机械工程以及电力工程等；加入工兵团的新兵，首先需要接受相应的基本训练，包括军事工程、陆地测量、木工制造、石工技术、电力安装、铅管和机械操作等。工兵团的现任指挥官是马丁·E.里克曼（Martin E. Rickman）。①

第四节 对外军事关系

1962年8月6日，牙买加获得了民族独立，为了同美国建立合作关系，时任总理巴斯塔曼特慷慨地宣布在不需要履行军事援助义务的前提下，可以随意在牙买加设立军事基地，但是美国政府并没有正面回应这一请求。随后，由于加勒比地区的古巴卡斯特罗政权的不断稳固，苏联在这一地区的军事力量不断增强，美国政府开始重视牙买加，把牙买加纳入美国国家方位的安全利益圈。

---

① 牙买加国防军队网站，http://www.jdfmil.org/Units/engineers/co.php。

第五章 军 事

在对外军事关系中，牙买加政府一直与美国政府保持密切的合作。20 世纪 80 年代初期，在古巴和格林纳达问题上，牙买加政府始终与美国政府保持一致。针对古巴问题，西加政府积极驱赶古巴在牙买加的侨民，并与古巴断绝外交关系；针对格林纳达问题，牙买加与东加勒比国家组织（Organization of Eastern Caribbean States，简称 OECS）的几个成员方请求美国对格林纳达进行军事干预，帮助格林纳达恢复民主政治秩序。根据这些国家的请求，美国和加勒比国家军队组成了美国 - 加勒比联合部队，正式进入格林纳达。在这支联合部队中，牙买加士兵的人数占到整支部队的 56%。除了参加这两项非正式的军事行动之外，西加政府还大力支持加勒比英联邦岛国之间的安全与军事合作，积极参加在这一地区举行的军事演习。针对地区安全问题，牙买加还同美国、东加勒比地区安全体系成员方保持着密切合作，并向其他东加勒比国家的军队提供训练和技术上的支持。除了同美国保持友好军事合作关系之外，牙买加也同英国、加拿大保持一定的军事合作，牙买加陆军经常到海外同英国和加拿大的军队进行联合训练。牙买加陆军还多次参加国际维和行动，1983~1985 年参加格林纳达国际维和部队，1990 年参加特立尼达和多巴哥的国际维和部队，1994~1996 年又参加了海地的国际维和部队。2013 年 7 月 31 日，英国皇家海军 436 - 英尺护卫舰兰开斯特号（HMS Lancaster）访问牙买加，这次拜访活动是 2013 年飓风季节期间英国海军到大不列颠加勒比海外领土（Britain's Caribbean Overseas Territories，简称 COTs）进行见习和提供志愿活动的重要组成部分。2015 年 10 月 25 日，时任美国总统和美国陆军总司令巴拉克·奥巴马（Barack Obama）向四名曾经在牙买加军队中服务过的人员表达了尊重，其中两人是二战退伍老兵。2016 年 6 月 20~28 日，超过 1300 名来自加勒比地区、美国、加拿大、英国、法国和墨西哥的军人和警察在牙买加参加了为期 9 天的 2016 信风训练行动，这次训练主要侧重于海上和陆地训练。①

---

① 牙买加国防军队网站，http://www.jdfmil.org/index.html。

第六章

社　会

第一节　国民生活

一　收入与物价

根据世界银行的描述，牙买加是一个中低收入的国家，数十年以来牙买加政府一直同较低的经济增长率、较高的公共债务和持续的外部冲击做斗争。[①] 国内贫富差距较为严重，2011年，牙买加规划院（PIOJ）哈钦森博士在第三季度经济运行新闻发布会上表示，规划院与国际货币基金组织对贫穷率的测算方法有所不同，牙买加以生活条件为基础进行测算，符合全球标准。该院2011年5月测算的牙买加2010年贫穷率为17.6%。国际货币基金组织报告认为牙买加2010年贫穷率是43.1%，牙买加规划院认为该数字是2002年贫穷率，且按牙买加算法，2002年贫穷率是19.7%。2012年11月2日，牙买加央行行长布瑞恩·温特在例行新闻发布会上表示，由于国际大宗商品价格及产能过剩水平低于预期，2012年上半年，牙买加通货膨胀率为3.6%，9月牙买加通货膨胀率为1.9%，第二季度和第三季度通货膨胀率各为1.5%和2.1%，对抑制全年通货膨胀水平起到了积极作用。2013年，牙买加消费者指数为210.7，通货膨胀率为9.47%；2013年4月至2014年4月，通货膨胀率为7.6%，平均月通货

---

① 世界银行网站，http://www.worldbank.org/en/country/jamaica/overview。

膨胀率为0.67%。其中，食品和非酒精饮料类对通货膨胀率的"贡献"为31.8%，交通为28.1%，住房、水电和煤气等为26.4%。相对于其他发展中国家，牙买加物价水平较高。根据中国外交部的统计，2015年，牙买加的通货膨胀率为6.1%；牙买加统计局数据显示，2016年8月，牙买加通货膨胀率环比上升0.4%。2016年1~8月、2015年8月至2016年8月、2015/16财年（2015.4）至今的通货膨胀率分别为0.3%、1.8%和1.6%。统计数据显示，8月牙买加消费者物价指数，仅交通下降0.2%，其余各项均呈现上涨趋势，涨幅从高到低依次为：住房水电气和燃料上升1.8%，娱乐文化上涨0.9%，食品及非酒精饮料上升0.4%，家具家电和日常维修费上涨0.2%，医疗上涨0.2%，日杂上涨0.2%，服装鞋帽上涨0.1%，酒精饮料和烟草上涨0.1%，餐饮住宿上涨0.1%。从地区分类看，大金斯敦区、其他城市和农村地区通货膨胀率分别为0.5%、0.4%和0.4%。

牙买加政府规定了最低工资标准，1975年，牙买加公布全国最低工资（NMW）法令，并成立最低工资咨询委员会，每年检查最低工资标准。2003年的最低工资为每周1800牙元，即每周工作40小时，每小时45牙元，以维持五口之家的最低生活标准。由于牙买加国内通货膨胀率一直比较高，牙买加工会组织连续向牙买加政府提出增加工资的要求。牙买加政府同意从2003年9月开始为政府雇员以及政府所属行业的公司各类雇员增加工资，增加幅度为6%~12%；私人企业、公司也同样准备为其雇员增加工资，增加幅度不等；一些效益好的公司给员工制定的涨薪幅度为20%~50%。进入21世纪之后，考虑到牙买加国内的通货膨胀情况，为提升民众的实际购买力，牙买加政府不断提升最低工资标准。从2012年9月3日起，牙买加每周40小时工作时间的最低工资水平将上调至5000牙元（约合58美元），增长了11%，其中，工业部门安保人员的最低工资水平从6655牙元上调至7320.5牙元，上调10%。上次上调工资是在2011年2月，工资水平从4070牙元上调至4500牙元。2013年，根据牙买加《观察家报》消息，牙买加规划院在国家最低工资顾问委员会磋商会上建议，将最低工资标准上调9%，约每周增加450牙元（约合4.5美元），该建议充分考虑了近四年的最低工资调整幅度、让成人脱离贫困的最低工资标准、有两人领取最低工资的五口之家的脱贫标准等。国家有可能参照此建议,将最低工资标准上调10%左右。但是,牙买加各界意见不一。如牙买加雇主联盟建议增长幅度不超过15%;工会联盟建议政府逐渐上调工资,希望在不远的将来最低生活工资达到每周11500牙元;家政工人协会建议每周上调2000牙元;妇女事务局认为上调20%才能保证收支平衡。糖业生产者联合会则反对上调最低工资,声称糖业工人在非榨糖时期每周有三天休息时间,这三天即使来上班,也是无事可做,照样可以领取三个半天的工资。从2014年1月6日起,牙买加最低周工资(40小时)调整为5600牙元(约合48.7美元),本届政府维持该金额不变。安保人员最低周工资(40小时)调整为8198.80牙元(约合71.3美元)。安保人员补贴:每小时洗衣津贴37.3牙元(约合0.32美元),枪支津贴41牙元(约合0.36美元),警犬津贴27.58牙元(约合0.24美元);如果在执行公务时受伤或丧命,保险费用200万牙元(约合17391美元)。法定小额优惠包括工伤补贴、国家保险计划、国家住房基金、保护制服、因病休养、休假、女职工18岁以上工作一年后的休假。2015年,牙买加规划院(PIOJ)根据物价、消费、总体经济环境等因素提出将牙买加本年一周40小时工作时间的全国最低工资水平上调13%或增加728牙元,即上调后每周工资为6328牙元(约合55美元),每小时为158.2牙元(约合1.35美元)。

二 就 业

受国内经济形势的影响,就业一直是牙买加经济发展进程中的一个难题,尤其是自2008年全球性经济危机以来,牙买加的就业压力又大为增加,失业率居高不下。受全球经济衰退的影响,从2008年开始,牙买加实体经济的危机进一步加深,失业人士越来越多。据牙买加《集锦者报》2008年6月19日的报道,2008年有14500人失去工作,2009年失去职位人士已超过5000人,就业形势进一步恶化。2009年,牙买加劳动与社会安全部实施了"海外农业就业计划项目",在这个计划的安排下,2月23~25日,牙买加劳动与社会安全部送走了本年第一批农工(数目为145人)赴美国纽约地区的数个农场从事为时9个月的工作。美国是牙买加寻求海

牙买加

外农业雇主的主要市场，2009年牙买加总共派出了4000名农工赴美国就业。2012年，根据牙买加统计局公布的消息，2012年1月，牙买加失业率由2011年1月的12.9%上升至14.1%；失业人数从2011年1月的16.35万增至17.72万，增长了8.4%。同期，牙买加年轻人（14~24岁）失业率从30.5%增至33.7%。2012年1月，牙劳动力人口为126万人，同比下降0.7%，找工作的人数同比增长4.3%。2013年牙买加适龄青年的就业状况更为恶化，根据牙买加统计局发布的数据，2013年7月牙买加年轻人（14~24岁）就业情况继续恶化，失业率高达38.3%，同比上升6.6个百分点，其中男性失业率为29.5%，女性为50.3%。2013年7月，牙买加的失业人数为201600人，同比上升20.4%；失业率为15.4%，同比上升2.3个百分点。从行业看，文书、卫生健康、社会工作及房地产、建筑领域就业有所增加，而制造业、工艺及相关行业、批发/零售等行业就业大幅下降。为了促进就业，牙买加政府也制定了相应的政策。根据牙买加《集锦者报》的消息，从2014年1月1日起，牙买加不受监管的公司和自营职业从业者，在履行净收入纳税义务时，有权要求退还就业税收抵免（ETC）。就业税收抵免是牙买加政府财政激励制度的一部分。牙买加税务局表示，实施就业税收抵免政策有利于鼓励纳税和促进就业。牙买加政府鼓励符合条件的纳税人及时按月缴纳工资扣款，这样有助于他们在提交所得税申报表时获得所得税偿还。2014年，牙买加的就业状况有所好转，根据牙买加RJR的报道，2014年第四季度消费者信心指数显示，牙买加民众对就业前景预测略有改善。90%的牙买加民众认为目前就业岗位供不应求，51%的民众认为就业岗位会减少，较2014年第三季度的59%及2013年同期的62%有所下降。19%的民众认为就业岗位会增加，较2013年同期的15%增加4个百分点。2015年的就业状况又开始出现反弹，截至2015年1月，牙买加劳动力总数为1320800人，同比增长1.2%；劳动力就业总数为1132700人，同比增加2600人。① 根据牙

---

① 中华人民共和国商务部驻牙买加经商参处网站，http://www.mofcom.gov.cn/article/i/jyjl/l/201505/20150500961107.shtml。

买加统计局 2015 年初发布的劳动力调查报告，牙买加 2015 年 1 月失业率为 14.2%，同比上升 0.8 个百分点，与 2014 年 10 月持平；男性和女性失业率分别为 10.7% 和 18.5%；年轻人失业率为 34.5%，同比上升 1.2 个百分点。牙买加《集锦者报》2015 年 2 月 11 日的报道显示，牙买加近期对 1100 人进行的民意调查发现，超过 43% 的牙买加人或者其亲属计划未来 5 年内离开牙买加，39% 的受访者表示没有计划，18% 的受访者表示不确定。根据调查，18~24 岁、25~34 岁、35~44 岁年龄段的受访者有出国计划的比例分别为 44%、44% 和 46%。[1] 有青年表示，牙买加各大媒体每天至少报道 5 起谋杀案件，社会缺乏就业机会，政府需要重振民众信心。2016 年，牙买加政府再次开拓海外就业市场，根据牙买加政府新闻网 2016 年 1 月 6 日的消息，牙买加与加拿大合作推出了季节性务农人员计划，8000 个牙买加人可以通过这项计划获益，牙买加熟练务农人员在农忙季赴加拿大安大略省、伍德斯托克等地务工。第一批约 310 人于当天赴加，从事大棚种植、食品加工等农业活动。

第二节 社会管理

一 社区建设

牙买加是拉美地区城市化率较高的国家之一，截止到 2010 年，牙买加的城市化率为 52.0%。[2] 城市化的发展加快了社区建设的实施进度，大量农村人口向城市集中，牙买加地方政府与社区发展部专门负责社区建设工作，采取有效措施，结合牙买加的地理特征、历史文化习俗、人口分布、经济发展现状、社区功能等实际情况，并充分考虑公共交通、管网布置、防洪措施等相关因素，建设了一些富有特色的社区，为牙买加城市居

---

[1] 中华人民共和国商务部驻牙买加经商参处网站，http://www.mofcom.gov.cn/article/i/jyjl/l/201502/20150200896253.shtml。

[2] 郑秉文：《拉美城市化的经验教训及其对中国新型城镇化的启发》，《当代世界》2013 年第 6 期。

民营造了舒适的居住环境和公共活动空间，如圣托马斯区就建设了一些充分利用太阳能与风能混合电源的社区。但是，城市人口的过度增加也加重了牙买加政府社区建设的负担，为了缓解社区建设专项资金不足的现实压力，牙买加地方政府与社区发展部鼓励外来资金投入本国的社区建设。2006年，牙买加政府与美国国际开发署签署实施社区赋权和改革项目，这个项目分为两个阶段。2006年到2012年为第一个阶段，第一阶段内，美国国际开发署给牙买加的社区建设提供一定的资金，主要措施包括：提供小额赠款支持社区组织建设；支持以社区为基础的警务项目的实施；倡导普及法制文化；提高社区应对气候变化的能力。2006年3月15日，由中国政府援建的牙买加斯莱戈维尔（Sligoville）社区综合体育场项目破土仪式在该社区正式启动。2007年11月2日，中国成套设备进出口（集团）总公司（简称中成公司）牙买加板球场项目组来到牙买加特里洛尼地区北部的迪塞德（Deeside）社区，为该社区提供了价值600000牙元的门窗、木板、水泥等建筑材料和200000牙元现金的援助，用于该社区体育中心的改造和小学的扩建。2013年5月21日，我国援牙斯莱戈维尔社区道路维修和供水项目举行竣工交接仪式。根据牙买加新闻署的消息，2014年美国国际开发署与牙买加政府签署实施社区赋权和改革项目（第二阶段）谅解备忘录，在第二阶段的五年内，美国国际开发署斥资14亿牙元（约合1300万美元）帮助牙买加政府加强社区安全建设。2014年7月2日，牙买加地方政府与社区发展部部长费根在同我国驻牙买加大使董晓军会见时表示，牙买加地方政府与社区发展部愿学习中国的先进经验，加强两国在社区建设特别是消防领域的交流与合作。

在广大乡村地区，牙买加地方政府与社区发展部在乡村社区的规划建设过程中，鼓励设计师邀请当地的居民参与乡村社区的规划设计，建设出了一些适合小城镇原有的形体布局的乡村社区。牙买加地方政府与社区发展部还注重保护具有历史色彩的乡村社区，对一些殖民时期由逃跑的奴隶建立的自治社区，如马龙（Maroon）社区，牙买加地方政府与社区发展部尊重这些社区的历史文化传统，在山区中建立了5个主要的马龙社区，这些社区也成了当地的旅游景点。

二 社会问题

牙买加的政府基本稳定，但社会治安一直是影响经济发展和居民生活的一个大难题，牙买加社会治安状态长期欠佳，暴力死亡率居世界前列，刑事案件基本上集中发生在首都金斯敦区域。2003年9月下旬，牙买加《集锦者报》集团委托杜·安德森民意测验机构和市场调查服务公司联合进行了一次民意调查，调查的重点为社区问题和国家问题，调查对象为在全岛各地随机挑选的18岁以上成年人1000人，误差约为3.2%。调查结果显示，高失业率是民众最希望解决的问题，而犯罪是最令国家头疼的社会问题。另据当局提供的数字，2003年牙买加死于谋杀的人数已超过700人。针对牙买加的社会治安现状，牙买加政府、牙买加警察署加大了对犯罪分子的打击力度，这些努力收到了成效，2012年牙买加的社会治安状况有所好转，据牙买加警察署统计，2012年各类暴力和性侵犯等犯罪率同比下降7%，警察击毙案件数量亦同比减少了7%。牙买加谋杀率最严重的7个教区治安状况均明显好转，其中圣凯瑟琳南区、圣凯瑟琳北区、特里洛尼区、圣玛丽区、波特兰区、圣伊丽莎白区和圣托马斯区的谋杀率分别同比下降34%、21%、26%、17%、10%、16%和38%。此外，枪支和弹药犯罪同比分别增长18.5%和14%，性侵犯案件同比减少16%，查获毒品走私数量同比增加41%。2013年，牙买加的社会治安状况又出现了反弹，犯罪率又开始上升，2013年1月至12月7日，牙买加共发生谋杀案件1130起，同比上升10%。在牙买加19个警区中，14个警区的谋杀案件增加，其中8个呈两位数增长。根据巴哈马《拿骚卫报》的调查报告，2013年牙买加共有1197人被谋杀，谋杀率为0.44‰，在加勒比国家排名第二，仅次于圣基茨和尼维斯。根据牙买加《集锦者报》2015年6月1日的消息，世界经济论坛最新发布的2015年《全球旅游业竞争力报告》显示，牙买加的治安形势在141个国家中居第127位，报告将全球141个国家和地区的治安形势分为七档，牙买加与全球谋杀率第二高的委内瑞拉一起，位列最差一档。牙买加每10万人中有39.3人死于谋杀，在141个国家中排名第5。牙买加规划院公布的

牙买加

数据显示，2015年第一季度牙买加每10万人中发生一类犯罪案件77起，同比减少2起；但谋杀案件增加18.2%，每10万人中有10.1人死于谋杀。

第三节 医疗卫生

一 概况

在加勒比地区，牙买加的医疗卫生整体不错，人均寿命较高，国内民众的整体健康状况也较好。2005年，牙买加的人均预期寿命达到了72.2岁，同地区的特立尼达和多巴哥的人均预期寿命为69.2岁，而多米尼加共和国为71.5岁；牙买加婴儿死亡率为17‰，特立尼达和多巴哥的婴儿死亡率也为17‰，而多米尼加共和国则为26‰。显然牙买加人均预期寿命比别的国家要高一些，婴儿死亡率也相对较低，这一切得益于牙买加历届政府在医疗卫生领域的不懈努力。最近几年，牙买加的人均寿命继续增加。2010年、2011年、2012年、2013年、2014年、2015年的人均预期寿命分别为74.847岁、75.086岁、75.3岁、75.488岁、75.654岁、75.798岁。[①] 牙买加政府部门工作人员和企业职工退休后享受养老金。2016年全国有公费医疗服务、公立医院30所、病床7648张、医生759人。[②]

第二次世界大战之后，牙买加境内的热带疾病就开始大量减少，一些导致婴儿死亡的疾病如黄热病、疟疾、登革热、伤寒、百日咳、小儿麻痹症和其他的严重疾病，也都得到了有效的控制。当前牙买加常见的流行性疾病主要有由营养不良引起的肠胃病、麻疹、性病、肺结核、肝炎，非致命性的疟疾、伤寒和登革热等，以及麻风病和精神分裂症等。除了常见的

---

① 世界银行网站，http://www.mofcom.gov.cn/article/i/jyjl/l/201510/20151001126553.shtml。
② 中华人民共和国外交部网站，http://www.fmprc.gov.cn/web/gjhdq_676201/gj_676203/bmz_679954/1206_680874/1206x0_680876/。

非致命性的传染疾病外,牙买加境内艾滋病的蔓延情况也比较严重。1982年,牙买加确诊了首例艾滋病感染者,随后艾滋病感染者的人数就开始增加,到了1995年底,全国共确诊1533例艾滋病感染者,其中男性占52.3%,女性占47.7%。近十年以来,由于一些育龄妇女感染了艾滋病,牙买加艾滋病感染者的人数几乎每两年就翻一番。2003年,牙买加全国确诊的艾滋病患者达到2.3万人,年龄在15~49岁的女性感染者人数几乎占到一半,一共有1万人。《论坛报》2015年9月30日报道,在9月18日结束、由巴哈马卫生部及其合作伙伴组织的防治艾滋病研讨会上,美国国际开发署宣布将在未来五年内向巴哈马和牙买加14家非政府机构提供580万美元防治艾滋病援款,用于治疗1.7万名艾滋病感染者。援助资金由总统艾滋病救助紧急基金(Presidents' Emergency Plan for AIDS Relief)通过美国国际开发署(United States Agency for International Development)提供,由加勒比援助、恳求和管理项目(Caribbean Grants and Solicitation and Management,简称 CGSM)"世界学习"(World Learning)负责实施。根据联合国《2012年AIDS报告》,巴哈马15~49岁人群中约3%或6800人感染艾滋病,其中女性感染者占58%。牙买加的艾滋病感染人群情况与之类似。[①] 为了强化国内的艾滋病防控工作,牙买加政府启动了国家艾滋病防治工程,这项工程的实施使牙买加国内艾滋病的年度感染率大幅度降低,2013年牙买加国内艾滋病感染率为1.8%。[②] 从2015年开始,牙买加艾滋病首要紧急救助计划(the President's Emergency Plan for AIDS Relief,简称 PEPFAR)筹集了500美元的资金,用于国内艾滋病病情的防治工作,这项救助活动持续到2016年。2016年,全球基金(the Global Fund)为牙买加国家艾滋病防治工程提供了1500万美元,给那些已经感染艾滋病病毒或高危人群提供必要的救助,这项资助会持续到2018年。

---

① 中华人民共和国商务部驻巴哈马参赞处网站,http://www.mofcom.gov.cn/article/i/jyjl/l/201510/20151001126553.shtml。

② 牙买加政府信息网站,http://jis.gov.jm/category/health/。

牙买加

二 医疗卫生发展情况

牙买加政府在1921年就确定将政府财政预算的10%用于医疗卫生领域，20世纪80年代，牙买加政府又将改善本岛居民的卫生健康状况作为10年内的首要目标。政府对医疗卫生事业的重视、财政资金不断流向这一领域，使牙买加的医疗卫生状况大为改善。20世纪90年代后，牙买加在医疗卫生领域的投入资金仍然不断上涨，1995年医疗卫生投入资金达到了3.48亿美元，占这一年牙买加政府预算支出的6%，人均卫生经费达到133美元。随后，牙买加对医疗卫生经费的投入开始下降，1997～1998年医疗卫生经费占政府预算支出的比重为7%，2007～2008年就下降到5.5%。牙买加政府承担着培养医护人员的责任，政府主要通过把学员送到国外的方式进行专业培训。1991年，牙买加公共医护人员为4220名，1995年增长到4968名，1996年每万人拥有的医护人员数量为14人，超过世界卫生组织规定的每万名居民拥有10名医护人员的标准，尽管牙买加医护人员的数量在持续增长，但医生数量仍然没有达到泛美卫生组织（Pan American Health Organization，简称PAHO）的法定医护人数的要求。

医护人员的不足也影响了牙买加国内一些疾病的预防与控制工作，2016年年初，寨卡病毒开始在牙买加国内蔓延，1月30日，牙买加政府发起了国家清洁运动，根据这项运动的部署，卫生部同交通运输与矿业部、劳动与社会安全部共同制定了牙买加紧急就业工程（the Jamaica Emergency Employment Programme，简称JEEP），号召全国人民共同行动起来，来应对寨卡病毒带来的挑战。西印度大学教授霍勒斯·弗莱彻（Horace Fletcher）认为牙买加国内不科学的垃圾处理方式导致了一些疾病的发生，科学的垃圾处理有助于有效预防寨卡、登革热、疟疾、细螺旋体疾病和基孔肯雅热的发生。为了预防这种病毒的进一步蔓延，牙买加卫生部广泛接受各种捐助，2月20日，卫生部接收到一批价值为570万美元的医疗器械、灭蚊喷雾机，还有6000瓶扑热息痛丸，帮助卫生部用于寨卡病毒的防控工作。

三 医疗卫生机构

牙买加政府公共卫生政策的直接管理部门是卫生部，全面负责公立医院、卫生所、诊疗所、计划生育和公共卫生事务的管理。牙买加的医疗机构由公立医院和私人医疗机构两部分组成，主要公立医院有金斯敦公立医院（Kingston Public Hospital）、莫纳医科大学（University of Hospital in Mona）、蒙特哥贝康沃尔地区医院（Cornwall Regional Hospital in Montego Bay）和曼德维尔医院（Mandeville Hospital）等。除了正规的医疗机构之外，牙买加境内每个区委会都雇用了一个医疗队，负责本地区常见疾病的诊治，一个医疗队主要包括医生、护士、卫生监督员和助产护士等成员。

除了医院之外，牙买加还组建了一些正规的专业机构来负责培养合格的专业医务人员，这些机构包括牙买加医学委员会（Medical Council of Jamaica）、牙买加医学协会（Medical Association of Jamaica）、牙买加牙齿健康委员会（Dental Health Council）、牙买加护士协会（Nurses Association of Jamaica）、牙买加心理健康协会（Jamaican Association of Mental Health）、牙买加红十字协会和牙买加药品学会（Pharmaceutical Society of Jamaica）等。

第四节 环境保护

一 环境问题

牙买加是一个四周环海的岛国，气候宜人、空气清新，加之森林覆盖率也相当高，这使牙买加拥有秀丽的自然环境，吸引了大量国际上的游客。独立以后，随着工业发展的加速，国内人均二氧化碳的排放量不断上升，20世纪70~80年代，人均二氧化碳的排放量达到了独立以来的最高值，1978年二氧化碳人均排放量达到了4.384吨。随后牙买加政府加大了空气污染物排放的控制与治理力度，二氧化碳的排放量开始下降。但进入21世纪之后，由于机动车数量的不断增多，牙买加二氧化碳排放量又

牙买加

开始增加，防治大气污染的压力又开始增大。牙买加二氧化碳排放量见表6-1。

表6-1 牙买加二氧化碳排放量

单位：吨

年份	二氧化碳人均排放量	年份	二氧化碳人均排放量
2000	3.98083756	2007	3.62501892
2001	4.07435687	2008	3.82080096
2002	3.91622952	2009	2.88695361
2003	4.0642067	2010	2.69694079
2004	4.05101845	2011	2.86043163
2005	3.97133342	2012	2.70575835
2006	4.33315605	2013	2.84615509

资料来源：世界银行网站，http://data.worladbank.org.cn/country/jamaica?view=chart。

2013年，以全球环境竞争力指标体系为基础，通过对环境资源竞争力、生态环境竞争力、环境承载竞争力、环境管理竞争力、环境协调竞争力等影响因素和指标的综合分析，牙买加环境竞争力指数在列入考查的133个国家中排第24位[1]。2013年，牙买加各项环境指标的得分与在133个国家中的具体排名情况见表6-2。

表6-2 牙买加环境指标得分与排名情况

指标	得分	排名
1. 空气质量	58.0	64
可吸入颗粒物（PM10）	80.3	58
细颗粒物（PM2.5）	87.8	26
2. 温室气体	67.1	32
二氧化碳排放量增长率	71.9	20
甲烷排放量增长率	61.5	22

---

[1] 李建平、李闽榕、王金南主编《全球环境竞争力绿皮书：全球环境竞争力报告（2013）》，社会科学文献出版社，2014，第298页。

续表

指标	得分	排名
地均二氧化碳排放量	99.1	102
单位能源消耗的二氧化碳排放量	30.9	97
3. 工业承载	90.1	9
货物净出口占GDP比重	76.9	12
单位工业增加值电耗	87.7	75
单位工业增加值二氧化硫排放量	99.0	115
单位工业增加值工业淡水抽取量	96.8	73
4. 能源消耗	70.2	26
地均能源消耗量	99.3	102
清洁能源消耗占能源消耗总量比重	1.2	97
能源消耗弹性系数	80.5	4
5. 人口与环境	75.2	43
卫生设施服务人群比重	80.0	79
千人拥有汽车数	85.4	63
人均可再生淡水资源	3.5	59
人均二氧化硫排放量	88.8	99
人均二氧化碳排放量	93.0	58
人均能源消耗量	95.1	49
6. 经济与环境	69.1	54
土地资源利用效率	0.3	33
单位GDP二氧化硫排放	98.9	108
单位GDP二氧化碳排放	87.5	76
单位GDP能源消耗	89.8	50

资料来源：李建平、李闽榕、王金南主编《全球环境竞争力绿皮书：全球环境竞争力报告（2013）》，社会科学文献出版社，2014，第299页。

牙买加是小岛屿发展中国家（SIDS），全球气候变化对小岛屿发展中国家的影响尤为严重，海平面上升有可能威胁到牙买加人民的居住安全；气候变化会形成具有破坏性的热带气旋，容易引发洪水、飓风之类的自然灾害；海水入侵海岸蓄水层，威胁饮用水安全和农业生产；气温上升和海水酸化破坏珊瑚礁和鱼类栖息地。牙买加政府也意识到全球气候变化可能

牙买加

会给牙买加的岛内环境带来不利影响，2013年10月25日，牙买加水利、土地、环境和气候变化部部长罗伯特·皮尔斯吉尔在北京同中国环境保护部副部长李干杰会见时指出，牙买加作为一个岛国，受到气候变化的影响最为直接。牙买加将更加努力地适应气候变化所造成的影响，并采取减缓举措，寻求绿色经济和蓝色海洋经济的发展道路。

二 环境保护措施

2014年，根据《国家发展规划—牙买加2030年远景》的规划内容，牙买加政府加强环保工作，明确提出要实现环境及自然资源的可持续管理和开发，具体内容包括以下几个方面。①整合经济社会发展中环境问题的决策机制和程序。建立国家层面的决策和程序机制，对各部门制定的发展政策进行评估；建立自然资源可持续管理和利用的框架；完善土地开发综合管理机制；提高空气、森林、土地、地表水和矿产等资源消费的管理水平；加大新技术、清洁技术在经济活动中的利用力度；加强和完善环保领域的立法和执法。②建立实施生物多样化和生态管理机制。可持续利用生物资源；让生物资源惠及更多的人口；提高森林管理的主动性，建立陆地和海洋保护区；加大生态系统领域科研力度；建立生态和生物资源恢复综合框架；落实废物管理体系，减少对生态的影响；探索环境管理、规划和保护的途径。③完善高效的环境管理机构。加强环保部门的能力建设；创造有活力的、责任明确的制度环境；建立各部门分工合作机制；加强宣传教育，提高环保意识；加强地方组织的能力建设。④提高废弃物管理效率，建立各类废弃物综合管理的机构框架；协调好国家和各部门对废弃物管理的责任；提高废弃物处理设施的现代化水平；创新发展废弃物市场激励办法；提高民众做好废弃物处理的意识。按照规划，到2030年，牙买加政府将牙买加环境绩效指数提高到85以上。

牙买加还加大同周边国家和地区的合作力度，共同致力于环境保护工作。2014年7月1~4日，加勒比共同体（以下简称加共体）第35届政府首脑会议在安提瓜和巴布达的迪肯森湾举行，牙买加政府派遣代表团参加这次会议，会议批准了《加共体战略规划（2015-2019）：加共体重新定位》。这是加共体制定的首个区域战略规划，明确了未来五年的优先事项和行动重点，提出八个一体化战略重点，其中包括提高环境抗逆力，目标是降低灾害风险和气候变化的影响，确保各成员方对自然资源的有效管理。这项战略规划的主要策略包括以下几个方面。一是减缓气候变化，增强气候适应能力，包括定期更新、落实本地区应对气候变化实施计划（2011~2021），做好气候融资准备；落实国家气候变化适应能力建设倡议；获得国际支持。二是强化减灾和灾害应对管理，如将灾害综合管理纳入国家政策、战略和法律；提高国家和机构灾害综合管理能力，强化灾害防备和应对的协调能力，提高关键部门的综合风险管理能力。三是加强环境和自然资源管理，包括推进法律和监管改革，提高土地利用规划和管理水平，加强污染预防和控制；提高能源效率和可再生能源利用率；促进生物多样性和可持续利用；加强环境和社会影响评估能力建设等。

2016年，环境保护更是牙买加政府工作的重中之重。牙买加环境保护与规划处（the Environmental and Conservation Division）处长安东尼·麦肯泽（Anthony McKenzie）认为，牙买加国家环境与计划机构（the National Environment and Planning Agency，简称NEPA）为牙买加经济发展提供了大量与环境保护相关的服务，如提供了清洁的水源和新鲜的空气。2016年11月29到12月3日，区域政府间气候变化专门委员会（the Intergovernmental Panel on Climate Change，简称IPCC）的代表访问牙买加，并出席了在牙买加举行的气候变化意识周（Climate Change Awareness Week）的系列纪念活动。牙买加政府也尝试采用信息技术来应用于环境保护工作。牙买加经济增长与就业创造政务委员霍勒斯·昌认为，牙买加政府已经采用地球信息系统技术（Geographic Information System，简称GIS）来处理一些环境问题，如不正确的垃圾处理难题，他说这项技术能够提供废物垃圾对哪些领域影响最为严重和对健康威胁最大的相关数据，帮助我们采取有针对性的措施来应对非法垃圾倾倒的挑战。2016年11月7~18日，联合国气候变化框架公约（the United Nations Framework Convention on Climate Change）第22届缔约方会议（the 22nd Session of the Conference of the Parties，简称COP 22）在摩洛哥（Morocco）南部城市马

牙买加

拉喀什（Marrakech）召开，11月13日牙买加总理安德鲁·霍尔尼斯启程参加这次会议，会议闭幕后，19日返回牙买加。为了加快金斯敦地区水资源的供应改进工作，牙买加内阁达成了一项协议，同著名的咨询工程公司——斯坦利顾问公司（Stanley Consultants Inc.）签署了一份价值为42.7万美元的合同，支持这家公司用于里奥·科夫雷盆地水资源保护问题的研究（Rio Cobre Basin Water Resources Study）。这项研究是金斯敦大都市区（the Kingston Metropolitan Area，简称KMA）水资源供应改进工程（Water Supply Improvement Programme）的重要组成部分，并受到牙买加国家税务委员会（the National Water Commission，简称NWC）的审计①。

在环境保护问题上，牙买加政府还加强了同中国政府的合作，双方共同致力于环保问题。2013年10月25日，中国环境保护部副部长李干杰在北京会见了牙买加水利、土地、环境和气候变化部部长罗伯特·皮尔斯吉尔一行，双方就环境保护和气候变化等共同关注的问题交换了意见。2015年11月18~20日，应牙买加国会众议院邀请，全国人大环境与资源保护委员会主任委员陆浩率团访问牙买加。访问期间，代表团分别会见了牙买加水利、土地、环境和气候变化部部长皮尔斯吉尔与国际海底管理局秘书长奥敦通，就环境保护、应对气候变化、深海海底区域资源勘探开发立法等议题与对方深入交换了意见。

---

① 牙买加政府信息网站，http：//jis.gov.jm/agricultural - sector - impacted - ja - reeach - project/。

第七章 文化

第一节 教育

一 教育简史

英国殖民后期，尤其是19世纪中后期成为直辖殖民地以来，牙买加的教育事业才有所发展。刚开始，正规教育机构并不多，接受教育的人数也不多，首都金斯敦首先建立了几所中学，开始实施教育，但这些学校一般都招收白人群体的子弟，牙买加国内最大的社会群体——奴隶团体，他们的子女享受不到教育权。由于接受正规教育人群的范围有限，数量也不多，当时牙买加民众的整体文化程度并不高，据1871年人口普查的调查结果来看，牙买加5岁以上的民众，只有16%的人具备一定的阅读和写作能力，在首都金斯敦地区，这一比例也不过是40%。1892年，由于牙买加本地利益阶层的坚持和争取，牙买加中小学终于实行了义务教育，这就使更多的牙买加儿童获得了读书习字的权利，牙买加的教育事业正式步入起步阶段。1921年，全国的识字率已经超过了50%，但是，这一时期牙买加教育事业的发展仍然不均衡，小学阶段的教育取得了一些成果，但中学教育依然很落后，而且主要是白人利益集团的子女可以获得比较完善的中学教育，广大黑人和混血人种的子女，仅有极少数人能步入中学的校门。到了1943年，黑人的子女只有不到1%接受中学阶段的教育，混血人种的子女接受中学教育的，比例也只有9%。

牙买加

为了促进教育事业的均衡发展，提升牙买加民众的文化素质，1953年，牙买加组建了教育部门，全面负责本岛民众的教育事业。1962年正式独立后，牙买加政府开始全面推行"国家教育政策"，扩大牙买加民众的受教育范围。在教育部门的努力下，牙买加建立了一大批小学和50所初级中学，但这一阶段中等教育和高等教育的发展还是比较滞后，牙买加教育事业不均衡发展的现状并没有得到太大的改变。随后，执政的人民民族党意识到发展成体系的教育事业的重要性，1972年执政后，人民民族党开始对牙买加的教育体制进行改革和调整，推行教育公平，把让更多的民众能接受免费的教育作为消除社会不公平的一项有效措施。随后，人民民族党积极推行中学阶段的免费教育，开展"扫盲运动"，中学免费教育为一些家庭提供了接受教育的良机，但由于财政的制约，当时牙买加政府无法让全体牙买加适龄孩子免费接受中学教育，但这项改革措施已经是一项伟大的进步。扫盲运动方兴未艾，1974年，人民民族党又推出了"牙买加提高识字率运动计划"，计划每年解决10万人的扫盲问题，这项计划取得了明显的效果。经过人民民族党的努力，20世纪70年代末期，牙买加民众的整体识字率已经超过了85%。

20世纪80年代以来，在延续前十年制定的教育发展战略的基础上，牙买加政府又加大了对教育事业的发展力度，开始发展系统化教育，并重视对教育长远发展规划的制定，建立起系统的教育体制。在具体政策层面上，牙买加继续重视九年制基础教育，恢复和改进初级和基础阶段的教育设施，提升基础教育的质量，为中级教育和高等教育的发展打下坚实的基础。同时，为了提供高素质的教师队伍，牙买加政府还加大了人力资源的培训力度，为在职教师制定了系统的在职培训和继续教育的计划。牙买加宪法规定，16岁以下的儿童依法享有接受教育的权利，牙买加公立学校也实施免费教育，但是，对牙买加一些普通的家庭而言，课本、校服、校餐和交通费用等加起来也是一笔不菲的开支，部分家庭因为承担不起相关的教育费用而选择让孩子辍学。20世纪80年代初期，牙买加小学生的入学率为98%，但是中学阶段的入学率却为58%，这就意味着有接近一半的孩子接受完小学阶段的教育后就不得不退学。圣安德鲁地区中学生的入学率仅仅高于65%，首都金斯敦市区的情况稍微好一些，但中学生入学率也只有75%。

由于财政压力的制约，牙买加政府在教育领域的投资一直不高，这种情况在经济不景气的时期显得更为突出。20世纪80年代初期，牙买加政府对教育的投资总额只占GDP的3%左右，随后教育投资总额开始增加，一度占到GDP的7%。但到了1985年，教育投资又开始下降，这一年的教育支出仅仅占GDP的4%，基本上回到了80年代初期的投资水平。在随后的5年内，由于牙买加经济整体不景气，教育经费的投入继续下降，1991年的教育经费投入甚至比1990年还下降了24%。由于教育经费投入严重不足，牙买加小学教育中，几乎每所公立学校都存在班级人数超编的情况，每个行政班级的平均学生人数达到了40人。合格教师数量的不足也是制约牙买加初等教育健康发展的一个难题，在牙买加的全体小学教师中，只有少部分教职工接受过教育学院的正规在职培训。在全国14个区中，6个区的小学学校只有不到一半的教师接受过教育培训；另外的8个区中，金斯敦和圣安德鲁这两个区的情况稍好一些，有2/3以上的教师接受过正式培训。全国教师与学生的搭配比例一直很高，平均1位教师要搭配50个学生。

为了改善教育经费投入不足的现状，提升教育公平，改进教育质量，提高教育效率，1992年牙买加政府又制定了"初等教育改革方案Ⅱ"，通过增加财政投入来改善初等教育机构的办学条件，增加新的学校，完善教育设施。在这项政策的带动下，牙买加的教育状况有了明显的改善，新建了2所学校，有17所旧学校得到了修缮，一些学校的教学设施也得以改善，一些经历过正规教育的教师也被充实到相关小学之中。1997年，教师和学生的搭配比例降为1:33。进入21世纪之后，随着经济状况有所好转，牙买加政府对教育的经费投入持续增加，教育投入占GDP的比重达到了5.3%，老师与学生的搭配比例也降至1:30。

联合国开发计划署公布的《人类发展指数（2007～2008）》的统计报告显示，2005年，牙买加初级教育的入学率达到了90%，1990～1991年中等教育的入学率为64%，2005年则提高到78%。同期，特立尼达和多

牙买加

巴哥的中等教育入学率为69%，多米尼加共和国仅为53%。总体来看，牙买加的教育事业有了较大发展，但财政短缺一直是制约牙买加教育事业继续发展的瓶颈。在教育事业得到发展的同时，教育质量并没得到明显提升，教师工资远高于当地的平均工资水平，2003年世界银行的报告显示，牙买加教师的平均工资居然是本国人均GDP的2倍左右，这也加重了财政负担。另外，牙买加女性受教育的机会比较大，在大学生群体中，女学生的人数占到大学生总数的70%；在司法学校中，女学生的比例甚至达到80%~90%，这就使牙买加成为世界上女性就学率和参政率最高的国家之一。

为了提升本国的教育水平，2004年，牙买加政府成立了"国家教育工作组"，制定专项教育改革方案。2005年，国家教育工作组制定了一系列跟教育有关的改革措施来提升入学率，提高学前教育和初级教育的教学水平，加大力度预防与惩治校园里发生的欺凌与暴力事件，减少暴力事件的发生。为了提升在校学生的职业竞争力，牙买加教育部门也采取了相应的措施，2011年2月10日，牙买加教育、青年与信息部部长安德鲁（Andrew）在全国职业发展周的开幕式上称，用人单位在技能需求上有相当准确的信息，而这在许多学校是没有的。教育、青年与信息部正在与一些公司联系，以便取得这些信息，反馈给学校，使学生有更好的职业选择。根据牙买加《观察者报》2014年10月14日的消息，牙买加教育、青年与信息部部长罗纳德·斯威特（Ronald Sweet）在世界教师日创新教学论坛上称，牙买加的发展需建立在学术进步、职业教育发展和工作作风转变的基础上。斯威特称，过去10年，牙买加在教学领域取得了显著的成绩。目前，牙买加正在推进教育改革计划，相关部门需要进一步改进工作作风，老师需要在教学中发扬创新精神，学生家长与学校之间需密切合作。2016年9月5日，牙买加教育、青年与信息部在2016/2017学年内筹集43亿美元用于学校食品供应，这笔专项资金用于130000名学前儿童、小学和中学学生一日三餐的供应。[①] 2016年9月9日，针对国内成人识字率为87%的现状，牙买加政府鼓励更多的牙买加成年人进行继续教育，以提升职

---

① 牙买加政府信息网，http：//jis. gov. jm/4 - 3 - billion - school - feeding - programme/。

业竞争力与生产效率。2016年9月28日,牙买加政府总理安德鲁·霍尔尼斯发表讲话,按照宪法的要求,政府兴建更多的教室,适龄儿童可以免费进入这些教室进行学习。2016年10月14日,牙买加教育、青年与信息部部长鲁埃尔·雷德说,政府筹集了30万美元实施为期三年的学校医疗设备供应工程。

二 教育体系

目前,牙买加教育、青年与信息部负责教育政策的制定,全面负责本国教育发展的各项事务。牙买加的教育机构分为公立学校、私立学校和教会学校三种形式,牙买加教育、青年与信息部和地区学校董事会共同负责管理公立学校。牙买加的教育体系分为学前教育、初等教育、中等教育和高等教育四个阶段,相应的,教学机构也被分成层次不同的学校:托儿所和基础学校是学前教育机构;1~6年级为初等教育阶段,入学学生按照年龄的不同分配到相应的班级就读;7~13年级为中等教育阶段,这一阶段主要包括综合学校和技术高中之类的教育结构,第12年级和第13年级是进入高等教育阶段之前的预科教育阶段。牙买加高等教育机构分为公立和私立两种。不同的高等教育机构享有不同的自治权。高等教育机构根据办学性质颁发不同的学业证书。高等教育法定认证机构为牙买加大学委员会(University Council of Jamaica)。[①] 专科证书、文凭及副学位由师范学院、社区学院、职业训练学院、医护学院等高等教育机构颁发,学制2~3年。学士学位由大学颁发,学制3~4年。硕士学位在获得学士学位后继续深造,并提交论文,学制一般2年。博士学位在获得硕士学位后继续深造,并提交论文,学制一般3~5年。

私立教育体系主要为适龄学生提供初级和中等教育,牙买加共有232所各种类型的私立学校,但由于私立学校会收取一定的学费,故只有少量学生就读于私立学校,绝大多数学生都选择到不收取学费的公立学校就读。在私立学校上学的学生人数仅仅占全国中小学学生总数的5%,在私立学校毕业的学生,绝大多数都能直接进入大学预科班进行后续学习。牙

---

① 中华人民共和国教育部教育涉外信息监管网,http://www.jsj.edu.cn/n1/12129.shtml。

牙买加

买加高等教育体系由一些大学、学院和12所师范学院构成，主要包括西印度大学（University of the West Indies，简称UWI）、北加勒比大学（西印度学院的前身）、科技大学（University of Technology）、埃德蒙·曼利视觉及表演艺术学院（Edna Manley College of the Visual & Preforming Arts）和农业、科学和教育学院以及福斯特体育学院（G. C. Foster College of Physical Education and Sportd）等。

西印度大学不仅仅是牙买加岛屿内最著名的高校，更是加勒比地区知名度最高的高等院校之一。1948年，英国伦敦大学在牙买加开设分校，这就是西印度大学的雏形，1962年牙买加独立后，这所高校慢慢发展成为一所独立的大学。当前，西印度大学除了在牙买加建立校区之外，还在加勒比地区的另外两个国家建立了两个校区，位于牙买加的莫纳校区（Mona）是其主校区，另外两个分校区分别是设立于特立尼达和多巴哥的热带农业帝国学院（St Augustine）和设立在巴巴多斯的希尔分校（Hill）。西印度大学具备硕士和博士学位授予资格，开设了文学、艺术、农业、教育、法律、工程、医学、自然科学、社会学等专业，是一所门类齐全的综合性大学。主校区莫纳校区坐落在风景旖旎的蓝山山脉脚下，总面积达264公顷，由两个原始的甘蔗种植园扩建而成，目前校内还保留众多罗马风格的建筑，还有一些甘蔗作坊。现任校长是阿奇博尔德·麦克唐纳教授（Prof. Archibald McDonald），副校长是伊斯亨孔巴·卡赫瓦教授（Prof. Ishenkumba Kahwa），法定代表人是卡米尔·贝尔·哈钦森博士（Dr. Camille Bell Hutchinson，女），学校会计师是伊莱恩·罗宾逊女士（Elaine Robinson），[1] 在校人数达到了1.1万，其中牙买加学生约占总人数的一半。除了牙买加的学生之外，加勒比英联邦国家和地区的学生都可以进入这所大学就读，这些国家和地区包括安奎拉、安提瓜和巴布达、巴哈马群岛、巴巴多斯、伯利兹、英属维尔京群岛、开曼群岛、多米尼加共和国、格林纳达、蒙特塞拉特岛、圣克里斯托弗及尼维斯、圣卢西亚、圣文森特和格林纳丁斯、特立尼达和多巴哥、特克斯和凯科斯群岛等。

---

[1] 牙买加西印度大学莫纳分校主页，https：//www.moa.uwi.edu/administration。

第二节 文学艺术

一 文学

牙买加比较成名的文学作品都兴起于独立之后,主要盛行的文学体裁包括诗歌、民间传说、小说和散文这四大类型。为了繁荣本国的文学事业,牙买加政府每年都定期举办一次文学节,进行文学交流。牙买加比较有名的文学家有黑兹尔·坎贝尔(Hazel Campell)、米歇尔·克里夫(Michelle Cliff)、夸梅·塞努·内维尔·戴维斯(Kwame Senu Neville Dawes)等。

黑兹尔·坎贝尔,牙买加著名本土女文学家,1940年出生,青年时在西印度大学莫纳分校求学,获得英语和西班牙语双学士学位以及大众传播与管理学双硕士学位。毕业后,坎贝尔先后担任过教师、公共关系职员,还从事过编辑、采写编辑和电视制作人等职业,随后成为自由撰稿人。1978年,坎贝尔出版了自己的处女作《布娃娃与其他故事》(*The Rag Doll & other Stories*),正式开始了自己的写作生涯,1985年又出版了著名小说《夫人舌:八篇短篇小说集》(*Womens' Tongue: A Collecting of Eight Short Stories*)。1981年约翰·维克汉姆(John Wickham)主编的《西印度故事集》(*The Rag Doll & Other Stories*)、布鲁斯·约翰(Bruce St. John)主编的《加勒比文选Ⅰ》(*West Indian Stories I*)、维瑞·威雷德(Verre Wereld)主编的《聚焦1983》(*Focus 1983*)和1986年安妮·瓦尔梅斯利(Anne Walmesley)主编的《面向大海》(*Facing the Sea*)等一些著作都收录了坎贝尔的短篇小说。

米歇尔·克里夫,牙买加著名作家、诗人,1946年出生,年轻时曾到美国纽约、英国伦敦和意大利等国家和地区求学过,并取得意大利文艺复兴博士学位。克里夫曾经发表过长篇小说、短篇小说,还创作了大量的诗歌,代表作品有长篇小说《没有直播天堂的电话》(*No Telephone to Heaven*)、短篇小说《水之形态》(*Bodies of Water*)和诗歌集《回眸之地》

(*The Land of Look Behind*) 等。

夸梅·塞努·内维尔·戴维斯，牙买加著名后殖民主义诗人，1964年出生于加纳，后来在牙买加长大。戴维斯是一位多才多艺的作家，其创作领域除了诗歌之外，还涉及非小说类领域、长篇小说和短篇小说领域等，为牙买加人民创作了数十部不朽的著作。戴维斯的代表作品有诗歌选集《空气的后裔》《抵抗混乱》《预言者》《挽救》《中间道路：白船与黑货》等，两本非小说类作品《自然神秘主义：通往雷鬼美学》（*Natural Mysticism: Towards a Reggae Aesthetic*）和《面对面：加勒比诗人采访录》，长篇小说《露营》（*Bivouac*）和短篇小说集《隐秘之地》（*A Place to Hide*）等。

马龙·詹姆斯（Marlon James），牙买加当代著名文学家，毕业于西印度大学，随后去英国、美国深造，现在马卡尔斯特学院教授英语和创意写作。马龙·詹姆斯先后发表了三部著名作品，即《约翰·克劳的魔鬼》、《夜女之书》和《七次谋杀简史》（*the Brief History of Killings*），他的作品在牙买加深受欢迎，并荣获众多奖项，2006年就曾入围英联邦作家奖，2009年入围美国国家书评奖，2013年荣获牙买加学院委员会颁发的马斯格雷夫银奖，2015年荣获明尼苏达小说奖。英国当地时间2015年10月13日晚，马龙·詹姆斯凭借《七次谋杀简史》荣获布克文学奖（The Man Booker Prize），他成为第一位荣获此奖的牙买加作家。

二 音乐

在牙买加，音乐比较盛行，经过土著民众时期、殖民时期、独立后时期等不同阶段的时间沉淀，牙买加形成了几种有代表性的音乐体裁。土著居民由于曾遭受到灭绝式杀戮，他们的音乐体裁几乎失传。随后，来自非洲的黑人奴隶在劳动的过程中，音乐是他们唯一的娱乐方式，他们边唱歌边编歌词，用合唱伴随独唱的形式来唱歌，他们所唱的歌曲大概分为三类：劳动号子、舞蹈歌曲和轮唱歌曲。在歌唱的过程中，一些黑人把牙买加原始的乐器进行改装，为歌手进行伴奏。一种原始的班卓琴被他们改装

第七章 文　化

后，就成为名叫"米里旺"的乐器；另一种乐器是"古姆巴"。时间久了，这些黑人演唱的音乐与英国殖民者带来的英国音乐相融合，形成了一种独特的牙买加黑人音乐——"蒙托"（Mento），蒙托音乐以有节奏的打击乐和喊叫为表现形式，以非洲唱腔为辅助表现形式，其歌词主要强调牙买加底层民众对社会经济的抗争。刚开始时，蒙托盛行于牙买加的乡村地区，现今这种音乐形式已经不太流行，只有在北部沿海地区，才可以听到这种既古老又极具民族特色的牙买加音乐。

20世纪40年代，美国黑人爵士乐和布鲁斯音乐流传到牙买加。二战后，牙买加境内受美国音乐影响的舞蹈乐队纷纷出现，比如，其中最有名的就是埃里克·迪恩斯乐团（Eric Deans Orchestra），这个乐团中的音乐、舞蹈首席领队特罗姆伯恩斯特·唐·德拉蒙德（Tromboneist Don Drummond）和吉他大师埃里克·朗林（Eric Ranglin），就大量借鉴美国康特·巴锡（Count Basie）、厄斯金·霍金斯（Ershine Hwakins）、杜克·埃林顿公爵（Duke Ellington）、格伦·米勒（Glenn Miller）和吴迪·赫尔曼（Woody Herman）音乐中的爵士和布鲁斯音乐的演奏方法。20世纪50年代之后，在吸收了牙买加城市音乐和舞蹈的风格之后，一种新的音乐形式在牙买加已经广泛流行，随后把传统的蒙托音乐与美国的爵士乐节奏融入这种音乐形式之中，就形成了"斯加"（Ska）这种音乐形式，20世纪60年代之后，斯加音乐广泛盛行于牙买加劳工阶层。

当前牙买加最新颖的音乐形式是"雷鬼"（Reggae），并且雷鬼还在世界乐坛上享有相当高的地位。雷鬼起源于单词 Ragged，是把牙买加土著民族的原始音乐与非洲和美洲黑人音乐实现完美结合的产物，是牙买加不修边幅的舞蹈形式的具体体现。经过长时间的表演，雷鬼音乐把牙买加原始民俗音乐、传统的非洲音乐节奏和美国的蓝调节奏完全融为一体，歌词以歌唱牙买加黑人教派拉斯特法里的宗教传统内容为主，重在强调对社会政治和人文精神的现实关怀。雷鬼音乐的开创者是鲍勃·马尔内（Bob Marley，1945～1981），他组建了"哀悼者"乐团（the Wailers）。马尔内也是20世纪70年代牙买加最著名的音乐人士，他把雷鬼音乐推上了时代

的最高峰，给其他类型的音乐带来了深远的影响。鲍勃·马尔内去世后，雷鬼音乐逐渐衰落，但因为对雷鬼音乐做出的卓越贡献，他被授予牙买加第三级国家荣誉勋章。牙买加国内的雷鬼艺术家都享有崇高的国际声誉，现今著名的雷鬼音乐家有吉米·克里夫（Jimmy Cliff）和邦蒂·基勒（Bounty Killer）。当前每年的7月下旬到8月初，来自世界各地的雷鬼音乐爱好者都会在牙买加举行一周的音乐盛会。

第三节　科学技术

科学技术是第一生产力，也是衡量一个国家综合实力的一个重要因素，全球范围内每个国家都重视发展科学技术，牙买加也不例外。牙买加能源、科技部全面负责本国的科技工作，制定相应的指导政策，促进本国科学技术的发展。科学技术的发展离不开资金的投入，牙买加《集锦者报》2013年12月12日消息称，牙买加政府投资850万美元在蒙特哥贝的巴奈特科技园建设业务流程外包（BPO）设施，促进巴奈特科技园加大各项设施的建设力度。根据牙买加政府新闻网2014年4月11日的消息，在2014/15财年内，牙买加政府对科技创新的资金预算为2800万牙元，这些资金用于支持加勒比创新活动，具体通过科学、技术和创新领域的能力建设，提高整体创新水平。加勒比创新项目包括招聘人员、采购设备和系列活动等，如挑选4所高校和4所小学介入创新活动，招聘4名高级专家，采购科学工具电脑、无线调制解调器和实验设备等。该项目资金来源于非洲、加勒比和太平洋国家集团（ACP）以及牙买加政府，2016年12月整个项目顺利完成。

牙买加有些技术在国际上处于领先地位，比如大麻的合成与利用。牙买加拥有的大麻在医疗领域的利用技术一直处于领先地位，大麻是合成医用大麻素最主要的原材料。为了保持一些技术在国际上或加勒比地区的领先地位，牙买加政府成立了技术革新基金，为本国的基础技术和技术研究项目的启动提供持续的财政支持。

牙买加政府重视专利保护，对专利、发明权的重视也引起了国际知名

第七章 文　化

企业的关注。2001年之前，牙买加政府的不同部门分散管理知识产权。版权管理事务始由教育、青年与信息部负责，后由牙买加总理办公室负责；专利申请则由牙买加工商科技部负责接收，先后经总检察院、牙买加标准局或政府化验师（由总督委任）审查，最终在公司注册处登记备案。1998年，牙买加成立工商科技部，负责与知识产权相关的业务。该部依据2001年通过的牙买加知识产权局法案，在部内设立知识产权局（JIPO），负责牙买加知识产权行政管理。2002年2月1日，JIPO正式获得法定机构地位，隶属于当时的工商科技部，即现在的工业商业农业与渔业部。牙买加政府对知识产权的重视赢得了一些知名跨国企业的青睐。苹果公司、谷歌、亚马逊和微软一般都倾向于选择在远离硅谷和西雅图的地方提交他们最重要产品的商标申请，牙买加就在这些企业商标管理机构的所在地之中，在牙买加，别的企业很难通过互联网来搜索这些企业的数据库资料。苹果公司更加重视位于牙买加的商标管理机构，苹果在产品发布上的保密程度超乎想象，在Siri、Apple Watch、MacOS和很多其他重要产品上，苹果都是提前数月在牙买加提交文书，然后才在美国提交同样的文书。

一些技术的应用，给牙买加的社会生活带来了显著的变化。为了鼓励政府和居民节约使用各种能源，牙买加政府采用先进的能源运用技术，实施了能源保护与高效利用计划，2015年年底这项计划正式实施，截止到2016年6月，牙买加政府机关的用电量从2015年的410千兆瓦时减少到不到400千兆瓦时，为牙买加的财政支出节省了1亿美元的财政资金。[①]

每年12月是牙买加的国家科技月，牙买加政府设立科技月是为了让牙买加人民意识到科学技术发展的重要性，从而利用科学技术来促进本国的发展。2016年12月，牙买加国家科技月的主题是"科学、技术与革新：激励卫生、财富与健康"。

---

① 牙买加政府信息网，http://jis.gov.jm/energy-efficiency-project-saves-government-100-million/。

牙买加

第四节 体育

　　牙买加民众对体育具有狂热的喜好，板球、田径、网球、足球和拳击是牙买加民众最为喜欢的项目，其中田径一直是牙买加的特长项目，牙买加旋风一次次出现在历届奥运会的赛场上，而且接连创造出一批批世界纪录，牙买加"飞人"尤塞恩·博尔特、"女飞人"坎贝尔－布朗更是世界上家喻户晓的田径明星。自1948年首次参加伦敦奥运会，到2016年的巴西里约热内卢奥运会，牙买加运动员共获得了83枚奥运奖牌，其中金牌24枚、银牌38枚、铜牌21枚。1948~2016年历届奥运会牙买加获得奖牌情况见表7-1。

表7-1　1948~2016年历届奥运会牙买加获得奖牌情况

单位：枚

奥运会届数	金牌	银牌	铜牌	奖牌数
1948年伦敦奥运会	1	2	0	3
1952年赫尔辛基奥运会	2	3	0	5
1956年墨尔本奥运会	2	3	0	5
1960年罗马奥运会	0	0	0	0
1964年东京奥运会	0	0	0	0
1968年墨西哥奥运会	0	1	0	1
1972年慕尼黑奥运会	0	0	1	1
1976年蒙特利尔奥运会	1	1	0	2
1980年莫斯科奥运会	0	0	3	3
1984年洛杉矶奥运会	0	1	2	3
1988年汉城奥运会	0	2	0	2
1992年巴塞罗那奥运会	0	3	1	4
1996年亚特兰大奥运会	1	3	2	6
2000年悉尼奥运会	0	6	3	9
2004年雅典奥运会	2	1	2	5
2008年北京奥运会	5	3	2	10
2012年伦敦奥运会	4	6	3	13
2016年里约热内卢奥运会	6	3	2	11
总数	24	38	21	83

资料来源：国际奥林匹克委员会网站，http：//www.olympic.org。

第七章 文 化

一 体育项目

1. 田径

田径是牙买加在奥运会和中美洲及加勒比地区运动会中获得奖牌最多的项目，牙买加田径运动员举世闻名，在运动会上屡创佳绩，并创造了多项世界纪录。1948 年，牙买加运动员首次参加奥运会，该国 28 岁的田径运动员亚瑟·温特（Arthur Wint）在男子 400 米的决赛中，一举战胜美国选手，为牙买加获得了首枚奥运会金牌。从此，历届奥运会上都刮起了牙买加田径旋风。1952 年在芬兰赫尔辛基举行的奥运会上，牙买加田径运动员再次取得了辉煌的成绩，田径选手乔治·罗登（George Rhoden）让牙买加首次蝉联了男子 400 米项目的冠军，赫伯·麦肯利（Herb Mckenley）获得了这个项目的银牌，上届 400 米冠军亚瑟·温特则在 800 米中获得银牌。他们三人还与莱斯利·莱茵（Leslie Laing）合作，获得了 4×400 米的接力比赛的冠军，并以 3 分 03 秒 9 的成绩创造了新的奥运会纪录，将这个项目在 20 年前奥运会所创造的纪录 3 分 08 秒 2 提高了 4.3 秒。在随后的历届奥运会中，牙买加的田径选手都称雄于奥运会田径赛场上：唐纳德·夸林（Donald Quarrie）获得了 1976 年加拿大蒙特利尔奥运会 200 米和 100 米项目的银牌；大卫·韦勒（David Weller）获得了 1980 年苏联莫斯科奥运会自行车比赛项目的铜牌；1988 年韩国汉城奥运会上，牙买加田径选手又创佳绩，牙买加运动员获得了 4×400 米项目的银牌，格雷斯·杰克逊（Grace Jackson）获得 200 米银牌；1992 年西班牙巴塞罗那奥运会上，牙买加选手又取得了优异成绩，温斯罗普·格雷厄姆（Winthrop Graham）获得了 400 米栏银牌，雷蒙德·斯图尔特（Raymond Stewart）获得了 100 米银牌，朱丽叶·卡斯伯特（Juliet Cuthbert）获得了 200 米银牌；1996 年美国亚特兰大奥运会上，牙买加女子田径运动首次获得金牌，也使牙买加在上几届奥运会没有获得金牌之后再次站上了最高领奖台，女子田径选手德昂－亨明斯（Deon Hemmings）获得了 400 米栏冠军，詹姆斯·贝克福德（James Beckford）则

牙买加

为牙买加在跳远项目首次获得了奖牌；2000年悉尼奥运会上，牙买加获得了男子4×400米接力项目的铜牌，牙买加女子田径运动员洛兰-格雷厄姆获得了女子400米短跑项目的银牌，德昂-亨明斯获得了女子400米栏的银牌，牙买加女队还获得了4×400米接力项目的银牌，坦尼娅-劳伦斯获得了女子100米短跑项目的铜牌；2004年希腊雅典奥运会上，牙买加女子田径队首次获得了集体项目的金牌，她们获得了4×100米接力赛的金牌，维罗尼卡·坎贝尔-布朗获得了女子200米的金牌，托德-麦克法兰（Todd Mcfarlane）获得了男子400栏的银牌，坎贝尔-布朗还获得了女子100米的铜牌，同时牙买加女队还获得了4×400米接力比赛的铜牌。

2008年北京奥运会上，牙买加田径运动员在北京赛场上刮起了加勒比旋风，取得了一项接一项的优异成绩，这届奥运会牙买加田径运动员一共取得了5金3银2铜的优异成绩，创造了牙买加运动员在单届奥运会新的金牌和奖牌总数的纪录，金牌总数在这届奥运会上排第13位，在田径项目金牌榜上，牙买加同传统的田径强国俄罗斯并列排在第二位。2012年伦敦奥运会，牙买加再次取得优异成绩，一共获得了4枚金牌、6枚银牌和3枚铜牌，总奖牌数为13枚。其中，由卡特、弗雷特、布雷克和博尔特组成的男子田径队以36.84秒的成绩夺得了男子4×100米接力赛的冠军，并打破了世界纪录；"飞人"博尔特再次获得男子100米和200米短跑项目的金牌，100米项目的比赛成绩为9.53秒，打破了奥运纪录；牙买加女子田径运动员弗雷泽-普莱斯获得了女子100米短跑项目的金牌。2016年里约奥运会上，牙买加运动员一共取得了11枚奖牌的好成绩，其中金牌6枚、银牌3枚、铜牌2枚。由阿萨法（Asafa）、布莱克、尼克尔（Nickel）、博尔特组成的男子田径队蝉联了男子4×100米接力赛的冠军，"飞人"博尔特再次获得了男子100米和200米项目的金牌，麦克里德获得了男子110米栏项目的金牌，女选手汤普森获得了女子100米和200米项目的冠军。

在牙买加所有的田径运动员中，尤塞恩·博尔特是一位传奇田径明星，在2008年北京奥运会上，博尔特连续获得100米、200米和4×100米接力三项比赛的冠军，并不可思议地相继打破了这三个项目的世界纪

第七章 文化

录。其中，男子200米短跑项目中，博尔特则是以19秒30的成绩，打破了迈克尔·约翰逊保持了12年之久的19秒32的奥运会纪录，由此博尔特获得了"牙买加飞人"的雅号。博尔特是牙买加历史上首位夺得奥运会男子100米短跑项目金牌的运动员，同时还是继1996年亚特兰大奥运会加拿大名将多诺万·贝利之后，第二位获得男子百米项目冠军的非美国籍选手，一举打破了美国籍选手对这个项目的垄断。在奥运史上，博尔特是继1984年洛杉矶奥运会上卡尔·刘易斯获得男子100米和200米双项冠军之后，第二位再夺双项冠军的田径选手。由于在北京奥运会上的出色表现，博尔特在2008年获得了多项国际和国内荣誉，包括国际田联2008年最佳男运动员奖、联合国教科文组织"体育冠军"奖、2008年拉美和加勒比最佳运动员、牙买加2008年度最佳男运动员奖、牙买加秩序奖（国家勋章）等奖项或称号。

除了男子田径运动员之外，牙买加女子田径运动员也在北京奥运会上刮起了牙买加旋风，创造了体育神话。在女子100米短跑项目中，谢莉-安·弗雷泽、谢伦·辛普森（Sherone Simpson）和克伦·斯图尔特（Kerron Stewart）不可思议地包揽了这个项目的冠、亚、季军。另一位短跑名将坎贝尔-布朗则蝉联了200米项目的冠军，根据这一成绩，坎贝尔-布朗也荣获了联合国教科文组织"体育冠军"奖、牙买加2008年度最佳女运动员奖、2008年加勒比体育偶像奖等奖项。此外，梅兰·沃克（Melaine Waiker）在北京奥运会上以52秒64的优异成绩获得了女子400米栏的冠军，这一成绩也打破了奥运会纪录，还创造了牙买加的国家纪录。

牙买加田径运动之所以能长期不衰并称霸于全世界，得益于著名女田径运动员梅琳·奥蒂（Merlene Ottey）的引导和牙买加政府对这一项目的重视，储备了大量的田径人才。梅琳·奥蒂首次亮相于1978年举行的中美洲和加勒比地区运动会，在以后总共30年的时间内，奥蒂在大大小小的运动会上一共获得了35枚奖牌，其中含金量最高的是7届奥运会的8枚奥运奖牌（3银5铜），创造了世界运动场上女子田径项目的参赛奇迹。奥蒂不仅仅是牙买加第一位夺得奥运会奖牌的女子田径运动员，1980年

牙买加

莫斯科奥运会上她夺得 200 米项目的铜牌，还是加勒比英语国家中第一位获得 2 块奥运奖牌的女子运动员。奥蒂的奥运生涯也留下了遗憾，尽管她参加了数次奥运会，但总与奥运金牌擦肩而过，人们钦佩奥蒂的执着与坚持精神，授予她"铜牌王后"的称号。1996 年亚特兰大奥运会是奥蒂实现自己奥运金牌梦想最好的机会，但是，在 100 米项目的决赛中，奥蒂以 0.0005 秒的微弱劣势败给美国著名运动员弗雷德而屈居亚军，又一次无缘奥运金牌。2000 年悉尼奥运上，奥蒂已经年满 40 岁，并且在国内选拔赛中未能获得单项参赛权，但她仍然出现在奥运赛场上，参加集体项目，帮助牙买加获得 4×100 米接力项目的季军，成为那一届奥运会上年龄最大的获得铜牌的女田径运动员。除了奥运赛场，奥蒂还是世界上第一位在室内田径赛 60 米项目中跑进 7 秒、200 米项目跑进 22 秒的女运动员，从 1979 年到 1997 年近 20 年的时间里，她曾 15 次获得牙买加最佳女运动员的荣誉称号，成为牙买加名副其实的短跑皇后，赢得了牙买加民众的尊敬。在她的带动下，越来越多的牙买加青年喜欢上了田径项目，走上了成为职业田径运动员的道路。1993 年，牙买加政府授予奥蒂形象大使的荣誉，2001 年奥蒂定居于斯洛文尼亚。

除了梅琳·奥蒂的引导之外，牙买加田径项目崛起并称雄于世界，还在于政府重视对田径后备人才的培养。在牙买加，许多著名的田径运动员从中学阶段就开始了自己的职业运动生涯。牙买加各级田径运动员在 1997 年举行的加勒比共同体少年运动会上一共获得了 62 枚奖牌，其中金牌 28 枚、银牌 21 枚、铜牌 13 枚。1998 年 4 月，在特立尼达和多巴哥举行的加勒比共同市场田径锦标赛上，牙买加又获得了 31 枚金牌、21 枚银牌和 17 枚铜牌的优异成绩，由此确立了牙买加在加勒比地区"第一田径强国"的地位。

2017 年 1 月 25 日，据国际奥委会官网发出的通知，2008 年北京奥运会上牙买加男子 4×100 米接力项目的金牌被剥夺，原因是博尔特的队友内斯塔·卡特（Nesta Carter）在兴奋剂复检中没有过关，[①] 这样，在北京

[①] 国际奥委会官网，https://www.olympic.org/news/ioc-sanctions-two-athletes-for-failing-anti-doping-test-at-beijing-2008。

第七章 文化

奥运会上，牙买加田径项目的金牌数就成了5块，博尔特随后也上交了个人这一项目的金牌。

2. 足球

足球是牙买加最受欢迎的集体项目之一，牙买加男子足球队也是加勒比地区的一支传统劲旅。牙买加足球运动开始于1883年，那时仅在学校中开展。1910年，牙买加足球协会正式成立。牙买加足球甲级联赛（Jamaican National Premier League）开始于1973年，是牙买加足球联赛的最高级别，牙买加足球甲级联赛现有12支球队。1970年，牙买加青年队在U20比赛中获得第4名，这是牙买加足球队所取得的第一个好成绩。牙买加首次参加世界杯预选赛是1966年，分别负于墨西哥、哥斯达黎加、古巴和荷属安的列斯。1970年，它被哥斯达黎加和洪都拉斯所淘汰。1978年及以后，牙买加队又参加了几届世界杯预选赛，但均未出线。1991年、1998年，牙买加队两次获得加勒比杯赛冠军。牙买加国内联赛开始于1973~1974赛季，杯赛开始于1987~1988赛季。牙买加国家男子足球队从1925年开始参加国际、洲际足球比赛，牙买加国家女子足球队从1991年开始参加国际、洲际足球比赛。1998年，牙买加男子足球队创造了历史，获得了在法国举办的世界杯决赛阶段的入场券，这也是加勒比英语国家首支杀入世界杯决赛阶段的足球队。在这一届世界杯中，牙买加与克罗地亚、阿根廷和日本分在同一小组，阿根廷是传统强队，克罗地亚更是欧洲足球新贵，并且克罗地亚最终获得了第三名，故此，牙买加小组赛的对手的实力都不俗。牙买加相继输给了克罗地亚和阿根廷，但以2∶1的比分击败了同样初次参加世界杯决赛阶段比赛的亚洲强队日本队。2011年8月10日，牙买加男子足球队应邀来到中国，在合肥同中国男子足球队进行了一场友谊赛，结果0∶1负于中国队。随后的几届世界杯，牙买加男子足球队都没能最终出现在决赛阶段的赛场上。当前牙买加最有名气的足球运动员有曾效力于英超斯托克城的福勒和现效力于莱斯特城的韦斯·摩根，其中摩根是莱斯特城队的队长，并随队获得了2015~2016赛季的英超联赛的冠军。

3. 板球

英国殖民者将板球项目带入牙买加，随后板球就成为牙买加最为普遍的集体运动项目之一。牙买加涌现了一大批杰出的板球运动员，其中包括乔治·海德利（George Headley）、杰吉·恩德里克斯（Jackie Hendricks）、科利·史密斯（Collie Smith）、迈克尔·霍尔丁（Michael Holding）、杰夫里·杜戎（Jeffry Dujon）和考特利·沃尔什（Courtney Walsh）等。

此外，篮球也是牙买加国内比较受欢迎的集体运动项目之一。2013年8月31日至9月11日，牙买加男子篮球队参加了美洲男子篮球锦标赛，揭幕战中以64∶85负于加拿大队，随后又以66∶68和82∶88的比分败给乌拉圭和波多黎各。牙买加境内最著名的篮球运动员是帕特里克·尤因（Patrick Ewing）与拥有牙买加和美国双重国籍的罗伊·希伯特（Roy Hibbert）。

二 体育设施

牙买加田径项目长盛不衰、在奥运会上屡创佳绩，除了上述原因之外，还在于政府对本国体育设施建设的重视。牙买加各类学校的体育设施十分普遍，场地主要为天然草皮，设有简易的钢管球门，大城市的高级中学有围网和灯光装置，有些还建有跑道预制合成面层的篮球场、排球场。西印度大学是加勒比地区最好的学校，学校建有6个足球场大小的室外运动场设施，场地位于学校一侧，依山而建，建有4片标准草皮足球场和1个板球场（占2片足球场）。其中足球场配有灯光装置，木制灯杆高度约20米，每根灯杆有3～4盏灯具，场地照度50勒克斯（Lux）以下，可以满足一般身体训练的要求；板球场建有看台，场地四周建有浇水用的节门井。在牙买加，凡是条件比较好的城市公共体育设施和高级中学体育设施都配有场地灯光照明装置，以方便夜间使用。牙买加全国几乎没有塑胶跑道，但是，国家体育场和训练场却铺设了意大利蒙多公司的跑道预制合成面层（奥运会场地大多使用的品牌），体育场大屏幕、灯光照明、终点摄像机房齐备，这些都反映出牙买加在体育设施建设上重视品质的建设理念。

牙买加政府重视普通体育设施的使用效果，不盲目追求高标准。位于牙买加首都的国家体育中心是一个设施齐全、有一定建设规模的综合体育中心，中心建有一个可以容纳2.6万人的体育场和热身训练场，一个有6000人座位的游泳池，以及综合室内馆和国家室内训练中心，另外，中心还建有室外篮球场和无板篮球场，整个设施在加勒比可以说是一流水平的。

牙买加圣凯瑟琳社区体育设施是中国政府援建的社区级体育设施，是这一时期中国政府为帮助加勒比地区承办板球世界杯比赛而援建的多个板球设施中的一个，也是唯一的社区体育设施。它包括板球场、足球场、篮球场和无板篮球场，以及配套的设备、更衣用房和停车场等，其中板球场和足球场各有1200~1500人的看台。足球场考虑了今后扩建成标准400米田径场的需要，暂为草皮跑道。

2015年10月12日，为了降低体育场地上运动事故发生的可能性，推广校园安全运动，牙买加标准局（BSJ）制定了一系列与体育用品及运动设备相关的标准。这一系列标准包括牙买加安全标准规范、足球的目标性能以及牙买加儿童运动场地及相关设施的标准细则等。牙买加安全标准规范专注于预防体育设施突然倾倒的风险。规范内容涵盖材料、安全需求、锚定、安全和平衡、测试方法、安装说明、警告标签、安全指南和标记等内容。牙买加儿童运动场地及相关设施的标准细则描述了公共游乐场各种游乐设备的安全和性能标准。它覆盖了材料、制造工艺、性能需求、进出口要求、场地布局、适用人群、安装、整体结构、维护、标识和标签，以及制造商识别等。

值得一提的是，生活在牙买加的华人为了方便进行体育锻炼，也修建了供华人进行锻炼的体育会馆。1937年9月10日，首家华人体育会馆创立于金斯敦，创始人是郑定原（Horace Chang），原址在麦卡基兰的顶那利律，设有足球场、棒球场、网球场、篮球场等。初建的体育馆为木结构建筑物，形如东方宝塔，颇为壮观，配有各种体育用具。1951年8月，体育馆毁于飓风。1954年7月，在马乃律区4英亩半地段，一些华人领袖照原设计图纸重建新体育会馆。新建的体育馆馆内设备齐全，有大舞厅、酒吧间、餐室、台球室、会客室、玩牌室、男女更衣室、浴室、厕所、月台、走廊等，场内设有棒球场、活动篮球架、网球场、田径赛场、儿童游乐场等。这家华人体育会馆于2015年11月正式投入使用。

牙买加

第五节 新闻出版

负责新闻出版的机构是成立于1962年的牙买加新闻署,这是一家政府行政机构,全面负责报纸发行、书籍和杂志出版之类的事宜。牙买加的书籍与报纸出版事业比较发达,国内影响力较大的报纸有几种:《新闻集锦日报》,发行量达到42100份;《明星晚报》,是《新闻集锦日报》的晚报,发行量达到了49500份;双周刊的《旭日报》,发行量达到了25000份;《牙买加之声》周刊,发行量约2000份;等等。值得一提的是,在牙买加生活了数百年的华人华侨群体,也曾经创办了供华人阅读与进行文化交流的报纸——《中华商报》、《民治周刊》、《高塔》(英文刊)等,其中《中华商报》后来更名为《华侨公报》,这份报纸在华人社区的生活中发挥了非常重要的作用。[①]

牙买加负责新闻传播的机构有成立于1979年的牙买加通讯社,这是隶属于政府新闻部的官方通讯社;1959年,政府拨款建立牙买加广播公司,由政府任命董事会领导,设有广播电台和电视台,广播电台一台及二台全天播音,电视台为商业性,每星期播出140小时;牙买加电台,于1950年建立,由21个团体合资开办,全天播音;牙买加电视台(TVJ),为牙买加收视率最高的电视台,系牙买加广播媒体集团公司的控股子公司,市场占有率约60%,日均观众约100万人;CVM电视台,牙买加第二大电视台,市场占有率约35%,主要以时事、体育和娱乐节目为主;LOVE电视台,为宗教服务电视台。

2017年1月20日,中国国际广播电台与牙买加公共广播公司在牙买加首都金斯敦签署"中国剧场"播出合作协议。牙买加观众将通过本国国家电视台长期观看由国际台译制的英语配音版中国电视剧,这是中国电视剧首次落地加勒比地区。

---

① 李安山:《生存、适应与融合:牙买加华人社区的形成与发展(1854–1962)》,《华侨华人历史研究》2015年第1期。

第八章

外　交

第一节　外交简史

长期以来，牙买加注重与美国、英国和加拿大的外交关系。独立以后，牙买加的外交政策有所调整，在重视与传统友好国家发展外交关系的基础上，开始奉行独立的、不结盟的外交政策，主张国家主权平等、互不干涉内政、促进国际合作；反对使用武力，主张在联合国的框架内解决国际争端；重视发展同加勒比国家的团结与合作，大力推进地区一体化进程。牙买加外交政策的主要目标就是维护国家主权，吸引外资和游客并积极开拓国际市场。当前牙买加的外交政策也更加务实，向来重视与美国、英国等传统友好国家的外交关系，同时还积极参与不结盟运动和联合国事务，积极发展同拉丁美洲、亚洲、非洲地区发展中国家的友好关系。截至2009年年底，牙买加同147个国家建立了外交关系。

对于经济全球化问题，牙买加历届政府都保持着有保留性地支持的外交立场，肯定全球化给全世界带来的种种机遇，但也认为全球化会给发展中国家带来更多的挑战，其中最主要的就是两极分化问题日趋严重。

牙买加政府对南北关系的问题也有着相应的立场。牙买加认为南北国家的利益是相互关联的，赞赏发达国家对不发达国家的援助，主张全球发展中国家之间建立起团结合作的友好关系，加强在经贸、投资、科技等领域的合作。对于国际政治、经济新秩序，牙买加政府认为全球应该建立起更为公正、合理的国际政治、经济新秩序，发达国家应该与发展中国家进行新

牙买加

的全球合作和对话，并积极寻找对发展中国家的经济发展有利的政策。

牙买加主张联合国实行积极的改革。牙买加政府认为，联合国是当今世界上开展多边谈判与国际合作的主要舞台，联合国机构应进行适度的调整，以适应当前新形势的发展需要；支持联合国安理会进行改革，增加联合国常任理事国数量，要求重新考虑否决权问题；主张联合国在维护和平、解决冲突等方面发挥更加积极的作用，重视导致冲突的根本原因，在维持国际和平的行动中，增加与促进经济发展和加强社会机构建设有关的内容，并优先考虑非洲地区的战乱问题。

牙买加政府在外债问题上也有鲜明的立场，认为外债不仅仅是一个单边或多边的经济问题，更是全球性问题，外债成为阻碍拉美和加勒比地区经济发展的主要问题，外债问题的解决的主要着眼点应在于使债务国增强经济和社会发展的能力。

对于不结盟运动问题，牙买加政府认为不结盟运动也应加以适度调整，转变职能，不结盟运动应更加注重各种社会和经济事务，认为不结盟运动应致力于实现发展中国家之间与发展中国家和发达国家之间的合作。

对于加勒比一体化问题，牙买加政府认为加勒比共同体是牙买加进行国际活动的重要平台；主张加勒比国家联合自强，通过相互合作以实现一体化这种方式来提高加勒比国家在各种国际谈判场合的地位。在牙买加的倡导下，1986年1月16日，加勒比民主联盟在牙买加首都金斯敦宣布成立，多米尼加、格林纳达、圣克里斯托和尼维斯以及圣卢西亚、圣文森特等国的政府首脑或部长参加了成立大会，百慕大总理约翰·斯旺以观察员的身份出席了会议，美国共和党代表、康拉德·阿德纳基金会代表和基督教民主党协会代表也出席了大会，会议选举牙买加总理西加为"加勒比民主联盟"主席，并决定在金斯敦设立秘书处。加勒比民主联盟是世界上除欧洲民主联盟和太平洋民主联盟之外的第三个民主联盟，这也成为牙买加在周边地区发挥相应作用的一个区域性国际平台。牙买加政府还积极主张促进"大加勒比一体化"进程，最终实现加勒比各国间的实质性合作与经济一体化，达到规模经济的效应，并最终全面参与美洲自由贸易区和全球化进程。

第八章 外 交

第二节 与传统友好国家或地区的关系

在历史上，美国、英国和加拿大一直是牙买加传统的友好国家，牙买加一直重视与这三个国家的外交关系，与美国、英国和加拿大发展长期的友好关系始终是牙买加外交战略的基石。二战之后，这三个国家为牙买加提供了巨额的经济援助，美、英、加一直是为牙买加提供经济援助最多的国家。1962年8月7日，牙买加获得独立的当天，时任政府总理亚历山大·巴斯塔曼特在发展与这三个国家的友好关系的基础上，将牙买加定位为亲西方、信仰基督教和反共产主义的国家，公开宣布"牙买加与西方和美国保持一致的方针是永远不容改变的"。除了美、英、加三个国家之外，牙买加还与俄罗斯（苏联）、日本和欧盟保持着一定的外交关系。

一 与美国的关系

古巴革命胜利后，加勒比地区局势发生了一定的变化，美国在这一地区的安全形势就受到了一定的影响。牙买加根据当时的形势，采取了一种比较灵活的外交政策，周旋于美国和古巴之间，这种政策就在一定程度上提升了牙买加在美国外交政策中的地位。获得独立后，牙买加在国内发展和对外事务上执行了完全亲西方的路线，在对外政策上坚决响应美国的号召，反对苏联对古巴和英属圭亚那（现今的圭亚那）施加任何影响。1965年之后，牙买加开始调整以前执行的亲西方路线，1971年在中国恢复联合国合法席位的问题上，牙买加政府第一次执行了与美国意见相左的路线。牙买加国内的民众对西方结盟国家的亲近意向也不断下降，1962年对西方国家的支持率为71%，1974年就下降到36%。但当时，与美国政府保持友好关系仍是牙买加最重要的外交策略。1970年，时任牙买加总理希勒（Shearer）在对美国进行正式友好访问时申明，牙买加工党政府将继续增强同美国的关系，同美国保持战略合作应摆在牙买加外交政策的首位。

牙买加

迈克尔·曼利执政后，牙买加的外交政策才真正发生了一定的改变。迈克尔·曼利担任政府总理后公开表示，牙买加与美国和英联邦国家结盟的外交政策必须得到改变，强调牙买加"外交政策应与本国实现经济独立相联系"。迈克尔·曼利认为，牙买加一贯执行的对美、英两国的外交依赖政策严重影响了本国长远的经济利益，必须逐步减少对美、英两国的外交依赖。1972年，迈克尔·曼利政府不顾美洲国际组织大多数国家的反对，与古巴建立起正式的外交关系。随后，迈克尔·曼利政府也开始与美国发生一些外交摩擦，1972年美国在牙买加大选中公开表示支持迈克尔·曼利，但前提是曼利必须许诺牙买加不对本国的铝土工业实行国有化。1973年7月，迈克尔·曼利政府又公开宣布美国驻牙买加大使是不受欢迎的人。到了20世纪70年代末期，迈克尔·曼利政府与美国的关系继续恶化，迈克尔·曼利在第三次世界论坛上强烈批评美国的霸权主义作风，牙买加人民民族党注重发展同苏联和古巴的外交关系，与古巴的友好往来更是十分密切。

1980年牙买加工党领袖西加上台执政后，对前任政府推行的亲苏、亲古和重视第三世界的外交路线进行大幅度的改变，牙买加的外交政策再次回到"亲美、抗苏、反古"的立场。1981年1月，西加总理对美国开展友好访问，他也成为里根总统执政后首位对美国进行正式友好访问的第一位外国领袖。牙买加的外交政策发生转变之后，美国政府就向牙买加提供了大量的资金援助，1981年美国对牙买加的援助金额较以前增长了5倍，1981~1986年，美国对牙买加的经济援助每年都超过了1.25亿美元。为了拯救陷入困境之中的铝土产业，美国宣布从牙买加购买160万吨铝土作为美国的战略物资储备。1982年，美国再次从牙买加购买了160万吨铝土，价值金额达到了6500万美元；1983年，美国又购买了100万吨铝土，订购金额为3000万美元。同时，美国政府也恢复了与牙买加的友好关系，里根总统甚至把牙买加视为"加勒比盆地倡议"（Caribbean Basin Initiave，简称CBI）的战略支点。工党领袖西加担任牙买加总理期间的1980~1987年，他与美国总统里根和美国政府其他的主要官员定期举行会议，1982年4月，里根总统抵达牙买加，对牙买加进行友好访问，他也是第一位访问牙买加的美国总统。在格林纳达和古巴问题上，西加政府也与美国的政策保持一致。但这一阶段，牙买加同美国政府也存在一定的外交分歧，主要体现在《海洋条约法》(Law of Sea Treaty) 上，牙买加原则上不同意美国确定的海域边界的划定方法。

20 世纪 90 年代之后，虽然牙买加开始尝试拓宽外交领域，但与美国保持友好关系依然在牙买加外交政策中占据最重要的地位，美国仍然是牙买加最大的贸易伙伴，两国的贸易额超过了牙买加外贸总额的一半，美国资金还大量投资于牙买加的铝土工业、旅游产业、金融保险产业等领域。1998 年，美国一共向牙买加提供了 2075 万美元的无偿援助。随后，牙买加在国际缉毒问题上与美国开展了密切合作，1998 年 9 月，牙买加和美国正式签署了双方在缉毒问题上开展合作的正式协议。1999 年，美国政府把牙买加列入"积极合作者"的名单。关于在国际缉毒问题上的合作，牙买加政府也有所保留，牙买加敦促美国在缉毒、枪支走私和驱逐犯罪等问题上积极考虑牙买加政府所提出的要求，以维护本国的经济利益。

进入 21 世纪之后，牙买加和美国的友好外交关系继续得到巩固，双方的外交和经贸往来更为密切。为了保护同美国的友好外交关系，促进双方官方的交流和往来，牙买加政府同美国签订了与投资保护和知识产权保护有关的协定，这些政策有助于增加对美国商品与服务的出口，吸引更多的美国游客和来自美国的投资，并争取到美国的经济援助。2000 年，到牙买加旅游的美国游客超过了 80 万人，此外，大约有 1 万名美国公民长期定居在牙买加，其中包括一些拥有双重国籍的人。美国一直是牙买加最大的贸易伙伴，两国的年均贸易总额基本上都在 20 亿美元左右，2005 年，美国与牙买加的贸易总额分别占当年牙买加出口额和进口额的 25.8% 和 41.4%。除了对外贸易之外，美国还是牙买加的最大投资国，当前总共有 80 家美国公司对牙买加开展直接投资业务，总投资额达到了 10 亿美元。在对外援助领域，美国是牙买加的第二大经济援助国家。除了官方经贸关系以外，美国游客每年最青睐的出境游目的地，其中就包括牙买加。在人权问题上，牙买加却同美国存在一定的争议与分歧，2005 年，美国在人权状况和人口偷渡国别报告中，将牙买加打击人口贩运状况

的级别定为最低的三级标准,并指责牙买加警方滥用武力,这一报告引起了牙买加政府的不满,牙买加政府反驳美国政府一直惯用双重标准来对待别的国家。此外,双方政府还一度因为海地问题产生了分歧。为了缓和局势,修复同美国的关系,2006年,牙买加总理辛普森-米勒到达美国,开始了对美国的正式访问,并呼吁美国加大对加勒比地区的援助力度。2007年6月,华盛顿举行了首届加勒比大会,牙买加总理借与会之机与美国总统布什进行了非正式会谈。2010年,牙买加同美国之间发生了一次外交纠纷,这次纠纷的起因是毒枭克里斯托弗·科克(外号"杜杜什",并于美国将他列为全球最危险毒枭之一,指控他指使手下在美国纽约市和其他一些地区贩毒牟利),美国要求引渡"杜杜什",并于2009年8月向牙买加政府提出引渡申请。牙买加最初拒绝了美国的请求,但总理布鲁斯·戈尔丁在各方压力下又同意引渡,警方随后要求"杜杜什"自首。鉴于牙买加的国内形势,美国国务院发言人菲利普·克劳利24日说,因"局势恶化",美国使馆24日放假,25日将重新开放,不过能够提供的服务有限。2012年5月2日,牙买加总理辛普森-米勒在美国费城举办的招待会上发表演讲,称她将尽全力吸引美国企业和个人投资牙买加,通过吸引投资创造工作机会,提高整体就业水平是牙买加政府当前最主要的工作目标之一。这一招待会是为了庆祝牙买加总理入选美国《时代》杂志2012年度最有影响力人物百强榜,有200多位来自商业团体的企业界人士出席了招待会。2014年10月17日,为增强牙买加在美国的影响力,牙买加驻美国大使斯蒂芬·瓦强尼在纽约市立大学布鲁克林学院以"牙买加及其在世界的地位"为主题发表演讲。布鲁克林学院教务长特拉蒙塔诺教授、学生及市民约150人参加了活动。瓦强尼强调,牙买加的外交政策并未因其狭小的陆地面积而受到限制,牙买加通过双边、地区、美洲国家组织以及联合国等多种渠道发展外交关系,大量牙买加人居住在美国布鲁克林等地区,牙买加与美国在多领域积极合作,包括贸易促进、打击毒品走私、反恐、人权保护及促进等方面,同时牙买加也是岛屿发展中国家的积极成员,支持安理会改革。2015年10月8日,在出席于巴拿马开幕的美洲峰会期间,美国总统奥巴马于当日晚抵达牙买加,进行为期一天的访问。这是自前总统罗纳德·里根1982年到访这一加勒比海国家以来，美国总统首次来访。奥巴马希望借此重申美国对加勒比国家的重视，加强与加勒比国家的能源合作。随奥巴马总统访问牙买加的同行人员包括美国能源部部长欧内斯特·杰弗里·莫尼兹。牙买加总理辛普森－米勒和美国驻牙买加大使路易斯·莫雷诺等到机场欢迎。

二　与英国的关系

英国曾是牙买加的宗主国，1962年牙买加获得了独立，英国长达3个多世纪的殖民统治正式宣告结束。但独立后的牙买加仍然属于英联邦成员方家，英国女王仍然是牙买加名义上的国家元首，牙买加与英国的传统友好关系得以继续延续与传承。

作为牙买加第二大贸易伙伴，英国在牙买加有较大的投资，对牙买加的国民经济有着一定的影响。为了减轻牙买加的财政负担，英国政府还多次减免牙买加所欠的外债，1998年，英国宣布减免牙买加730万英镑的到期债务。为了保持英牙之间的友好关系，双方政府高层曾多次互访。1989年、1990年、1991年，牙买加总理曼利连续三次访问英国；1993年和2000年，英国王储查尔斯王子也访问了牙买加；1994年，英国女王伊丽莎白二世访问牙买加；2001年，英国首相布莱尔对牙买加进行正式友好访问。2002年2月，英国女王伊丽莎白二世为纪念自己登基50周年，选择4个国家进行友好访问，其中就有牙买加。2002年5月22日，英国政府与牙买加签署协议，决定加强两国在打击毒品走私方面的合作，以防止英国日益猖獗的毒品犯罪。英国是牙买加蔗糖和香蕉的传统出口市场，2005年，英国占牙买加出口总额的10.7%。2007年3月，牙买加总理辛普森－米勒对英国进行正式国事访问，同年5年，英国副首相约翰·普雷斯科特、外交及联邦事务国防大臣金·厄豪尔相继对牙买加进行正式访问。2012年3月5日，英国王室哈里王子访问牙买加，并在首都金斯敦地区检阅了牙买加国防军。

牙买加与英国的关系也出现了一些波折。2012年3月6日，牙买加总理辛普森－米勒在接受采访时说，牙买加不应再把英国女王伊丽莎白二

世视为国家元首,应该脱离英联邦,完全掌握自己的命运,故此,牙买加计划脱离跟英联邦的关系,成为一个完全独立的国家。2014年4月21日,牙买加总理辛普森-米勒在英国女王生日当天上奏英女王伊丽莎白二世,呼吁英国军队能够撤出牙买加,让牙买加成为真正意义上的主权国家。当前驻扎在牙买加的英国军队有600人,实际掌控牙买加的国防力量。

2015年10月1日,英国首相卡梅伦对牙买加进行正式访问,访问期间卡梅伦首相表示,英国政府会出资2500万英镑(约合人民币2.4亿元)在牙买加建造监狱以便递解在英犯罪的加勒比海籍罪犯服刑。

三 与加拿大的关系

加拿大是在牙买加进行大量投资的国家,还在牙买加开设了四家银行,加拿大的私人资本还持有牙买加航空公司一定的股份,有大量牙买加技术人员就职于牙买加这家航空公司。加拿大还向牙买加政府提供了大量的经济和技术援助,1993年5月,加拿大政府向牙买加提供了价值4300万牙元的化肥和370万牙元的技术援助。1998年6月,加拿大国际开发署与牙买加政府签订了协议,约定加拿大在四年内向牙买加政府提供700万美元的无偿援助,这笔援助主要用于帮助牙买加政府实施地方政府改革。2005年,加拿大对牙买加的进口额仅次于美国,占牙买加出口总额的19.3%。牙买加还是加拿大游客比较喜欢的海外旅游地之一,牙买加也向加拿大派出了大量劳务人员,在农业、服务业等领域开展工作。近几年,牙买加和加拿大在缉毒、司法协助和移民等领域也开展了积极有效的合作。2009年4月19~20日,加拿大总理史蒂芬·哈珀(Stephen Harper)访问牙买加。在哈珀总理访问牙买加期间,加拿大与牙买加签署了一份谅解备忘录,约定在今后四年内加拿大将向牙买加提供1800万加元,用于资助牙买加司法系统改革。牙买加总理戈尔丁称,牙买加的司法系统改革是非常重要的,但经常被财政困扰而一再押后。加拿大提供的这项资金主要用于司法系统能力建设。2012年10月22日,牙买加总理辛普森-米勒首次访问加拿大,加拿大总理史蒂芬·哈珀同辛普森-米勒进行了正式会晤,双方强调继续发展两国业已存在半个世纪的友好关系。据当地媒体报道，哈珀在会晤中说，近年来两国关系尤其是在安全、打击犯罪和恐怖主义、人道主义救援方面得到很大发展，加拿大感谢牙买加支持建立加拿大军队行动支持中心。米勒对加拿大长期支持牙买加经济社会发展表示感谢，认为两国人民之间的交流是非常重要的。两位领导人表示要继续促进双边贸易和投资，承诺进一步减少贸易壁垒。

四 与俄罗斯的关系

牙买加于1975年3月与苏联建立正式外交关系。苏联解体后，牙买加政府于1992年1月正式承认俄罗斯和其他独联体成员方的地位。1999年10月，由于财政紧张，牙买加关闭了驻俄使馆。2000年6月，牙买加外交与对外贸易部部长罗伯逊应邀访俄。期间，双方签署了成立两国外交部门之间协商机制的议定书、互免签证协议、双方司法部门之间合作协议及科技、文化和教育合作计划，并探讨了贸易和投资问题。每年俄罗斯从牙买加进口相当大数量的铝矾土，大量的俄罗斯游客也选择赴牙买加旅游。据牙买加《集锦者报》2011年1月18日的消息，2011年牙买加旅游业特别关注开拓中、南美洲和俄罗斯等未充分拓展的市场，牙买加旅游部部长巴特利特表示，市场营销活动进一步促进了牙买加旅游业吸引更多的游客。2014年7月20日，牙买加《集锦者报》发表社论，题为《参与金砖国家合作》，指出牙买加和加共体成员方应充分利用新成立的金砖国家银行，积极与其开展合作并从中受益。牙买加要做的不仅是关注金砖机构的发展，更应该与其建立联系。牙买加应积极加强与单个国家的关系，包括俄罗斯和欧亚经济联盟成员方。

五 与日本的关系

1964年，牙买加与日本建立正式外交关系，此后两国关系发展一直比较顺利，两国间建立了外长级磋商机制。日本主要通过提供捐款、贷款、债务减免、实物捐赠和投资的方式对牙进行援助，并派出青年志愿人员赴牙买加服务，两国间文化、艺术和教育交流项目也不断发展。2013年，日本分别提供4370万牙元和180万美元用于实施基层项目和开展技

术合作，包括派遣志愿者和培训项目。从 2014 年开始，日本提供的无偿援助主要用于学校扩建和更新改造。另外，2014 年，日本还向牙买加提供了价值 90 亿牙元的医疗设备。2015 年 2 月，日本向牙买加提供 9600 万牙元用于购买重型设备，以应对自然和人为灾害。牙买加与日本的高层曾进行了数次互访。2013 年 11 月 12 日，据加勒比日报消息，牙买加总理辛普森－米勒在访日期间，与安倍首相签署了能源和矿业合作协议。2014 年 7 月 29 日，日本首相安倍晋三访问牙买加，安倍是第一个访问加勒比的日本首相。2015 年 9 月，日本首相安倍晋三再次访问牙买加。日本还是牙买加蓝山咖啡和朗姆酒的最大海外市场。

六　与欧盟的关系

欧盟是牙买加最大的外援提供者和第二大贸易伙伴，其援助额约占牙买加所获全部外援的 68%。欧盟是牙买加主要的政治、贸易伙伴及多边援助机构之一。根据 1975 年《洛美协定》、2000 年《非加太－欧盟伙伴关系协定》、2008 年《加共体－欧盟经济伙伴关系协定》等协定，欧盟确定了对牙买加的援助内容。2002 年 2 月，牙买加政府与欧盟签署贷款协议，约定欧盟向牙买加提供 42 亿牙元，用于发展经济、扶持中小企业和私营部门、改进基础设施。2004 年，欧盟向牙买加提供了 6000 多万美元飓风救灾援助。2005 年，欧盟先后宣布下调从非加太集团国家进口蔗糖价格和逐步取消香蕉优惠关税，引起了牙买加政府和民众的强烈反对。2011 年至 2013 年，欧盟对牙买加的援助总额约 3.38 亿欧元，每年新增对牙买加援助金额分别为 2870 万美元、6520 万美元、5040 万美元，均列援牙买加多边援助机构第一，排在世界银行、美洲开发银行和加勒比开发银行之前，执行项目总额分别为 2.347 亿欧元、1.918 亿欧元、2.201 亿欧元。2014 年 1~9 月，欧盟援助牙买加累计 3100 万欧元，为 2013 年同期援助金额的 70%，预计 2014 年援助金额与 2013 年持平。据牙买加政府新闻网 2017 年 2 月 16 日消息，牙买加外交与对外贸易部部长卡米娜·约翰逊－史密斯在第三届牙买加－欧盟政治对话期间表示，牙政府正积极研究如何通过现有的《加共体－欧盟经济伙伴协定》（EPA）进一步密切与欧盟的贸易往来。

第八章 外 交

第三节 与拉美和加勒比国家的关系

独立之后，在保持与传统国家友好关系的基础上，重视与英联邦国家和英属西印度群岛国家的关系逐渐成为牙买加外交政策的优先发展目标。1964年，英联邦国家在牙买加召开了英联邦议会委员会会议。1968年，牙买加加入了加勒比自由贸易协会（Caribbean Free Trade Association，Carifta），1973年7月4日，这一协会更名为加勒比共同市场（Caricom），成员方除牙买加之外，还包括特立尼达和多巴哥、巴巴多斯、圭亚那等国。从20世纪60年代末开始，牙买加逐渐加大与拉美和加勒比地区非英联邦国家的外交力度。1969年，牙买加加入了美洲国家组织（OAS），在20世纪70年代初期召开的美洲国家组织的会议上，牙买加同墨西哥均提出与古巴建立正常化关系。牙买加还与西班牙语系拉美国家发展积极的外交关系，经过双方政府之间的友好协商，牙买加与墨西哥和委内瑞拉相继签署了一系列协议，还同其他7个拉美国家开通了海上航线。迈克尔·曼利执政时期，牙买加与古巴、海地、多米尼加共和国之间的关系得到快速发展。

牙买加工党执政后，西加政府与英联邦加勒比国家之间的关系又得到巩固与加强。牙买加政府公开支持伯利兹的自治与独立要求，1981年9月21日伯利兹正式获得独立后，西加政府明确反对任何旨在推翻伯利兹政府的武装攻击，1984年10月，西加政府与伯利兹建立正式外交关系。西加政府还重视与东加勒比小国之间的外交关系，这一期间，牙买加与特立尼达和多巴哥之间一直保持着友好往来，双方高层不断进行互访。1985年11月，特立尼达和多巴哥总理乔治·钱伯斯对牙买加进行正式友好访问；1986年3月1~4日，西加总理回访了特立尼达和多巴哥。

从20世纪80年代开始，牙买加政府一直致力于地区间的政治领域合作。1986年1月，牙买加首都金斯敦举行了地区总理和其他高级官员的会议，会上西加总理提议成立加勒比民主联盟（Caribbean Democratic Union，简称CDU）。随后该联盟正式成立，并且成为这一地区各国间提供就地区和国际政治实务交流看法的平台，成员方包括英联邦加勒比国

牙买加

家：牙买加、多米尼加、格林纳达、圣基斯内维斯、圣卢西亚、圣文森特和格林纳丁斯、蒙特塞拉岛等。百慕大则曾为加勒比民主同盟的观察国。西加当选为第一任加勒比民主联盟主席。西加表示，这一组织的目的就是使本同盟恢复到1958~1962年西印度联邦时期的地区政治联盟的水准。

牙买加工党和人民民族党的政治理念有分歧，两党对古巴的政策也有所不同，因此，工党和人民民族党执政期间，牙买加政府对古巴的外交政策就会相应发生变化，这就导致了牙买加同古巴的双边关系总是出现反复。1972年12月人民民族党执政时，两国建立正式外交关系，但牙买加工党执政后，1981年牙买加又宣布与古巴断交。20世纪90年代之后，随着国际形势发生变化，1990年7月27日两国重新恢复大使级外交关系，随后，两国外交关系发展十分迅速，双方交往日益密切。1994年2月，牙买加同古巴签订了两国海关管理协定，这年的11月，牙买加与古巴又达成了两国海关管理协定。这一时期，牙买加和古巴双方高层也实现多次互访。1995年9月，古巴人民政权代表大会主席阿拉尔孔访问了牙买加；1997年3月，古巴国务委员会主席菲德尔·卡斯特罗亲赴牙买加，出席牙买加伟大总理诺曼·曼利的葬礼仪式；这年的5月，牙买加总理帕特森正式访问了古巴；1998年7月，菲德尔·卡斯特罗再次对牙买加进行国事访问。针对古巴问题，牙买加政府认为美国对古巴实施的长期禁运是造成这一地区紧张局势的源头，并有爆发冲突的危险。

进入21世纪之后，牙买加同古巴的外交关系得到巩固，双方经贸往来日益增多。这一时期，牙买加同古巴和美国均保持着友好的外交关系，牙买加呼吁美国同古巴展开对话，争取早日结束对抗与孤立的局面，实现两国关系的正常化。2006年9月，古巴政府启动了2006年度援助牙买加奖学金计划，这一计划一共资助了170名牙买加学生到古巴留学。随着牙买加、古巴双边友好关系的深入发展，两国在多边领域都展开了合作，牙买加在经贸方面为古巴提供了极大的支持，主张古巴加入加勒比共同体和洛美后续协定，支持古巴参加加勒比地区经济一体化进程和美洲自由贸易区的谈判。2013年6月6日，牙买加和古巴签署文化合作协议。牙买加教育、青年与信息部部长莉萨·汉娜和古巴文化部部长拉斐尔·伯纳尔分别代表各自政府在协议上签字,这项协议的签署将推动古巴和牙买加开展文化培训和文化交流等活动。2013年8月26日,牙买加和古巴签署的定期航班协议正式生效,在首航仪式上,牙买加交通运输与矿业部部长莫雷斯·盖伊表示,根据合作协议,古巴海鸥航空公司每周将有三个航班往返古巴和牙买加,每周一、周五哈瓦那飞金斯敦,每周三哈瓦那飞蒙特哥贝。盖伊部长高度赞赏这一合作协议,称定期航班的开通,增加了旅行的选择,是一个双赢的协议。他同时表示,引进海鸥航空公司,彰显了对牙买加经济、政府和人民的信心。定期直航班机将方便两国人员的流动,促进双方保持紧密、充满活力的关系,更有助于两国全方位双边关系的提升。2015年4月30日,牙买加工业商业农业与渔业部部长希尔顿日前举行新闻发布会,向媒体介绍了其近期率团访问古巴的有关情况,访古巴期间,牙买加、古巴签署了两国经济特区合作框架协议,两个经济特区分别是牙买加开曼纳斯经济特区和古巴玛丽埃尔(Mariel)经济特区。希尔顿表示,牙买加、古巴双方同意设立包括私营企业代表在内的两国间部际工作组,就开展贸易、投资和交通等领域的合作做相关准备工作,双方还就旅游、金融、制造业等开展合作进行了探讨。2015年9月,古巴贸易和投资部部长访问牙买加,旨在进一步落实和加强双边合作。2016年5月26日,牙买加工业商业农业与渔业部部长萨姆达日前会见到访的古巴贸易和投资部副部长莱亚娜·努涅斯,在会见中,萨姆达表示牙买加正积极加强与古巴在农业、制造业等关键领域的双边互惠合作,古巴依靠有限的资源获得了良好发展,古巴制糖业、畜牧业等领域都值得牙买加学习,包括制糖技能培训、动物替代饲料等方面,以便调整制糖业发展方向,减少对进口原料的依赖。努涅斯则表示,古巴、牙买加两国外交及政治关系密切,需要进一步加强的是经贸关系,两国在诸多领域均可展开合作,分享发展经验,互相获益。

第四节 与其他发展中国家及国际组织的关系

一 与其他发展中国家的关系

牙买加独立后,随着国际上民族主义的兴起,一些民族国家纷纷摆脱

了殖民统治，宣告独立。国际上新兴民族国家不断出现，在这种形势下，牙买加政府开始重视与亚非拉发展中国家建立外交关系。1966年4月2日，埃塞俄比亚皇帝塞拉西一世抵达牙买加，对牙买加进行访问，这次友好出行促进了非洲国家和牙买加外交关系的发展。1968年，牙买加开始与一些非洲国家建立低级别外交关系，仅仅在埃塞俄比亚建立了大使馆。1969年，牙买加总理希曼和曼利相继访问了非洲，随后牙买加在阿尔及利亚和尼日利亚建立了常驻使团。

二 与国际组织的关系

自独立以来，牙买加就积极参与一些国际事务，是很多国际组织的成员方，与众多的国际组织保持着密切的合作关系。当前牙买加加入的国际组织主要有：加勒比共同市场（Caricom），加勒比开发银行（CDB），非洲、加勒比海及太平洋国家集团（ACP），美洲防务理事会（IADB），拉丁美洲经济体系（LAES），美洲国家组织（OAS），拉丁美洲能源组织（OLADE），拉丁美洲禁止核武器组织（OPANAL），多边投资担保机构（MIGA），不结盟运动（NAM），联合国粮农组织（FAO），15国集团（G15），77国集团（G77），国际原子能机构（IAEA），国际复兴开发银行（IBRD），国际民航组织（ICAO），交通运输领域国际会议（ICCT），国际自由工会联盟（ICFTU），国际农业发展基金（IFAD），国际金融公司（IFC），红十字会与红新月会国际联合会（IFRCS），国际水路组织（IHO），国际劳工组织（ILO），国际货币基金组织（IMF），国际海事组织（IMO），国际通信卫星组织（INTELSA），国际刑警组织（INTERPOL），政府间海洋学委员会（IOC），国际移民组织（IOM），国际国际标准化组织（ISO），国际电信联盟（ITU），禁止化学武器组织（OPCW），联合国（NU），联合国贸易与发展会议（UNCTAD），联合国教科文组织（UNESCO），联合国工业发展组织（UNIDO），万国邮政联盟（UPU），国际海关组织（WCO），世界工会联合会（WFTU），世界卫生组织（WHO），世界知识产权组织（WIPO），世界气象组织（WMO），世界贸易组织（WTO）等。

第八章 外　交

　　牙买加历届政府的外交重点地区不在亚洲，因此，牙买加同亚洲地区的关系相对比较滞后，当前，牙买加仅仅在亚洲的一些主要国家如中国、印度、印度尼西亚、黎巴嫩、马来西亚、菲律宾、泰国等设立了使领馆。除了同中国保持大量的经贸往来之外，牙买加同亚洲其他国家和地区的经贸关系发展得十分缓慢。

　　牙买加政府在一些重大国际问题上持不结盟立场。1968年，不结盟国家会议在南斯拉夫首都贝尔格莱德召开，牙买加政府参加了这次不结盟会议，并成为不结盟运动的正式成员方，1972年牙买加又成为不结盟运动的永久成员方。牙买加主张在资本主义和共产主义中间实现"第三条道路"，迈克尔·曼利总理多次强调民族主义并坚决反对美国的帝国主义行径。1973年，不结盟国家会议在阿尔及尔召开，牙买加总理迈克尔·曼利率领一个高级别代表团出席了这次会议，会上曼利总理和古巴领导人菲德尔·卡斯特罗举行了一次会谈。

　　在联合国重大政治和经济问题上，随后的西加政府仍然坚持不结盟立场。1976年，牙买加派代表参加了联合国贸易和发展大会，会上牙买加代表团在促进"国际经济新秩序"方面发挥了积极作用；1986年，牙买加外交与对外贸易部部长希勒倡议广泛解决中东问题，支持巴勒斯坦人民的建国权利，同时呼吁以色列坚守1967年的边界协议，强调犹太国家存在的权利。西加政府认为，联合国是谈判解决中东问题中的阿以冲突的最好平台。

第五节　与中国的关系

　　牙买加与中国的关系，可以追溯到19世纪中期契约华工到达牙买加之时起，从第一批契约华工到达牙买加岛屿之时，中国就和这个岛屿发生了直接和间接的联系。根据巴拿马报纸报道，一艘载有195名契约华工的船于1854年11月从巴拿马抵达金斯敦，这是第一批到达牙买加的契约华工；但是，另外一种说法是第一批到达牙买加的契约华工来自中国，"英国档案却表明：第一批牙买加的华人直接来自中国。他们与一位圭亚那的英国移民代理商詹姆斯·怀特签订合同，乘坐的是埃普索姆号轮船

牙买加

(Epsom)。这艘船在1854年4月满载着310名乘客从香港驶往牙买加,有267人最终到达了目的地"。从1864年到1870年,大约又有200名中国契约劳工从其他加勒比岛屿来到牙买加,其中多为特里尼达和英属圭亚那种植园的契约华工,这是第二批到达牙买加的契约华工。第三批到达牙买加的契约华工人数最多,也是规模最大的一次华工向牙买加移民活动,这次活动发生在1884年,大约有600名华工踏上了前往牙买加的旅途,这批人也构成了牙买加早期中国移民的核心。① 早期到达牙买加的契约华工一般都是在种植园内从事繁重的体力劳动,19世纪末期以来,居住在这里的华工开始在零售业领域从事一些基础的商业活动,渐渐的,一些华工获得了初步的资本积累,然后把业务拓展到食品制造业和轻工业(面包业、冰淇淋生产和肥皂业等)以及食品进口业等领域。为了维护自己的利益,生活在这里的华人格外团结,他们通过结社、建立会馆、创立公益机构、发行报纸等途径来进行互帮互助、互相联络,渐渐的,华人在三个要素——文化优越感、经济专业性和社会孤立性的基础上建立、巩固了一个团结和统一的社区:种族。② 随着时间的推移,生活在这里的华工慢慢融入牙买加社会之中,一些影响力较大的华人开始参与牙买加的政治生活,他们也从牙买加华工演化为华裔牙买加人(Jamaicans of Chinese origin)。1949年10月1日中华人民共和国成立之后,中牙两国才开始发生正式的外交关系,两国的外交关系也掀开了新的一页。

一 两国政治关系

1962年8月6日牙买加宣布独立时,中华人民共和国总理周恩来和外交部部长陈毅曾致电牙买加政府,表示中国政府和中国人民衷心祝贺牙买加获得独立,并予以承认。20世纪70年代初期人民民族党执政后,牙买加同中国的外交关系有了较大发展,这一年,中国贸促会代表团应邀访

---

① 李安山:《生存、适应与融合:牙买加华人社区的形成与发展(1854–1962)》,《华侨华人历史研究》2015年第1期。

② 李安山:《生存、适应与融合:牙买加华人社区的形成与发展(1854–1962)》,《华侨华人历史研究》2015年第1期。

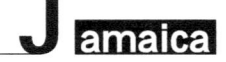

问牙买加，访问期间受到牙买加政府的破格接待。经过双方政府的有效沟通与努力，1972年11月21日，中国与牙买加正式建交，中国驻加拿大大使姚广和牙买加驻加拿大大使专员史密斯在渥太华签署了两国建交公报。1973年3月，中国正式在牙买加设立大使馆，牙买加常驻日本大使兼任驻华大使。随后双方政府先后签署了《政府贸易协定》、《经济合作协定》、《投资保护协定》和《避免双重征税协定》等，这些协定为双边贸易、投资等活动提供了法律保障。2005年4月，牙买加外交与对外贸易部任命本国的职业外交官韦恩·麦库克（Wayne Mccook）担任牙买加首任常驻中国大使。麦库克大使曾担任外交与对外贸易部代理次长，主管贸易事务；在对外工作中，麦库克曾经历任对外贸易司高级司长、加勒比和美洲司司长、牙买加驻美国大使馆公使及使团副团长、牙买加常驻联合国代表团公使及常驻副代表等职务，具有出色、丰富的外事经验。牙买加政府派遣这位资深外交官出任牙买加首任驻华大使，可以看出牙买加政府对中国外交事务的重视。这一年的6月，牙买加驻中国大使馆正式开馆，标志着双方的外交事务又上了一个台阶。

2019年4月11日，中国驻牙买加大使田琦与牙买加外交与对外贸易部部长约翰逊-史密斯代表两国政府，在金斯敦签署《中华人民共和国政府与牙买加政府关于共同推进丝绸之路经济带和21世纪海上丝绸之路建设的谅解备忘录》。根据备忘录，中牙双方将在共商、共建、共享的原则指导下，尊重彼此利益和重大关切，深化互信和互利合作，在政策沟通、设施联通、贸易畅通、资金融通、民心相通、能力建设等领域开展合作，实现共同发展和共同繁荣。

中牙建交30多年来，双方在政治、经济、文化等领域进行了友好合作，双方友好关系不断深入发展，在众多的国际事务中，中国与牙买加拥有许多共同语言和共同利益，双方一贯相互支持、密切合作。中牙双方的政治互信关系通过高层交往、议会与政党交往、建立对话机制等途径得到密切发展。

（一）双方高层不断互访

1976年9月23~29日，牙买加副总理库尔率团访华，这是两国建交以来访华的第一个牙买加官方代表团。1985年6月6~11日，牙买加副

牙买加

总理兼外交与对外贸易部部长希勒率政府代表团对华进行正式访问。1986年工业商业农业与渔业部部长瓦兹，1987年国家安全部部长安德森也相继访华。1991年，迈克尔·曼利首次访问中国，他也是第一位对中国进行正式国事访问的牙买加总理。1991年工业商业农业与渔业部部长斯莫尔，1992年、1994年工业商业农业与渔业部部长邓克利，1993年外交与对外贸易部部长罗宾逊，1994年人民民族党中央执委、总理府不管部长菲利普斯，1996年副总理兼外交与对外贸易部部长马林斯，1997年财政与公共服务部部长戴维斯也陆续到访中国，对我国进行友好访问。1998年和2005年，牙买加总理帕特森先后两次率团访问中国，推动了两国关系深入发展。1999年5月21日至6月1日，牙买加总督库克访华，江泽民主席会见库克总督；同年，能源、科技部部长皮克斯吉尔也到华访问。2005年7月14～19日，牙买加外交与对外贸易部部长奈特访华，李肇星外长会见，奈特主持了牙买加驻华使馆的开馆仪式。2008年4月5～9日，牙买加外交与对外贸易部常秘桑德斯访华，与李金章副外长共同建立并启动两国外交部官员会晤制度。2008年4月中旬，牙买加旅游部部长巴特利特访华，出席在北京举行的中国出境旅游交易会。2008年8月16～28日，牙买加教育、青年与信息部部长格兰奇来华观摩北京奥运会。2009年3月9～12日，牙买加政府内阁秘书桑德斯率团访华。2009年5月30日至6月7日，牙买加交通运输与矿业部部长亨利访华。2010年2月3日，时任牙买加总理布鲁斯·戈尔丁对中国进行正式友好访问，中国国务院总理温家宝在北京人民大会堂同牙买加总理戈尔丁举行会谈。会谈后，两国总理共同出席经贸、基础设施建设、社会发展等领域双边合作文件的签字仪式。2010年5月1～16日，牙买加工业商业农业与渔业部部长塔夫顿率团访华。

中国政府高层也相继对牙买加进行正式友好访问。1978年7月16日，耿飚副总理率领代表团访问牙买加。1982年10月5～11日，韩叙副外长对牙买加进行工作访问。1986年，经贸部副部长吕学俭访问牙买加。1990年4月3～7日，以纺织工业部部长吴文英为团长的中国政府代表团访问牙买加。1992年7月19～22日，国务院秘书长罗干率中国政府代表团访问牙买加。1994年8月17～20日，外交部副部长刘华秋访问牙买加。1998年7月25~27日，钱其琛副总理访问牙买加。2000年11月19~21日，中国教育部部长陈至立访问牙买加。2001年6月28日至7月1日，外交部部长助理周文重访问牙买加。2003年1月20~23日，国务委员吴仪率领中国政府代表团访问牙买加。2003年9月19~21日，外交部部长李肇星访问牙买加。2005年2月1日，中国国家副主席曾庆红到达牙买加，出席了在金斯敦举行的"中国-加勒比经贸合作论坛"首届部长级会议开幕式，在开幕式上，曾庆红副主席宣布中国与加勒比共同体建立"共同发展的友好伙伴关系"。2008年1月16~20日，中联部副部长陈凤翔访问牙买加。2009年2月，中国国家副主席习近平对牙买加进行正式访问，访问期间，习副主席明确表示牙买加是中国在加勒比地区的重要合作伙伴，并明确了中牙两国关系未来发展的三项重点内容：一是在政治上加强交往，互尊互信，继续开展政府部门、立法立构和政党间的交流与合作；二是在经贸上深化合作，进一步拓展合作领域和渠道，实现互利共赢；三是在人文上密切交流，积极开展文化、体育、旅游等领域的合作，实现互鉴共进。2009年5月24~27日，应牙买加旅游部部长巴特利特邀请，中国旅游协会名誉会长何光暐访牙。2009年8月7日，中国贸促会副会长董松根率团访问牙买加。2013年6月2日，中国国家主席习近平在特立尼达和多巴哥首都西班牙港会见牙买加总理辛普森-米勒。值得一提的是，2013年8月20~25日，时任牙买加总理辛普森-米勒在对中国进行正式访问期间，分别会见了中国国家主席习近平、国务院总理李克强、全国人大常委会委员长张德江。辛普森-米勒表示牙买加坚持"一个中国"立场，中牙双方在加强国际关系、密切贸易、投资、旅游等合作上达成共识。辛普森-米勒有华人血统，对华友好。1995年，她曾来华出席第四次世界妇女大会。2009年，她以反对党领袖的身份访华。2016年3月，中国国防部外办副主任胡昌明少将对牙买加进行了友好访问。

（二）议会、政党之间交往频繁

1987年，由众议院政府事务领袖詹姆斯·史密斯率领的牙买加议会代表团正式访华。1990年1月14~21日，牙买加众议院议长赫德里·坎

牙买加

宁安和参议院副议长科特尼·福勒启尔抵达中国，这次访问开启了两国议会机构之间的交流。1992年4月13~20日，王汉斌副委员长率中国全国人大代表团访问牙买加。1995年6月16~17日，全国政协主席李瑞环对牙买加进行友好访问。1995年6月，牙买加工党领袖、前任总理爱德华·西加访华。1996年8月，牙买加众议院议长卡尔·马歇尔访华。1999年全国人大常委会副委员长曹志，2000年全国政协常委齐怀远相继访问牙买加。进入21世纪之后，中牙双方议会机构和政党之间的交往更加密切，为推动双方政治关系不断向前发展奠定了基础。2008年1月16~20日，中共中央对外联络部副部长陈凤翔率领中共友好代表团访问牙买加。2008年12月6~8日，全国人大常委会外委会副主任委员马文普访问牙买加。2013年8月22日，全国人大常委会委员长张德江在人民大会堂会见了牙买加总理辛普森-米勒。2015年1月15~16日，全国人大常委会副委员长张宝文率团访问牙买加。2015年11月18~20日，全国人大环境与资源保护委员会主任委员陆浩率团访问牙买加。2016年5月全国人大外事委员会主任委员傅莹，10月北京市人大常委会副主任孙康林也相继对牙买加进行了正式友好访问。

（三）双方建立正常的对话机制

建交30多年来，牙买加同中国的政治互信不断增强，双方建立了正常的对话机制。自建交以来，牙买加始终奉行"一个中国"的原则。2005年6月帕特森总理访华时再次声明牙买加继续坚持"一个中国"的立场，并表示中国是国际上有重要影响力的国家，牙买加愿意与中国加强协调与配合，携手为维护世界和平和地区和平、促进共同发展和繁荣做出贡献。为了巩固双方的政治互信成果，2008年4月8日，双方政府共同宣布正式启动中牙两国外交部门官员会晤制度，并签署了《中华人民共和国外交部和牙买加外交和外贸部官员会晤制度谅解备忘录》。2011年8月25日，牙买加总理戈尔丁、副总理兼外交与对外贸易部部长鲍、工业商业农业与渔业部部长塔夫顿、旅游部部长巴特利特和国家安全部部长纳尔逊等出席中国驻牙买加大使郑清典夫妇举行的晚宴。2013年5月29日，外交部部长王毅在外交部会见了来京出席全球服务贸易论坛北京峰会的牙买加外交与对外贸易部部长尼科尔森。2017年2月，中华人民共和国国家发展和改革委员会与牙买加工业商业农业与渔业部签订了关于开展产能与投资合作的框架协议。

二 经贸关系

牙买加独立后，中牙双方就开始了一定的经贸往来，双方贸易代表团就实现过互访。1972年两国正式建交之后，双方的经贸往来开始大幅度增加，目前牙买加已经成为中国在加勒比地区英语国家的最大贸易伙伴。据统计，10年来，中牙双方的贸易额增长了5倍多，其中牙买加对中国的出口增长了400多倍，从中国的进口增长了3倍。2005年2月，牙买加总理帕特森宣布，牙买加政府正式承认中国完全市场经济地位。

2007年，中牙双方的贸易额出现了下降，双边的贸易总额为2.8478亿美元，同比下降了47.1%。其中，中国对牙买加的出口额为2.4631亿美元，同比增长37.2%；从牙买加的进口额为0.3846亿美元，同比下降89.3%。

自20世纪80年代开始，中国企业开始在牙买加开展劳务承包业务，据中国商务部的统计，2007年年底，中国企业在牙买加的承包劳务合同营业额达到了2.6亿美元。2014年，中国企业在牙买加新签承包工程合同4份，新签合同额为1586万美元；正在实施的主要大型工程承包项目包括中港美洲区域公司承建牙买加南北高速公路、中成泛加勒比糖业公司技术改造项目；年末在牙买加劳务人员2772人。

2015年，中牙贸易额为4.38亿美元，同比增长2.34%，占牙买加外贸总额的7.00%。其中，牙买加从中国进口4.09亿美元，同比增长3.78%，占牙买加进口额的8.79%；向中国出口约2854万美元，同比下降14.55%，占牙买加出口额的2.35%；逆差3.80亿美元，同比增长5.48%。

（一）牙买加从中国进口

1. 产品结构

牙买加从中国进口的产品主要为制成品、机械和交通工具、杂项制品和化工产品，它们在2015年的进口额分别为1.55亿美元、1.43亿美元、8082万美元和2300万美元，分别占进口总额的37.90%、34.96%、

19.76%和5.62%。食品、非食品原料、矿物燃料和润滑油及有关原料、饮料与烟草、动物/植物油和脂肪及蜡、其他产品进口额分别为494万美元、88万美元、24万美元、12万美元、1万美元和2142美元，共占进口总额的1.51%。

2. 2015年进口情况与2014年比较

十类产品中，四类产品进口额增长，分别是制成品、非食品原料、动物/植物油和脂肪及蜡、其他产品。其中，制成品增加2700万美元，增长最多；其他产品增长531.86%，增幅最大。六类产品进口减少，分别是机械和交通工具、杂项制品、化工产品、食品、矿物燃料和润滑油及有关原料、饮料与烟草。其中，机械和交通工具减少1200万美元，减少最多；饮料与烟草下降88.99%，降幅最大。

3. 中国在牙买加进口国中的排名

2015年，中国是牙买加第3大进口国，较上一年上升1位。牙买加前10大进口国分别为美国、特立尼达和多巴哥、中国、委内瑞拉、日本、墨西哥、哥伦比亚、加拿大、德国和西班牙，进口额分别是18.43亿美元、4.47亿美元、4.09亿美元、3.54亿美元、1.77亿美元、1.30亿美元、1.04亿美元、9517万美元、8380万美元和8010万美元。

（二）牙买加对中国出口

1. 产品结构

牙买加对中国出口主要为非食品原料，2015年出口额为2762万美元，占出口总额的96.78%；其他出口产品类别有食品、化工产品、制成品、机械和交通工具、杂项制品，出口额分别为55万美元、1.5万美元、1.9万美元、0.6万美元、6万美元，共占出口总额的2.28%。

2. 2015年出口情况与2014年比较

六类产品中，五类产品出口减少，分别是非食品原料、食品、化工产品、制成品、杂项制品。其中，非食品原料减少370万美元，减少最多；化工产品下降97.95%，降幅最大。一类产品出口增加，机械和交通工具出口净增长0.6万美元。

3. 中国在牙买加出口国中的排名

2015年，中国在牙买加出口国中排第7位，较上一年上升2位。牙买加前10大出口国依次是美国、加拿大、荷兰、冰岛、俄罗斯、英国、中国、格鲁吉亚、沙特阿拉伯和日本，出口额分别是4.439亿美元、1.81亿美元、1.09亿美元、9900万美元、8777万美元、7662万美元、2854万美元、2505万美元、2301万美元和1721万美元。

（三）中牙双边贸易基本特点

总体来看，虽然双方贸易总额增长较快，但中国与牙买加的双边贸易总额依然比较小，贸易情况多为中国对牙买加出口。最近几年，中国从牙买加进口的商品和货物开始增多，中国主要进口牙买加的蔗糖、铝土和氧化铝，主要出口商品有食品、面粉、纺织品、农具和小五金等。随着中国科技实力的不断提升，中国制造的高科技产品越来越受全球的欢迎，机电产品和高科技产品逐渐成为中国向牙买加出口的主打商品。当前，机电产品出口额大约占中国对牙买加出口总额的35%，其次是箱包和纺织品。中牙双边贸易有如下几个基本特点。

第一，双边贸易增速较快，近年有所回落。

2000年，牙买加从中国进口4603万美元，向中国出口1226万美元，双边贸易额为5829万美元。与此相比，2015年，牙买加从中国进口增长近8倍，对中国出口增长了1倍多，中牙贸易总额增长了近6倍。

2013年、2014年和2015年，中牙双边贸易额分别为3.40亿美元、4.28亿美元和4.38亿美元，分别增长10.39%、25.89%和2.34%，增速有所回落。

第二，双边贸易额占牙买加外贸总额的比重持续上升。

过去15年，中牙贸易额在牙买加外贸总额中占比不断上升，最小为1.27%（2000年），最大为7.00%（2015年）。2010年至2014年占比分别为3.54%、3.69%、3.95%、4.35%和5.86%。

第三，中国在牙买加对外贸易中的地位不断上升。

2008年以来，除2011年中国在牙买加进口国中排第5位外，其他年份稳居第4位，2015年升至第3位。中国在牙买加出口国排名中变化较大。过去11年，中国在牙买加出口国中的排名8次进入前10位，2013

年、2014年和2015年分别为第10位、第9位和第7位。

第四，牙买加主要从中国进口四类产品。

机械和交通工具、制成品、化工产品、杂项制品在牙买加从中国进口的产品中占重要地位。过去5年，这四类产品总进口额分别为2.72亿美元、2.99亿美元、3.23亿美元、3.86亿美元和4.02亿美元，分别占当年牙买加从中国进口额的96%、97%、97%、98%和98%。

第五，牙买加对中国出口的产品较单一。

自2000年以来，氧化铝和废料一直是牙买加对中国出口的主要产品。2003年，中国五矿与牙买加签署总量110万吨、为期5年的氧化铝购买合同，5年间牙买加分别对中国出口9649万美元、1.70亿美元、1.07亿美元、3亿美元和6956万美元，其他年度出口额无法企及。2006年，牙买加对中国氧化铝和废料的出口额占对中国出口总额的98%。2008年、2010年和2013年，牙买加未向中国出口氧化铝，导致牙买加对中国出口大幅缩水，分别仅为137万美元、139万美元和602万美元。[①]

根据牙买加统计局公布的数据，2016年1~11月，中牙贸易额为2.95亿美元，同比下滑32.6%。其中，牙买加从中国进口约2.78亿美元，下滑32.0%；对中国出口1730万美元，下降39.4%；赤字2.61亿美元，下降31.5%。牙买加从中国进口的产品主要为机械和交通工具、制成品、杂项制品、化工产品，进口额分别为9896万美元、9693万美元、5487万美元和2126万美元，分别占进口总额的35.6%、34.9%、19.7%和7.6%。牙买加对华出口的产品主要为非食品原料，出口额为1607万美元，占出口总额的92.9%。其中，氧化铝1052万美元，占比65.5%；其次是化工产品和杂项制品，出口额分别为40万和35万美元，占出口总额的4.3%。

（四）中牙双边贸易协议与技术合作协定

除了直接的经贸往来之外，中国政府还同牙买加政府签署了一系列贸易协议或技术合作协定等文件。2011年9月，国务院副总理回良玉对牙

[①] 中华人民共和国商务部驻牙买加经商参处网站，http://jm.mofcom.gov.cn/article/zxhz/hzjj/201610/20161001417347.shtml。

买加进行正式访问,其间双方签署了《中国政府与牙买加政府经济技术合作协定》《中国政府向牙买加政府无偿提供 100 万元人民币物资的换文》《中国农业部与牙买加农业和渔业部关于农业合作的谅解备忘录》。2012 年 3 月,商务部国际贸易谈判代表兼副部长高虎城对牙买加进行正式访问,其间双方签署了《中国政府与牙买加政府经济技术合作协定》《中国政府向牙买加政府无偿提供车载移动式集装箱检查设备的换文》《中国政府向牙买加政府提供幼儿园项目可行性考察的换文》。2012 年 8 月,商务部副部长李金早对牙买加进行正式访问,其间双方签署了《中国政府与牙买加政府经济技术合作协定》《助牙买加车载移动式集装箱检查设备交接证书》。2013 年 8 月,牙买加总理辛普森-米勒对中国进行正式访问,其间双方签署了《中国政府与牙买加政府经济技术合作协定》《中国政府向牙买加政府提供 3 亿美元优惠出口买方信贷贷款协定》《中国政府援牙买加政府幼儿园项目换文》《中国政府援牙买加政府孔子学院可行性项目考察换文》。2014 年 5 月,中国驻牙买加大使董晓军、牙买加外交与对外贸易部部长尼科尔森分别代表中牙两国政府签署《中国政府援牙买加西部儿童医院可行性考察项目换文》。2015 年 2 月,中国驻牙买加大使董晓军、牙买加外交与对外贸易部部长尼科尔森分别代表中牙两国政府签署《中国政府与牙买加政府经济技术合作协定》。2015 年 5 月 28 日,湖南省商务厅副厅长李心球率团拜访了牙买加投资贸易促进署(JAMPRO),湖南省商务厅代表团与牙买加投资贸易促进署署长戴安娜·爱德华兹女士(Diane Edwards)、副署长克劳德·邓肯(Claude Duncan)先生等官员以早餐会的形式进行了对接。牙买加投资贸易促进署官员详细介绍了牙买加的投资优势和重点鼓励发展的产业,重点介绍了牙买加物流中心建设、机场建设、港口建设和加工园区建设等商机。湖南省康隆生物、千山药机、博深集团负责人就药材资源开发、医疗健康产业、矿产资源开发等事宜,与牙买加投资贸易促进署官员进行了深入探讨和对接;当天上午,代表团还与牙买加国家石油公司(Petroleum Corporation of Jamaica,简称 PCJ)董事长克里斯托弗·卡吉尔(Christopher Cargill)先生就中南勘测设计院拟承揽的牙买加石油炼化厂升级改造项目进行对接;随后,湖南省商务厅代表团与国家开发银行驻牙买加官员及牙买加侨领进行了对接。2016年10月，中国进出口银行行长刘连舸对牙买加进行了友好访问。

三　文化交流与合作

（一）文化交流

1991年牙买加总理迈克尔·曼利访华时，两国政府曾签署了文化交流协定。中国艺术团队和体育团队曾赴牙买加进行访问演出和参加比赛。1985年，牙买加举办了中国文化周。1986年，中国社会科学院拉丁美洲所的研究人员访问牙买加，与牙买加西印度大学社会经济研究所的教授进行了学术交流。2006年7月下旬，牙买加歌舞团来到中国举行演出，在北京世界公园举办了主题为"激情牙买加"的演出活动。2013年8月5日，中国河南文化艺术团于当晚在金斯敦为牙买加民众奉献了一场极富东方特色的视觉盛宴，牙买加卫生部部长罗伯特·皮克斯吉尔、中国驻牙买加大使郑清典以及近千名观众现场观看了这次演出。2014年3月3日，牙买加西印度大学孔子学院开启了以茶饮、美食、庙会文化和哲学为主题的中国文化周活动，为牙买加民众提供亲身体验中国文化的契机。2014年5月22日，中国民间国际文化交流活动家余熙在牙买加首都金斯敦举办公共外交主题演讲暨新书推介会，吸引各界人士近百人参加。2014年7月14日，牙买加首都金斯敦举行了一场具有鲜明中国传统艺术特色的表演，吸引牙买加总督艾伦，文化、性别、娱乐与运动部部长汉娜等数百名观众前来欣赏。2016年9月27～28日，来自中国歌剧舞剧院的艺术家在牙买加首都金斯敦为当地民众献上了两场特色鲜明的歌舞表演，吸引近千名观众前来欣赏。2017年5月17日，北京国际汉语学院举办了"2017年牙买加中国文化与实用汉语研修班"的开班仪式，此项目由中华人民共和国商务部主办、北京国际汉语学院承办，旨在通过文化交流、学术研讨帮助牙买加官员更好地了解、认识中国，从而推动双方在各领域的交流与合作。

（二）教育交流

20世纪80年代之前，中国曾经接收了3名牙买加的留学生来中国学习电信工程、口腔医学和建筑专业。1988年，中国接收了一名来自牙买加的学生，进修印染织绣专业。2000年11月19~21日，中国教育部部长陈至立对牙买加进行访问，牙买加总督库克，代总理罗伯逊，教育、青年与信息部部长怀特分别会见了陈至立部长。2005年6月20日，中华人民共和国政府代表周济同牙买加政府代表保罗·罗伯逊在北京签署了《中华人民共和国政府和牙买加政府关于教育领域合作的谅解备忘录》。2007年3月21~23日，中国教育部副部长吴启迪率领代表团访问牙买加，同牙买加教育、青年与信息部部长威尔逊进行了会谈，并与西印度大学莫纳分校校长利奥·莱尼教授举行了座谈。2008年12月9~11日，西印度大学莫纳分校校长雪利来到中国，出席第三届国际孔子学院大会。2009年2月12~13日，习近平副主席访问牙买加期间，两国签署了《中国孔子学院总部与牙买加西印度大学莫纳分校关于合作设立西印度大学莫纳分校孔子学院的协议》，随后习近平副主席还出席了西印度大学莫纳分校孔子学院的授牌仪式。2011年11月7日，郑清典大使应牙买加技术大学校长莫里森教授邀请，赴该校进行参观。2013年10月14日，教育部部长袁贵仁会见了来访的牙买加教育、青年与信息部部长罗纳德·思维茨一行。2014年3月，根据国家体育总局要求，上海体育学院四名学生获得了赴牙买加进行留学英语应用能力培训的资格。2015年5月21~28日，由牙买加西印度大学莫纳分校孔子学院组织、中方院长带队的牙买加教育工作者访华团在北京和太原进行了为期一周的参观访问。2016年12月14日，教育部副部长杜占元会见了来访的牙买加教育、青年与信息部部长罗尔·里德一行，双方共同签署了《关于互派教师的谅解备忘录》。2017年1月24日，中国国际广播电台与牙买加公共广播公司日前在牙买加首都金斯敦签署了"中国剧场"播出合作协议。根据协议，双方在牙买加国家电视台合作开办"中国剧场"栏目，牙买加观众将在每周日下午观赏到英语配音版的中国电视连续剧。2017年3月24日，据中国驻牙买加大使馆网站消息，当地时间23日，受西印度大学现代语言文学系之邀，中国驻牙买加大使牛清报出席2017年度现代语言文学日活动，并在开幕式上致辞。

(三) 新闻交流

1973年,中国记者组访问了牙买加。1974年和1976年,牙买加首都金斯敦相继举办了"中国摄影艺术展览"和"新中国妇女、儿童图片展览"展出活动。2005年9月19~23日,牙买加《集锦者报》记者罗伯特·哈特和《观察家报》记者阿雷恩·马丁随加勒比联合新闻团到中国访问。2006年5月23日至6月2日,由中国中央电视台、北京电视台和北京人民广播电台组成的中国记者代表团到达牙买加进行正式访问,并进行参观和采风。2007年5月13~25日,牙买加《集锦者报》副主编和牙买加《观察家报》执行主编随加勒比国家主流媒体访华团访华。2008年8月12~17日,牙买加4名非注册记者应邀到中国采访北京奥运会。2011年9月6日,中国驻牙买加大使郑清典就第三届中国–加勒比经贸合作论坛接受牙买加新闻署电视采访。2013年10月18~27日,牙买加总理府新闻不管部长福尔克纳赴华参加商务部举办的"发展中国家新闻部长研讨班"。

(四) 体育交流

1973年11月29日,由丘钟惠率领的中国乒乓球代表团开始访问牙买加。当天,牙买加总督弗洛里泽尔·格拉斯波尔接见了全体成员,并且同他们进行了友好的谈话。12月5日晚上,牙买加总理迈克尔·曼利和夫人出席观看了中国和牙买加乒乓球队在牙买加进行的最后一场友谊比赛。2004年1月,牙买加著名乒乓球运动员韦布来到中国,参加了由中国国家体育总局提供的为期一个月的专业培训。2006年7月9~13日,中国国家体育总局副局长段世杰率领中国体育代表团到牙买加进行友好访问,期间中国田径协会和牙买加业余田径协会签署了合作协议。2007年9月,牙买加体育代表团来到中国,参加第12届世界特殊奥林匹克运动会。2008年8月和9月,牙买加体育代表团相继来华参加第29届北京奥运会和北京残奥会,均取得优异成绩。牙买加著名田径运动员博尔特还曾向中国红十字基金会捐赠5万美元用于救助汶川地震中致残的孩子。2014年6月19日,来自北京体育大学的6名田径教练到牙买加接受为期一个月的专业培训。2014年12月18日,董晓军大使走访牙买加福斯特体育学院，拜访新任院长罗亚尔，就中牙体育教育合作等事项与对方交换了意见。2015年8月27日，国家体育总局局长刘鹏在北京会见了牙买加负责体育的不管部长海德莉一行，双方就中牙双边体育交流与合作进行了交流，交换了意见。2015年11月17~22日，由中国田径协会副主席王楠带队，中国田径协会组团出访牙买加金斯敦，访问了牙买加福斯特体育学院。

（五）其他活动交流

2002年11月29日至12月3日，中国人民对外友好协会会长陈昊苏访问牙买加，受到了牙买加总督库克的亲切接见。2005年10月5~10日，中国国家海洋局副局长王飞率领中国海洋代表团访问牙买加和国际海底管理局，这是中国海洋代表团第一次访问牙买加，这次访问期间，中国海洋考察船"大洋一号"也"访问"了牙买加。2005年11月15~22日，应中华全国青年联合会的邀请，5位牙买加青年代表来到中国，参加"中国-拉丁美洲青年节"活动。2007年3月12~18日，"中国杂技团-加勒比友谊之旅"到达牙买加，先后在牙买加旅游城市蒙特哥贝和首都金斯敦市各进行了两场公开演出。中国驻牙买加大使陈京华及其夫人、牙买加旅游部常秘格丽菲思女士、旅牙买加华人华侨以及牙买加各界民众观看了精彩的杂技表演。2007年8月，中国红十字会向牙买加红十字会提供了3万美元的援助，用于救济在"迪安"飓风中遭受损失的灾民；9月，牙买加中国友好协会代表团来华出席首届中国-拉丁美洲及加勒比民间友好论坛。2008年，牙买加遭到热带风暴"古斯塔夫"的袭击，9月，中国政府和中国红十字会分别向牙买加提供了10万美元和5万美元的现汇用于牙买加救灾；10月，浙江省杭州市对外友好协会会长虞荣仁访问牙买加，随后蒙特哥贝市市长辛克莱应邀出席杭州国际友好城市市长峰会，并于浙江义乌市签订了《友好交流关系备忘录》。2011年当地时间11月4日上午，执行"和谐使命-2011"任务的中国海军"和平方舟"号医院船，圆满完成了对牙买加为期六天的友好访问和医疗服务任务，访问期间，医院船还积极开展各种医学交流，先后组织医护人员赴牙买加国防军诊所、西印度大学医院、儿童医院进行参观，接待多批次牙买加医护人员

牙买加

登船观摩护理、中医特色诊疗技术展示，开展以艾滋病防控、烧伤、脐带血移植为主题的专场交流会等。2012年2月27日，牙买加宣布向中国游客实行免签。2012年7月10~13日，由中国银行海外机构管理部副总经理聂林率领的中国银行代表团访问牙买加。2012年12月14日，中国人民对外友好协会、中国-拉丁美洲和加勒比友好协会、牙买加驻华大使馆在北京共同举办了庆祝中国-牙买加建交40周年招待会，全国政协副主席阿不来提·阿不都热西提出席招待会。2014年7月13~16日，正在美洲巡演的浙江婺剧艺术研究院（浙江婺剧团）到达牙买加，在首都金斯敦和蒙特哥贝共完成3场演出，取得圆满成功。7月14日，浙江婺剧团在牙买加首都金斯敦考特利大礼堂首演，牙买加总督帕特里克·艾伦，中国驻牙买加大使董晓军，牙买加文化、性别、娱乐与运动部部长莉萨·汉娜，教育、青年与信息部部长思韦茨，国防参谋长安德森少将，牙中友好协会会长皮克思吉尔等共同观看了演出。此外，广东深圳市与牙买加首都金斯敦、浙江义乌市与牙买加蒙特哥贝市建立友好城市关系。2015年6月15~16日，中国民航局副局长董志毅率团访问牙买加。2016年4月4日上午，中国驻牙买加大使牛清报礼节性拜会牙买加能源、科技部部长安德鲁·惠特利，该部常务秘书长希拉里·亚历山大在座。2017年2月15日，财政部部长肖捷在部内会见了牙买加财政与公共服务部部长奥德利·肖一行。2017年2月16日，交通运输部副部长戴东昌在北京会见牙买加交通运输与矿业部部长迈克尔·亨利一行。

大事纪年

650 年前后	阿拉瓦克人迁移到此地
850～950 年	阿拉瓦克人又迁移到此地
1494 年 5 月 4 日	哥伦布发现了牙买加岛,并顺利登陆
1494 年 5 月 9 日	哥伦布率舰队到达蒙特哥贝,随后舰队离开了牙买加,回到了古巴
1494 年 7 月	哥伦布开始了考察牙买加的第三次航行
1494 年 8 月的第二个星期	哥伦布舰队到达波特兰地区
1503 年 9 月	哥伦布舰队开始了针对牙买加的第四次航行
1504 年 6 月 29 日	哥伦布及其随从离开了牙买加岛
1506 年	法国殖民者派出小规模的舰队攻击西班牙在加勒比地区的一些居住地
1508 年	西班牙统治者任命哥伦布之子迭戈·哥伦布为伊斯帕尼奥拉岛的总督
1509 年	牙买加正式沦为西班牙的殖民地
1510 年	埃斯基维尔开始在牙买加修建城市
1525 年	西班牙国王命令居民从塞维利亚迁移到西班牙城,开始在这里定居
1520 年	牙买加暴发大瘟疫,无数的阿拉瓦克人死亡
1542 年	荷兰殖民者开始在加勒比海域一带开展海上贸易
1585 年	英国冒险家弗朗西斯·德雷克爵士率领舰

牙买加

	队，开始了对西属西印度群岛的掠夺
1597 年	冒险家安东尼·雪利占领了牙买加的比里亚德拉贝加城（即西班牙城）
1603 年 1 月 24 日	一支由 500 多人组成的英国队伍登上了牙买加岛
1670 年	西班牙同英国签订了和平协议《马德里条约》，西班牙政府正式承认英国政府对牙买加的所有权
17 世纪末期	英国在牙买加建立起代议制议会，并设置总督
1673 年	300 名黑人奴隶发起暴动
1760 年	克罗门蒂地区的 1000 多名奴隶发动大规模起义
1766 年	克罗门蒂地区的奴隶再次发动暴动
1831 年	圣诞节，牙买加爆发了规模最大的一次反抗运动，著名黑人运动领袖、"父亲"森姆·夏普率领约 2 万名黑人奴隶发起反抗运动
1833 年 5 月 14 日	英国特别委员会向国会下院提出了一项关于"立即采取有效的措施，在全部殖民地内完全废除奴隶制度"的议案
1834 年 8 月 1 日	牙买加正式废除奴隶制度
1854 年 11 月	195 名契约华工从巴拿马抵达金斯敦
1865 年 8 月	一些拓荒者和小农在莫兰特湾举行露天聚会，随后变成暴动
1865 年 10 月 10 日	暴动规模增大，随后被镇压
1865 年 12 月 22 日	牙买加议会通过了废除代议制政府的法案
1866 年 6 月 11 日	牙买加收到了英国女王通过枢密院发出的建立新政府的正式命令
1866 年	约翰·彼得·格兰特爵士就任牙买加直辖殖

	民地制度下的第一任总督
1882 年	牙买加发生"佛罗伦萨号"事件
1884 年 5 月 19 日	英国枢密院颁布敕令,决定在牙买加实施宪政改革
1919 年	牙买加妇女阶层获得选举权
1938 年 5 月	隶属于西印度糖业公司的弗罗姆种植园的产业工人率先罢工,随后产业工人陆续掀起了罢工和暴动的高潮
1938 年 9 月	牙买加人民民族党正式成立
1941 年 3 月	牙买加产业工会与制糖商协会制定了第一个全国范围内的制糖协议
1942 年	巴斯塔曼特宣布退出人民民族党
1943 年 2 月 23 日	时任英国殖民事务大臣的斯坦利上校发表正式声明:英国政府已经准备在牙买加实施立宪改革
1943 年	巴斯塔曼特创建牙买加工党
1944 年 11 月 20 日	英国政府在牙买加颁布了《新宪法》
1944 年 12 月 14 日	牙买加实行了第一次全国普选,工党在选举中获胜
1948 年	牙买加运动员首次参加奥运会,田径运动员亚瑟·温特在男子 400 米的决赛中,为牙买加获得了首枚奥运会金牌
1952 年 4 月	曼利剥夺"四 H"的党籍,随后对工会组织进行改组,成立全国工人工会
1952 年	牙买加参加芬兰赫尔辛基奥运会,田径选手乔治·罗登、赫伯·麦肯利、亚瑟·温特与莱斯利·莱茵(Leslie Laing)合作,获得了 4×400 米接力比赛的冠军
1955 年	牙买加举行了新一轮的大选,人民民族党获胜

牙买加

1958 年	牙买加加入西印度联邦
1959 年 9 月	牙买加的立法机构决定牙买加退出西印度联邦
1961 年 5 月 1 日	牙买加银行发行第一套货币
1961 年 9 月	牙买加决定就是否脱离联邦进行全民表决，结果是同意脱离联邦的人数稍多一些
1962 年 3 月 21 日	牙买加政府正式宣布退出西印度联邦
1962 年 8 月 5 日	牙买加举行独立庆典
1962 年 8 月 6 日	牙买加《1962 年宪法》正式生效
1962 年 8 月 7 日	英国女王的全权代表玛格丽特公主殿下来到牙买加，主持召开了第一届众议院全会，在这次全会上，玛格丽特公主殿下宣读了《英国女王告牙买加人民书》，并将《独立制宪文件》呈交给牙买加总理
1967 年	牙买加迎来了独立后的第一次大选，工党以微弱的优势获得了大选的胜利，工党得以继续执政，巴斯塔曼特就任牙买加独立后的首任总理
1968 年 1 月 30 日	牙买加议会特别委员会提出进行币制改革的建议
1968 年	牙买加加入加勒比自由贸易协会
1969 年 3 月 18 日	牙买加实施地方选举，这次地方选举中，人民民族党和工党的势力范围开始出现基本平衡的态势
1969 年 9 月 8 日	牙买加第二套货币正式面世
1970 年 7 月	迈克尔·曼利成为人民民族党的领袖，他提出了"公共所有权"的概念
1972 年 2 月 5 日	牙买加的议会被解散
1972 年 2 月 29 日	牙买加举行大选，人民民族党获胜，迈克尔·曼利顺利当选为总理

1972年6月	牙买加政府派出了一个代表团，访问赞比亚、坦桑尼亚、肯尼亚、埃塞俄比亚、尼日利亚、加纳和塞内加尔七个国家
1972年11月21日	牙买加同中华人民共和国正式建交
1972年12月	牙买加同古巴建交
1973年3月	中国在牙买加设立大使馆
1974年年初	迈克尔·曼利组建了一个特别委员会，研究改革人民民族党的政治纲领，提出了"民主社会主义"口号
1974年10月	人民民族党特别委员会拿出了有关"民主社会主义"的书面报告
1974年	工人解放联盟成立
1976年	牙买加举行大选，人民民族党获胜，迈克尔·曼利继续担任总理
1976年9月	牙买加副总理库尔率团访问中国
1978年7月16日	耿飚副总理率领代表团访问牙买加
1978年9月	人民民族党召开了第38届年会，"民主社会主义"被认定为人民民族党的纲领性文件
1978年12月17日	工人解放联盟更名为牙买加工人党
1980年	牙买加经历了历史上最为惨痛的一次选举，在这次选举过程中，牙买加爆发了大规模的社会冲突，大约700人在冲突中丧生。这次选举中，工党获得了胜利，工党领袖爱德华·西加当选为总理
1981年1月	西加总理访问美国
1981年	牙买加宣布与古巴断交
1982年4月	里根总统访问牙买加，他是第一位访问牙买加的美国总统
1982年10月5~11日	韩叙副外长访问牙买加

1984年10月	西加政府与伯利兹建立正式外交关系
1985年6月6~11日	牙买加副总理兼外交与对外贸易部部长希勒率政府代表团对华进行正式访问
1985年11月	特立尼达和多巴哥总理乔治·钱伯斯对牙买加进行正式友好访问
1986年1月16日	加勒比民主同盟在牙买加首都金斯敦宣布成立
1986年3月1~4日	西加总理访问特立尼达和多巴哥
1989年2月9日	牙买加举行大选，人民民族党获胜，迈克尔·曼利再次当选为牙买加总理
1989年	牙买加总理曼利访问英国
1990年4月3~7日	以纺织工业部部长吴文英为团长的中国政府代表团访问牙买加
1990年7月27日	牙买加与古巴重新恢复大使级外交关系
1990年	牙买加总理迈克尔·曼利访问英国
1991年	牙买加总理迈克尔·曼利访问英国
1991年	牙买加总理迈克尔·曼利访问中国
1992年3月15日	迈克尔·曼利因健康原因，接连辞去了总理和人民民族党主席的职位
1992年3月28日	牙买加前任财政与公共服务部部长、副总理珀西瓦尔·帕特森在人民民族党代表大会上当选为本党的主席
1992年3月30日	帕特森就任牙买加总理
1992年7月19~22日	国务院秘书长罗干率中国政府代表团访问牙买加
1993年4月	牙买加举行大选，人民民族党获胜
1993年	英国王储查尔斯王子访问牙买加
1995年6月16~17日	全国政协主席李瑞环对牙买加进行友好访问
1996年8月	牙买加众议院议长卡尔·马歇尔访华

1996 年	牙买加参加美国亚特兰大奥运会，女子田径选手德昂－亨明斯获得了 400 米栏冠军
1997 年 3 月	古巴国务委员会主席菲德尔·卡斯特罗亲赴牙买加，出席牙买加伟大总理诺曼·曼利的葬礼仪式
1997 年 5 月	牙买加总理帕特森访问古巴
1997 年 12 月	牙买加举行大选，人民民族党获胜
1997 年	牙买加遭受严重的旱灾
1998 年 7 月	菲德尔·卡斯特罗访问牙买加
1998 年 7 月 25～27 日	钱其琛副总理访问牙买加
1998 年	牙买加总理帕特森率团访问中国
1999 年 5 月 21 日～6 月 1 日	牙买加总督库克访华，江泽民主席会见库克总督
2000 年 11 月 19～21 日	中国教育部部长陈至立访问牙买加
2000 年	英国王储查尔斯王子访问牙买加
2001 年	英国首相布莱尔对牙买加进行正式友好访问
2002 年 2 月	英国女王伊丽莎白二世为纪念自己登基 50 周年访问牙买加
2002 年 10 月	牙买加举行大选，人民民族党获胜
2003 年 1 月 20～23 日	国务委员吴仪率领中国政府代表团访问牙买加
2003 年 9 月 19～21 日	外交部部长李肇星访问牙买加
2004 年	牙买加连续遭受到飓风"查理"和"伊万"的袭击
2004 年	牙买加参加希腊雅典奥运会，女子田径队获得了 4×100 米接力赛的金牌，维罗尼卡·坎贝尔－布朗获得了女子 200 米的金牌
2005 年 2 月 1 日	中国国家副主席曾庆红到达牙买加，出席在金斯敦举行的"中国－加勒比经贸合作论坛"首届部长级会议开幕式

牙买加

2005年3月18日	牙买加政府和欧洲委员会签署一份特别框架援助协定,根据这份协定,欧洲委员会向牙买加政府提供一笔总额高达3.86亿牙买加元(约合483万欧元)的无偿援助
2005年4月	牙买加外交与对外贸易部任命本国的职业外交官韦恩·麦库克担任牙买加首任常驻中国大使
2005年7月14~19日	牙买加外交与对外贸易部部长奈特访华
2005年	牙买加总理帕特森率团访问中国
2006年2月25日	波西娅·辛普森-米勒在人民民族党内部领导人的选举中当选为本党的主席
2006年3月30日	帕特森宣布辞去牙买加总理职务,米勒自动成为牙买加总理,她是牙买加历史上首位女总理
2006年5月	中国五矿进出口公司与世纪铝业公司签订了一项协议,在牙买加共同投资建设一座150万吨/年的氧化铝厂并开采铝土矿
2006年	牙买加总理辛普森-米勒访问美国
2007年3月	牙买加总理辛普森-米勒到英国进行正式国事访问
2007年9月3日	牙买加议会大选,这次选举中,工党以微弱优势赢得了大选的胜利
2007年9月11日	工党领袖布鲁斯·戈尔丁在位于首都金斯敦的牙买加总督府宣誓就任新一届政府总理
2008年4月8日	中国与牙买加共同宣布正式启动中牙两国外交部门官员会晤制度,并签署了《中华人民共和国外交部和牙买加外交和外贸部官员会晤制度谅解备忘录》
2008年	牙买加参加北京奥运会,牙买加田径运动员一共取得了5金3银2铜的优异成绩,其中

	尤塞恩·博尔特连续获得100米、200米和4×100米接力三项冠军
2009年2月	中国国家副主席习近平对牙买加进行正式访问
2009年2月26日	牙买加现任总督帕特里克·林顿·艾伦宣誓就任
2009年4月19~20日	加拿大总理斯蒂芬·哈珀访问牙买加
2009年7月	牙买加交通工作小组发布《牙买加交通部门2009－2030发展规划》
2009年11月	牙买加工业商业农业与渔业部制定《国家出口战略》
2010年2月3日	牙买加总理布鲁斯·戈尔丁对中国进行正式友好访问
2011年12月29日	牙买加举行大选，牙买加人民民族党获胜，即将就任牙买加总理的牙买加人民民族党领袖辛普森－米勒夫人组阁，她也是再次担任牙买加总理的杰出女政治家
2012年3月5日	英国王室哈里王子访问牙买加，并在首都金斯敦地区检阅了牙买加国防军
2012年10月22日	牙买加总理辛普森－米勒访问加拿大
2012年	牙买加在伦敦奥运会获得4枚金牌、6枚银牌和3枚铜牌
2013年1月6日	牙买加总理辛普森－米勒通过电视向全国发表执政演说，介绍2013年政府主要工作
2013年4月30日	IMF董事会批准了向牙买加提供为期4年、总额为9.58亿美元的中期贷款工具
2013年6月2日	中国国家主席习近平在特立尼达和多巴哥首都西班牙港会见牙买加总理辛普森－米勒
2013年7月31日	英国皇家海军436－英尺护卫舰兰开斯特号访问牙买加

牙买加

2013年6月6日	牙买加和古巴签署文化合作协议
2013年8月	牙买加总理辛普森-米勒对中国进行正式访问
2013年11月12日	牙买加总理辛普森-米勒访问日本
2014年7月29日	日本首相安倍晋三访问牙买加
2015年2月19日	牙买加总督帕特里克·艾伦在2015/16财年议会开幕式上发表题为《发展伙伴计划：包容性增长，扩大机遇》的施政报告
2015年4月9日	美国-加勒比共同体峰会于在牙买加首都金斯敦召开，美国总统奥巴马及加共体各国首脑出席
2015年8月20日	牙买加《国家出口战略》第二阶段（2015~2019）正式启动
2015年9月	日本首相安倍晋三访问牙买加
2015年10月1日	英国首相卡梅伦对牙买加进行正式访问
2015年10月13日	牙买加作家马龙·詹姆斯凭借《七次谋杀简史》荣获布克文学奖
2015年10月25日	时任美国总统和美国陆军总司令巴拉克·奥巴马向四名曾经在牙买加军队中服务过的人员表达了尊重
2015年10月8日	美国总统奥巴马值出席在巴拿马开幕的美洲峰会期间，对牙买加进行为期一天的访问
2016年年初	寨卡病毒开始在牙买加国内蔓延
2016年2月25日	牙买加大选结果出炉，反对党牙买加工党以微弱优势获胜
2016年3月3日	工党领袖安德鲁·迈克尔·霍尔尼斯就任新一届政府总理
2016年3月7~23日	由中国交通建设集团投资、中国港湾工程有限责任公司投资并承建的牙买加南北高速公路举行了盛大的竣工通车仪式

2016年6月20~28日	超过1300名来自加勒比地区、美国、加拿大、英国、法国和墨西哥的军人和警察在牙买加参加了为期9天的2016信风训练行动
2016年11月13日	牙买加总理安德鲁·霍尔尼斯启程参加联合国气候变化框架公约第22届缔约方会议
2016年12月	牙买加举行国家科技月,今年的主题是"科学、技术与革新:激励卫生、财富与健康"
2016年	全球基金为牙买加国家艾滋病防治工程提供1500万美元的援助
2016年	牙买加参加里约奥运会,一共取得11奖牌,其中金牌6枚、银牌3枚、铜牌2枚
2017年1月20日	中国国际广播电台与牙买加公共广播公司在牙买加首都金斯敦签署"中国剧场"播出合作协议
2017年1月20日	牙买加蔗糖产区居民将获欧盟650万欧元援助
2017年1月25日	据国际奥委会官网发出的通知,因博尔特的队友内斯塔·卡特在兴奋剂复检中没有过关,2008年北京奥运会上牙买加男子4×100米接力项目的金牌被剥夺
2017年2月15日	中国财政部部长肖捷在部内会见了牙买加财政与公共服务部部长奥德利·肖一行
2017年2月16日	交通运输部副部长戴东昌在北京会见牙买加交通运输与矿业部部长迈克尔·亨利一行
2017年2月16日	牙买加外交与对外贸易部部长卡米娜·约翰逊·史密斯在第三届牙买加-欧盟政治对话期间表示,牙买加政府正积极研究如何通过现有的加共体-欧盟经济伙伴协定(EPA)进一步密切与欧盟的贸易往来

牙买加

2017年5月20日	2017年国际田联挑战赛牙买加邀请赛（国际田联世界挑战赛金斯敦站）在金斯敦举行
2017年6月28日	牙买加经济特区管理局与新加坡合作企业签署了两国政府谅解备忘录（2016年12月）补充协议

参考文献

一 中文文献

科林·G. 克拉克：《牙买加图志》，周俊生译，商务印书馆，1980。

迈克尔·曼利：《变革的政治——牙买加的经书》，沈连昭译，辽宁人民出版社，1975。

塞缪尔·赫维茨（S. J. Hurwitz）、伊迪丝·赫维茨（E. F. Hurwitz）：《牙买加史》，南开大学历史系译，天津人民出版社，1979。

沙丁、杨典求等：《中国和拉丁美洲关系简史》，河南人民出版社，1986。

《万国博览》编写组编《万国博览·美洲卷》，内蒙古人民出版社，2004。

王锡华、周志伟：《列国志：危地马拉·牙买加·巴巴多斯》，社会科学文献出版社，2011。

袁东振、徐世澄：《拉丁美洲国家政治制度研究》，世界知识出版社，2004。

《中华人民共和国政府和牙买加政府关于鼓励和相互保护投资协定》，辽宁电子图书有限公司，2004。

二 英文文献

Don Philpott, *Land mark Visitors Guide: Jamaica*, Malta, 1993.

D. H. Figueredo and Frank Argeto-Freyre, *A Brief History of Caribbean*,

New York, 2008.

Economist Intelligence Unit, Country Profile: Jamaica.

Elizabeth McLean Petras, *Jamaican labor migration : white capital and black labor*, 1850 – 1930, Westport: Westview Press, 1988.

Gisela Eisner, *Jamaica, 1830 – 1930: a study in economic growth*, Westport: Greenwood Press, 1974.

Janet H. Gritzner, *Modern World Nations: Jamaica*, Philadelphia, 2004.

Karl. Luntta, *Jamaica handbook*, Jamaica: Moon, 1991.

Kene Ezemenari and K. Subbarao, *Jamaica's food stamp program : impacts on poverty and welfare*, World Bank, 1999.

Martin Mordecai and Palema Mordecai, *Culture and Customs of Jamaica*, Londun, 2001.

Michael Capek, *Country Explorers: Jamaica*, Minneapolis, 2010.

Paris Permenter and John Bigley, *Jamaica: A Taste of the Island*, Ontario, 1999.

Richard Koss, *Jamaica 5th Edition*, 2008.

Robert E. Looney, *The Jamaican economy in the 1980s : economic decline and structural adjustment*, Boulde: Westview Press, 1987.

三 主要数据库

中国学术期刊网络出版总库

EBSCO

OCLC

四 主要网站

世界银行网站，http://data.worldbank.org.cn/。

牙买加国防军队网站，http://www.jdfmil.org/。

牙买加议会网站，http://www.japarliament.gov.jm/。

牙买加政府信息网站，http://www.jis.gov.jm/。

中华人民共和国商务部网站，http://www.mofcom.gov.cn/。
中华人民共和国外交部网站，http://www.fmprc.gov.cn/web/。
CEPEL：http://www.cepal.org/en/publications/type/cepal-review。
OAS：http://www.oas.org。

索　引

《1944年新宪法》　64
《1962年宪法》　64，65，232
2030国家发展规划远景　121

A

阿拉瓦克人　1，9，11，14，21~25，27，84，229
埃斯基维尔　25，26，67，229
安德鲁·迈克尔·霍尔尼斯　60，63，70，74，81，88，178，183，238，239
爱德华·西加　57，70，80，217，233

B

波西娅·辛普森-米勒　59，70，236
布鲁斯·戈尔丁　59，70，204，216，236，237
部长会议机构　50

F

"佛罗伦萨号"事件　43，231

繁荣伙伴　60

H

黑兹尔·坎贝尔　185

J

加勒比海　1，3，6，7，18~20，22，28，47，102，128，130，161，205，206，212，229
金斯敦　2，3，6~10，11，19，20，29，34，59，74，75，82，109，115~117，123，127~129，150，154，164，169，173，178，179，181，197，198，200，205，209，211，213，216，224~228，230，234~240
加勒比民主同盟　200，210，234
加勒比共同体　77，117，145，146，147，176，194，200，210，217，238
加勒比共同市场　194，209，212

245

K

坎贝尔－布朗 190，192，193，235
夸梅·塞努·内维尔·戴维斯 185，186

L

雷鬼 186~188

M

马龙 15，29，168，186，238
马德里条约 30，230
马库斯·加维 15，44，61，138
迈克尔·曼利 41，52~59，61，62，78，79，202，209，213，215，223，226，232~234，241
米歇尔·克里夫 185
蒙托 187
美洲国家组织 204，209，212
梅琳·奥蒂 193，194

N

诺曼·曼利 46，52，61，70，78，79，129，210，235

P

珀西瓦尔·帕特森 58，234

R

人民民族党 44，46~63，77~81，85，86，180，202，210，214，215，231~237

S

森姆·夏普 36，60，61，230
十点计划 60

W

威廉·尼布 41

X

西班牙殖民者 1，8，9，11，14，15，20，22，23，25~28，84
新自由主义改革 83，85，90，148，151，152

Y

英国殖民者 1，3，9，12，15，27，30~36，45，47，84，91，92，101，109，155，187，196
亚历山大·巴斯塔曼特 15，45，61，70，201

尤塞恩·博尔特 190，192，237

Z

直辖殖民地 42~44，47，51，68，179

新版《列国志》总书目

亚洲

阿富汗
阿拉伯联合酋长国
阿曼
阿塞拜疆
巴基斯坦
巴勒斯坦
巴林
不丹
朝鲜
东帝汶
菲律宾
格鲁吉亚
哈萨克斯坦
韩国
吉尔吉斯斯坦
柬埔寨
卡塔尔
科威特
老挝
黎巴嫩
马尔代夫

马来西亚
蒙古国
孟加拉国
缅甸
尼泊尔
日本
沙特阿拉伯
斯里兰卡
塔吉克斯坦
泰国
土耳其
土库曼斯坦
文莱
乌兹别克斯坦
新加坡
叙利亚
亚美尼亚
也门
伊拉克
伊朗
以色列
印度
印度尼西亚
约旦
越南

新版《列国志》总书目

非洲

阿尔及利亚
埃及
埃塞俄比亚
安哥拉
贝宁
博茨瓦纳
布基纳法索
布隆迪
赤道几内亚
多哥
厄立特里亚
佛得角
冈比亚
刚果
刚果民主共和国
吉布提
几内亚
几内亚比绍
加纳
加蓬
津巴布韦
喀麦隆
科摩罗
科特迪瓦
肯尼亚
莱索托
利比里亚
利比亚
卢旺达

马达加斯加
马拉维
马里
毛里求斯
毛里塔尼亚
摩洛哥
莫桑比克
纳米比亚
南非
南苏丹
尼日尔
尼日利亚
塞拉利昂
塞内加尔
塞舌尔
圣多美和普林西比
斯威士兰
苏丹
索马里
坦桑尼亚
突尼斯
乌干达
赞比亚
乍得
中非

欧洲

阿尔巴尼亚
爱尔兰
爱沙尼亚
安道尔

牙买加

奥地利
白俄罗斯
保加利亚
北马其顿
比利时
冰岛
波斯尼亚和黑塞哥维那
波兰
丹麦
德国
俄罗斯
法国
梵蒂冈
芬兰
荷兰
黑山
捷克
克罗地亚
拉脱维亚
立陶宛
列支敦士登
卢森堡
罗马尼亚
马耳他
摩尔多瓦
摩纳哥
挪威
葡萄牙
瑞典
瑞士
塞尔维亚
塞浦路斯
圣马力诺

斯洛伐克
斯洛文尼亚
乌克兰
西班牙
希腊
匈牙利
意大利
英国

美洲

阿根廷
安提瓜和巴布达
巴巴多斯
巴哈马
巴拉圭
巴拿马
巴西
玻利维亚
伯利兹
多米尼加
多米尼克
厄瓜多尔
哥伦比亚
哥斯达黎加
格林纳达
古巴
圭亚那
海地
洪都拉斯
加拿大
美国
秘鲁
墨西哥

尼加拉瓜

萨尔瓦多

圣基茨和尼维斯

圣卢西亚

圣文森特和格林纳丁斯

苏里南

特立尼达和多巴哥

危地马拉

委内瑞拉

乌拉圭

牙买加

智利

大洋洲

澳大利亚

巴布亚新几内亚

斐济

基里巴斯

库克群岛

马绍尔群岛

密克罗尼西亚

瑙鲁

纽埃

帕劳

萨摩亚

所罗门群岛

汤加

图瓦卢

瓦努阿图

新西兰

国别区域与全球治理数据平台

www.crggcn.com

"国别区域与全球治理数据平台"（Countries, Regions and Global Governance, CRGG）是社会科学文献出版社重点打造的学术型数字产品，对接国别区域这一重点新兴学科，围绕国别研究、区域研究、国际组织、全球智库等领域，全方位整合基础信息、一手资料、科研成果，文献量达30余万篇。该产品已建设成为国别区域与全球治理数据资源与研究成果整合发布平台，可提供包括资源获取、科研技术服务、成果发布与传播等在内的多层次、全方位的学术服务。

从国别区域和全球治理研究角度出发，"国别区域与全球治理数据平台"下设国别研究数据库、区域研究数据库、国际组织数据库、全球智库数据库、学术专题数据库和学术资讯数据库6大数据库。在资源类型方面，除专题图书、智库报告和学术论文外，平台还包括数据图表、档案文件和学术资讯。在文献检索方面，平台支持全文检索、高级检索，并可按照相关度和出版时间进行排序。

"国别区域与全球治理数据平台"应用广泛。针对高校及国别区域科研机构，平台可提供专业的知识服务，通过丰富的研究参考资料和学术服务推动国别区域研究的学科建设与发展，提升智库学术科研及政策建言能力；针对政府及外事机构，平台可提供资政参考，为相关国际事务决策提供理论依据与资讯支持，切实服务国家对外战略。

数据库体验卡服务指南

※100元数据库体验卡，可在"国别区域与全球治理数据平台"充值和使用

充值卡使用说明：
第1步 刮开附赠充值卡的涂层；
第2步 登录国别区域与全球治理数据平台（www.crggcn.com），注册账号；
第3步 登录并进入"会员中心"→"在线充值"→"充值卡充值"，充值成功后即可使用。

声明
最终解释权归社会科学文献出版社所有

客服QQ：671079496
客服邮箱：crgg@ssap.cn

欢迎登录社会科学文献出版社官网（www.ssap.com.cn）和国别区域与全球治理数据平台（www.crggcn.com）了解更多信息

卡号：569372577162

图书在版编目(CIP)数据

牙买加 / 秦善进编著 . -- 北京：社会科学文献出版社，2018.7（2020.6 重印）
（列国志：新版）
ISBN 978 - 7 - 5201 - 2604 - 5

Ⅰ.①牙… Ⅱ.①秦… Ⅲ.①牙买加 - 概况 Ⅳ.①K975.4

中国版本图书馆 CIP 数据核字（2018）第 079001 号

·列国志（新版）·
牙买加（Jamaica）

编　　著 / 秦善进

出 版 人 / 谢寿光
项目统筹 / 张晓莉
责任编辑 / 叶　娟　李海瑞　李帅磊

出　　版 / 社会科学文献出版社·国别区域分社（010）59367078
　　　　　 地址：北京市北三环中路甲 29 号院华龙大厦　邮编：100029
　　　　　 网址：www.ssap.com.cn
发　　行 / 市场营销中心（010）59367081　59367083
印　　装 / 北京盛通印刷股份有限公司

规　　格 / 开　本：787mm × 1092mm　1/16
　　　　　 印　张：17.5　插页：0.75　字　数：260 千字
版　　次 / 2018 年 7 月第 1 版　2020 年 6 月第 2 次印刷
书　　号 / ISBN 978 - 7 - 5201 - 2604 - 5
定　　价 / 79.00 元

本书如有印装质量问题，请与读者服务中心（010 - 59367028）联系

▲ 版权所有 翻印必究